南京医科大学学术资助出版项目
《寻找马克思主义中国化研究的新视角》（2022XZZ01）结项成果

今日马克思主义研究丛书

寻找马克思主义中国化研究的新视角

陶林————著

天津出版传媒集团

天津人民出版社

图书在版编目（CIP）数据

寻找马克思主义中国化研究的新视角 / 陶林著.
天津 ：天津人民出版社，2024．10． -- （今日马克思主义研究丛书）． -- ISBN 978-7-201-20816-9

Ⅰ．D61

中国国家版本馆 CIP 数据核字第 20247N87X2 号

寻找马克思主义中国化研究的新视角
XUNZHAO MAKESI ZHUYI ZHONGGUOHUA YANJIU DE XIN SHIJIAO

出　　版	天津人民出版社
出 版 人	刘锦泉
地　　址	天津市和平区西康路 35 号康岳大厦
邮政编码	300051
邮购电话	（022）23332469
电子信箱	reader@tjrmcbs.com
责任编辑	佐　拉
封面设计	明轩文化・李晶晶
印　　刷	天津新华印务有限公司
经　　销	新华书店
开　　本	710 毫米 × 1000 毫米　1/16
印　　张	21
插　　页	2
字　　数	260 千字
版次印次	2024 年 10 月第 1 版　2024 年 10 月第 1 次印刷
定　　价	89.00 元

自　序

当前,我们迎来了马克思主义发展的春天。以习近平同志为核心的党中央高度重视马克思主义理论和意识形态建设。2005 年中央马克思主义理论研究与建设工程的启动,特别是"马克思主义中国化研究"二级学科的设立,对马克思主义中国化及其相关问题的研究逐渐成为中国哲学社会科学界的一门显学。党的十八大以来,习近平高度重视马克思主义中国化,在实践中创立了习近平新时代中国特色社会主义思想,成为当前治国理政的指导思想。党的二十大报告强调,"马克思主义是我们立党立国、兴党兴国的根本指导思想。实践告诉我们,中国共产党为什么能,中国特色社会主义为什么好,归根到底是马克思主义行,是中国化时代化的马克思主义行"①。

回想 20 多年前,笔者在南京师范大学攻读硕士研究生,当时的硕士点是思想政治教育,研究方向是毛泽东思想、邓小平理论研究。转眼一晃 20 多年过去,时光荏苒。原来的马克思主义理论和思想政治教育已经升级为一级学科,马克思主义中国化为二级学科。本书起名为"寻找马克思主义中国化

① 习近平:《高举中国特色社会主义伟大旗帜 为全面建设社会主义现代化国家而团结奋斗——在中国共产党第二十次全国代表大会上的报告》,人民出版社,2022 年,第 16 页。

研究的新视角"不是标新立异,主要基于两点考虑。

第一,做一个学术史的回顾,不仅是对 20 多年的马克思主义中国化研究进行学术史的梳理,更是对自己 20 多年马克思主义中国化研究的学术总结,总结来时路,是为了总结经验,更是为了深化研究。马克思主义中国化的概念始于毛泽东。一部中国共产党的百余年奋斗历史,也是一部中国共产党带领中国人民,将马克思主义基本原理和中国具体实际相结合,和中华优秀传统文化相结合,不断开辟马克思主义中国化时代化新境界的历史。通过对改革开放以来以邓小平同志为核心的党的第二代中央领导集体、以江泽民同志为核心的党的第三代中央领导集体、以胡锦涛同志为总书记的党中央、以习近平同志为核心的党中央马克思主义中国化理论接续演进历史过程的宏观分析,我们可以清晰地看到改革开放以来中国的马克思主义中国化的历史轨迹和理论成果延续的历史脉络。其学术史的研究意义主要有两方面。一是有利于揭示改革开放以来马克思主义中国化历史进程的复杂性。改革开放的历史进程比较清楚地表明,马克思主义中国化是一个认识与实践相结合的双向互动的复杂过程。马克思主义中国化的关键在于实现"马克思主义"与"中国"二者之间这个"化"的过程。是"中国化"和"化中国"的良性互动。体现了马克思主义普遍性和特殊性,理论和实践的辩证统一。二是有利于深化对中国共产党领导中国特色社会主义伟大事业的成就和经验的认识。习近平在庆祝中国共产党成立 100 周年大会上的讲话中,概括了新的十条基本经验,即"十个结合",其概括了改革开放的基本经验,这些经验深刻反映出中国共产党领导中国人民探索马克思主义中国化的艰辛历程。本书还有利于我们坚定中国特色社会主义"四个自信"。在马克思主义中国化研究中,我们始终会面临西方的错误社会思潮的冲击,如新自由主义、普世价值论。我们也会受到教条主义的影响,因此应该旗帜鲜明讲政治,坚定不移走中国特色社会主义道路,在实践中丰富深化中国化的马克思主义研究,加强理论自信和理论自觉。发展本身就是最好的坚持。

第二,也是一种对马克思主义中国化研究的学术反思。一方面我们看到经过多年的发展,马克思主义中国化研究取得丰硕成果,研究成果可谓汗牛充栋。研究具有自己的学科意识、研究方法、研究范式、研究问题域、研究的学科基本框架。但是另一方面也要看到,马克思主义中国化研究需要不断发展创新,拓展研究视野,丰富深化研究内容。因此本书有利于拓展马克思主义中国化学科的研究视角。马克思主义中国化一直都是当今中国理论界关注和研究的重大课题之一。国内学界已经对有关马克思主义中国化的前提性和基础性问题进行了一系列的学理分析和深入探讨,取得了丰硕的成果,例如马克思主义中国化的实质内涵、前提基础、历史发展、主题主线、理论创新、实践意义、经验规律等。从现有的研究成果及研究现状来看,对于马克思主义中国化事实进程及这一过程中的理论成果关注的比较多,但是理论研究应该不断创新,马克思主义中国化研究应该随着时代发展和中国社会发展的现实需要不断创新,寻找新视角、拓展新领域、解决新问题。马克思主义中国化主体是中国共产党和广大人民群众,其历史进程伴随党的奋斗历史的全过程,马克思主义中国化和为中国人民谋幸福、为中华民族谋复兴的党的初心使命相联系,和实现中国的现代化密切联系。

中国特色社会主义进入新时代,新时代马克思主义中国化的内涵是什么? 如何深化对马克思主义中国化的研究? 如何理解马克思主义中国化"两个结合"? 建党一百多年来尤其是改革开放以来马克思主义中国化的历史进程和基本经验是什么? 习近平新时代中国特色社会主义思想对马克思主义原创性理论贡献有哪些? 未来推进马克思主义中国化研究存在哪些方法论不足,如何深化? 围绕上述这一系列重大问题,本书尝试以寻找马克思主义中国化研究的新视角为题,对马克思主义中国化的时代内涵、基本经验、研究专题、研究现状、研究热点、方法论、未来展望等重大问题进行系统深入的研究。

本书研究的主要内容包括六个部分。第一章21世纪以来中国学者马克思主义中国化研究述评(2000—2021年),分为四个历史阶段。第二章马克思主义中国化的概念刍议与历史经验。第三章"三个代表"重要思想专题研究。第四章,科学发展观专题研究。第五章习近平新时代中国特色社会主义思想专题研究。第六章当前马克思主义中国化研究的热点问题和方法论反思。

本书尝试从理论和实践维度、历史和现实维度、专题比较研究和整体性研究维度结合,系统阐述中国共产党21世纪以来推进马克思主义中国化认识的光辉历程及理论成果,系统研究党的领导核心对于马克思主义中国化的理论贡献。重在回答马克思主义中国化的历史必然性,理论贡献,主要特点和基本规律,从中为我们深入推进马克思主义中国化不断创新提供一些有益的启示和借鉴。本书在继承前人的研究成果基础上,有新的拓展和深化,在视域、逻辑阐释及问题分析上做了新的深入探索,具有一定的创新性。

推进马克思主义中国化,不断开辟马克思主义中国化发展的新篇章,既是一个实践问题,也是一个重大理论问题。做好马克思主义中国化研究这一篇大文章,需要我们当前深刻学习贯彻习近平新时代中国特色社会主义思想这一当代中国马克思主义、21世纪马克思主义。在马克思主义中国化的未来进程中,我们需要不断寻找马克思主义中国化研究的新视角,寻找新突破,不断创新理论。从党的重大创新理论的角度上引领马克思主义中国化不断发展,从多学科视野的广度上不断丰富马克思主义中国化的研究理念、方法、机制,从世界观和方法论的深度上加强对马克思主义中国化的宣传和研究。我们需要把文章写在祖国的大地上。本书仅是这一研究的一个开始,这也是马克思主义理论研究者的光荣使命和历史责任。

目录
CONTENTS

第一章 21世纪以来国内马克思主义中国化研究述评

　　以党的十一届三中全会为起点,聚焦改革开放40多年,我们可以发现中国社会面貌焕然一新,改革开放取得了丰硕成果。究其根本原因,不仅是由于社会主义市场经济体制这一要素起了推动作用,其实是多方面因素交织的结果,尤其是马克思主义中国化在其中发挥了巨大作用。通过研究改革开放40多年马克思主义中国化的历史进程及经验,这不仅对于加强和改进党的建设,保持党的先进性和纯洁性,而且对于坚持社会主义初级阶段基本路线不动摇,以及坚定不移地走中国特色社会主义道路等都具有极其重要的理论意义和实践意义。马克思主义中国化是一个常研常新的重大问题。进入21世纪以来,马克思主义中国化涌现了很多代表性成果。从宏观的整体性视角尝试对20多年来的国内马克思主义中国化成果进行整体性研究,阐述其研究的进展,存在的问题,提出未来展望具有重要的价值。本章尝试对21世纪以来的20多年国内马克思主义中国化研究进行述评(时间下限截至2021年)。

第一节　马克思主义中国化研究的四个历史阶段

进入 21 世纪,随着全球化趋势的不断加强、社会主义建设实践的不断推进,以及党的创新理论的不断发展,马克思主义中国化研究进入了一个新的时空场景和新的理论语境。时空的转换、实践的需要、理论的发展既为马克思主义中国化研究提供了源源不断的资源和动力,也给马克思主义中国化研究提出了新的理论任务和发展目标。限于篇幅,本章拟对 21 世纪以来马克思主义中国化的国内学界的研究成果进行一个整体性述评,以求深化这一重大问题的研究。

马克思主义中国化的概念最早提出是 1938 年毛泽东在党的六届六中全会上。从学术史的角度看,改革开放以来到 20 世纪末,中国学界对于马克思主义中国化研究掀起的高潮,大致分为两个时期。第一个时期,从 1978 年党的十一届三中全会至 1992 年邓小平南方谈话前,为马克思主义中国化研究的复苏阶段。这一时期,学术界主要围绕如何评价毛泽东和毛泽东思想、怎样深入研究邓小平提出的建设有中国特色社会主义理论、如何看待建设有中国特色社会主义理论与毛泽东思想的关系等,进行了初步的研究。1993 年是毛泽东诞辰 100 周年,学术界涌现了研究毛泽东思想的热潮,涌现了一批代表性的成果。

第二个时期,从 1992 年邓小平南方谈话至 2002 年,为马克思主义中国化研究的兴盛时期。1997 年党的十五大、2002 年党的十六大分别把邓小平理论、"三个代表"重要思想作为党的指导思想写入党章,在马克思主义中国化的历史进程中树起了一座又一座新的里程碑。这一时期,学术界对马克思主义中国化的研究蓬勃发展,学术研究队伍日益壮大,研究已经涉及中国特色社会主义建设的主要领域。

进入 20 世纪 90 年代以后,有不少学者开展对马克思主义中国化和中国化的马克思主义的研究。特别是 1997 年党的十五大提出邓小平理论是当代中国的马克思主义,2002 年党的十六大提出"三个代表"重要思想是中国马克思主义发展的最新成果,并分别把邓小平理论、"三个代表"重要思想写入《中国共产党章程》以后,这方面的研究更掀起高潮。据对中国期刊网的检索,从 1994 年以来,标题中含有"马克思主义中国化"字样的文章,就有 258 篇。其中 1994 年至 1996 年 16 篇,1997 年至 2001 年 121 篇,2002 年至 2003 年 124 篇。标题中含有"中国马克思主义"的文章有 121 篇,其中 1994 年至 1996 年 25 篇,1997 年至 2001 年 63 篇,2002 年至 2003 年 33 篇。[①]

这一时期的代表性著作也有很多。据对北京图书馆的检索,这一时期出版的标题中含有"马克思主义中国化"字样的著作有 34 种,在研究领域上,从单纯的研究毛泽东思想、毛泽东对于马克思主义中国化的理论贡献,到重视邓小平理论的研究。研究邓小平对于马克思主义中国化的理论贡献和主要创新。2002 年党的十六大将"三个代表"重要思想确立为党的指导思想,这一时期也逐步掀起学习贯彻"三个代表"重要思想的热潮。

在研究方法上,比较研究成为比较流行的方法。很多学者对于毛泽东、邓小平马克思主义中国化的若干理论进行系统的比较研究,涌现出很多优秀的理论成果。随着"三个代表"重要思想的提出和完善,毛泽东、邓小平、江泽民党的三代中央领导集体的核心关于马克思主义中国化的理论贡献和思想比较成为这一时期的重要论域,研究成果丰硕。根据笔者在知网检索,篇名含有三代领导核心的论文截至 2015 年,共有 601 篇。

---

① 郭德宏:《近十年马克思主义中国化与中国化的马克思主义研究述评》,《党史研究与教学》,2004 年第 4 期。

21 世纪以来,国内学界马克思主义中国化的研究,大致分为四个历史阶段。第一个历史阶段是 2000—2005 年,第二个历史阶段是 2006—2012 年,第三个历史阶段是 2012—2017 年,第四个历史阶段是 2017—2021 年。之所以这样划分四个历史阶段是具有理论依据的,主要是根据党和国家发布的重要文件或者召开的重要会议为时间节点。

一、第一个历史阶段(2000—2005 年)

这一时期是 21 世纪马克思主义中国化研究掀起的第一个研究高潮。为贯彻落实中共中央《关于进一步繁荣发展哲学社会科学的意见》所提出的实施马克思主义理论研究和建设工程的战略决策,2005 年国务院学位委员会决定将马克思主义理论提升为一级学科,下设马克思主义基本原理、马克思主义发展史、马克思主义中国化研究、国外马克思主义研究、思想政治教育等二级学科。在党中央的高度重视之下,马克思主义理论特别是马克思主义中国化研究越来受到学界的极大关注,成为推动马克思主义理论研究和建设工程蓬勃发展的重要动力。以 2004 年为例,党的十五大以来马克思主义中国化主要研究五大问题。[①]

1. 马克思主义中国化的概念和内涵

对于马克思主义中国化是由谁首先提出来的问题,存在两种意见。绝大多数学者赞成马克思主义中国化是毛泽东在党的六届六中全会上首先提出来的。但雷国珍认为,毛泽东是提出马克思主义中国化科学命题的第一人,李大钊是提出马克思主义中国化思想的第一人。[②]

---

① 龚界文:《党的十五大以来马克思主义中国化问题研究综述》,《探索》,2004 年第 3 期。
② 雷国珍:《马克思主义中国化的历史进程及其启示》,《湖湘论坛》,2001 年第 3 期。

关于马克思主义中国化的概念，一些学者提出新观点。汪青松认为，马克思主义中国化具有三层含义，即"马克思主义传播的中国化、运用的中国化和创新的中国化"①。许全兴主张把一般意义上的马克思主义中国化区分为政治层面的中国化和学术层面的中国化。他指出，我们通常讲的马克思主义中国化，实质是指政治层面的中国化。这种中国化主要着眼于解决革命和建设过程中所遇到的实际问题和理论问题，考虑的是管用不管用，能否解决革命和建设中的实际问题。学术层面的中国化，是指哲学、政治经济学等学科的中国化，其任务就是建立具有中国特点的马克思主义哲学、政治经济学。学术层面的中国化属于更深层次的基础理论的中国化，其成果具有较大稳定性。② 张瑞堂认为，马克思主义中国化是个"两合"问题，一方面是"将马克思主义基本原理同中国革命和建设的具体实践相结合"，另一方面是"将马克思主义价值观和中华传统文化精神相融合"，也就是将马克思主义的"价值理性"和"工具理性"融会贯通，运用于中国革命和建设的具体实践之中。③

2. 三代领导核心对马克思主义中国化的贡献

很多学者认为，毛泽东思想是马克思主义中国化的第一次历史性飞跃；邓小平理论是马克思主义中国化的第二次历史性飞跃；"三个代表"重要思想是马克思主义中国化新的里程碑，开辟了马克思主义中国化的新境界。因此这一时期三代领导核心马克思主义中国化的比较研究成为热点。

罗恢远、刘歌德认为，毛泽东正确回答了"什么是新民主主义革命，怎样进行新民主主义革命"这一中国革命的基本问题，完成了马克思主义中国化

---

① 汪青松：《马克思主义中国化与中国化的马克思主义》，《安庆师范学院学报》（社会科学版），2003年第1期。

② 许全兴：《马克思主义中国化的政治层面和学术层面区分》，《理论前沿》，2003年第18期。

③ 张瑞堂：《对马克思主义中国化的文化反思》，《广西社会科学》，2003年第8期。

的第一次历史性飞跃;邓小平正确回答了"什么是社会主义,怎样建设社会
主义"这一中国社会主义建设的基本问题,实现了马克思主义中国化的第二
次历史性飞跃;江泽民正确回答了"建设一个什么样的党,怎样建设党"这一
21世纪中国共产党建设的基本问题,开辟了马克思主义中国化的新境界。①
田克勤认为,邓小平对马克思主义中国化的突破性贡献主要表现在:第一,
提出了时代主体论;第二,社会主义初级阶段论;第三,社会主义本质论;第
四,制定了"一个中心,两个基本点"的基本路线,为实现中国的现代化事业
确立了明确的战略目标、战略步骤和发展途径;第五,推动了传统社会主义
模式向当代社会主义新模式的转变。②

3. 如何准确对待马克思主义中国化

准确对待马克思主义中国化要始终反对教条主义与经验主义。叶险明
认为,马克思主义中国化的整个过程中,有两种错误倾向始终纠缠着我们:
教条主义和经验主义。马克思主义中国化的过程,也就是中国共产党人不
断地同这两种错误倾向斗争的过程。教条主义和经验主义实际上都是小农
经济文化心态对马克思主义与中国实际的关系所作的带有浓厚的实用主义
色彩的诠释。因此,他主张必须"回到马克思"。③ 余慧芬、周红英认为,实事
求是思想路线是马克思主义中国化的理论基础。从"实事求是"到"解放思
想、实事求是"到"解放思想、实事求是、与时俱进",生动说明了一部马克思
主义与中国实际相结合的历史,就是解放思想、实事求是、与时俱进的思想
路线的辩证统一的发展史。坚持党的思想路线,是马克思主义中国化永不
衰竭的动力源泉。④

---

① 罗恢远、刘歌德:《马克思主义中国化的三次理论创新》,《学术研究》,2002年第11期。
② 田克勤:《马克思主义中国化与中国社会的现代化》,《理论学刊》,2003年第1期。
③ 叶险明:《马克思主义中国化与"回到马克思"》,《新视野》,2003年第3期。
④ 余慧芬、周红英:《党的思想路线创新与马克思主义中国化》,《广西社会科学》,2003年第
8期。

4. 关于马克思主义中国化的历程、经验研究

马克思主义中国化的历程是以"中国化的马克思主义三大突出成果"为标准。毛泽东思想是第一阶段,邓小平理论是第二阶段,"三个代表"重要思想是第三阶段。都是以"时间演进"为标准。张步仁把马克思主义中国化过程分为"马克思主义在中国的传播阶段、马克思主义准中国化阶段和马克思主义中国化阶段"。马克思主义在中国的传播阶段是马克思主义中国化的起始阶段。1921—1935年1月遵义会议召开,是马克思主义准中国化阶段。遵义会议以后,是马克思主义实现中国化的阶段。①

关于马克思主义中国化的历史经验有四经验说和十条基本经验说。四经验说认为,始终坚持以发展的眼光看待马克思主义;始终坚持从实际出发,而不是从本本出发;既要继承前人,又要不断探索创新;用马克思主义的宽广眼界观察世界,把握时代的脉搏和特征。② 十条基本经验说认为,马克思主义的发展都要经历解放思想、实事求是的考验和过程,都要立足中国实际这个共同基础,都围绕着解放和发展生产力这一共同主题。在不同历史阶段,要求和侧重点各不相同。以理论创新作为根本手段,每一次飞跃都产生体系化的理论成果。领袖人物的个人魅力和卓越贡献往往起着关键性作用,有一个不断拓展的历史发展脉络,每一次都使中国革命和建设取得巨大成功,使中华民族优秀思想和文化不断得到弘扬、生命力日益增强。③

5. 关于"三个代表"重要思想的研究

2002年党的十六大将"三个代表"重要思想确立为党的指导思想。学界

---

① 张步仁:《论马克思主义中国化过程》,《南京航空航天大学学报》(社会科学版),2001年第1期。

② 杨胜群:《马克思主义中国化的基本经验和毛泽东邓小平的历史贡献》,《党的文献》,1999年第2期。

③ 吴静波、程斌:《"三个代表":马克思主义中国化的典范》,《福建论坛》(人文社会科学版),2003年第1期。

就"三个代表"重要思想的形成发展社会历史条件、历史演进、主要内容、重大贡献、历史地位、理论体系等重大问题进行系统研究,涌现了一批优秀成果。

2005年6月胡锦涛在省部级主要领导干部提高构建社会主义和谐社会能力专题研讨班上的讲话,强调构建社会主义和谐社会。学界主要围绕和谐社会的理论基础、六大基本特征、如何构建等问题进行研究,成果丰硕。根据中国知网检索,2005年篇名含有科学发展观的文章4523篇。

二、第二个阶段(2006—2012年)

这一时期以科学发展观为指导,构建和谐社会成为马克思主义中国化的重要论域。这一方面的研究成果也较为丰硕。"马克思主义中国化"以"篇名"和"模糊"方式进行搜索,其结果显示:2000年发表的学术论文为31篇,2009年发表的学术论文为578篇,同期论文发表数量增长17.6倍。中国知网检索,篇名中含有"科学发展观"的核心论文有7137篇。随着党中央强调以科学发展观为指导构建和谐社会的重要论述的提出,构建社会主义和谐社会成为这一时期的研究热点。中国知网检索篇名中含有"和谐社会"的核心论文有8861篇。

科学发展观是马克思主义中国化的最新成果,也是中国特色社会主义理论体系的重要组成部分。前些年,很多学者较多关注了马克思主义中国化与毛泽东思想、邓小平理论、"三个代表"重要思想,以及毛泽东思想与中国特色社会主义理论体系的相互关系。自从党的十七大把科学发展观写入党章,学术界掀起了研究科学发展观的高潮。其中,科学发展观与马克思主义中国化的关系成为一个研究热点。有学者对党的十六大以来马克思主义中国化的理论贡献进行了研究。韩振峰认为,这些理论成果包括科学发展观、构建社会主义和谐社会、社会主义新农村、建设创新型国家、建设社会主义核心价值体系、加强党的执政能力建设、构建和谐世界。①

2007年党的十七大第一次提出了中国特色社会主义理论体系重大命题。这一内涵强调中国特色社会主义理论体系,包括邓小平理论,"三个代表"重要思想和科学发展观。这是马克思主义中国化的新成果。

2009年以来,专门研究马克思主义中国化的著作很多。其中,代表性的著作包括:包心鉴的《马克思主义中国化的基本规律与当代走向》、梅荣政的《马克思主义中国化史》②、吕贵主编的《新中国发展与马克思主义中国化》③。其他著作还有中共中央党校马克思主义理论教研部主编《马克思主义中国化研究》、李景瑜主编《马克思主义中国化研究》、石仲泉主编《中国共产党与马克思主义中国化》、王令金著《马克思主义中国化的历史进程及其规律》等30余部。

马克思主义中国化研究近年来呈现理论视域与学术视角不断开阔的趋势。海外马克思主义中国化研究主要从马克思主义中国化基本规律研究、马克思主义中国化早期进程研究、马克思主义中国化与现代化的辩证关系研究、马克思主义中国化大众化时代化整体性研究等方面进展较为显著。

2009—2010年,题名为"马克思主义中国化"的有55部。检索中国知网中国期刊全文数据库(2009—2010年),篇名为"马克思主义中国化"的文章

---

① 韩振峰:《十六大以来党对马克思主义中国化的新贡献》,《理论导刊》,2007年第10期。
② 该书以20世纪世界历史发展的全局为背景,以中国近代以来面临的"两大历史课题"为历史和逻辑起点,以探索和回答五个重大的"基本问题"为基本线索,全面研究和系统叙述了马克思主义中国化的宏大历史进程,特别是毛泽东思想和中国特色社会主义理论体系的形成、发展过程和主要内容,并从中总结马克思主义中国化的十条基本经验。
③ 该书以新中国成立60年为时间坐标,梳理了中国共产党推进马克思主义中国化新的历史性飞跃的发展历程及其辉煌成就、宝贵经验,同时系统总结了马克思主义学科建设在这一伟大进程中的新提升。

有 1848 篇。出现了一大批代表性的优秀论文[①]和代表性的论著[②],也有一些代表性的报纸类论文。[③]

从 2005 年马克思主义理论一级学科确立至 2012 年党的十八大。在 2004 年中央马克思主义理论研究和建设工程启动和 2005 年马克思主义理论一级学科设立的政策安排下,学术界对马克思主义理论研究倾注了前所未有的热情。据不完全统计,截至 2018 年 6 月,马克思主义理论一级学科博士点增加到 80 个。

2007 年党的十七大以来,学界对马克思主义中国化问题进行了广泛而深入的探讨,取得了丰硕的研究成果。学界对马克思主义中国化问题的研究主要集中在马克思主义中国化的丰富内涵、鲜明特征、历史经验、基本规律、主体问题、马克思主义中国化与时代化大众化的关系等几个方面。党的十七大再次向全党明确提出了"马克思主义中国化"的历史任务,党的十七届四中全会则从加强学习型政党建设的角度进一步向全党提出了推动"马克思主义中国化、时代化、大众化"的新要求,以此为契机,理论界掀起了一

[①] 具有代表性的论文有:成龙:《国外马克思主义中国化研究探析》,《毛泽东邓小平理论研究》,2009 年第 11 期;徐崇温:《马克思主义中国化的若干国外理解辨析》,《红旗文稿》,2010 年第 1 期;文晓明等:《国外马克思主义中国化研究的特点及趋向》,《马克思主义与现实》,2008 年第 6 期;李敬煊等:《关于马克思主义中国化、时代化基本规律研究的若干思考》,《马克思主义与现实》,2009 年第 1 期;郭建宁:《论马克思主义中国化、时代化、大众化》,《学术探索》,2010 年 12 期;刘云凤:《2009—2010 年马克思主义中国化研究新进展》,《江西行政学院学报》,2011 年第 3 期。

[②] 具有代表性的论著有:成龙:《海外马克思主义中国化理论研究》,广东人民出版社,2009 年;文晓明、杨建新:《国外马克思主义中国化研究概述》,中央文献出版社,2010 年;林志友:《马克思主义中国化的进程及其规律研究》,中国社会科学出版社,2010 年;王继亭:《马克思主义中国化:早期进程与启示》,上海社会科学院出版社,2009 年;黄志高:《三民主义论战与马克思主义中国化》,安徽大学出版社,2010 年;李占才:《主义与问题论述——马克思主义中国化问题研究》,同济大学出版社,2009 年;张静等:《现代化新路——马克思主义中国化与中国特色社会主义现代化》,南开大学出版社,2009 年。

[③] 具有代表性的报纸类论文有:徐光春:《进一步丰富和发展马克思主义的重大课题——论推进马克思主义中国化、时代化、大众化》,《人民日报》,2010 年 4 月 19 日;王伟光等:《架起科学理论与人民大众的桥梁,推进马克思主义中国化、时代化、大众化》,《光明日报》,2010 年 4 月 8 日。

次马克思主义中国化研究的学术热潮。

1.马克思主义中国化的主要问题域

（1）马克思主义中国化的内涵

一种观点认为从马克思主义中国化的内涵要旨上看，马克思主义中国化即是马克思主义在中国的民族化、具体化、通俗化、与时俱进的当代化，是马克思主义"化"中国与中国"化"马克思主义的辩证统一。① 一种观点认为马克思主义中国化的内涵由三方面构成：一是运用马克思主义基本原理，强调联系中国的具体实际，创造性地制定出正确的路线、方针和政策，解决中国革命、建设和改革的实际问题；二是把中国革命、建设和改革的实践经验、历史经验升华为理论，形成中国化的马克思主义理论成果；三是把马克思主义根植于中华优秀文化的土壤之中，和中华民族的特点相结合，用中国人民喜闻乐见的民族形式表现出来。② 另一种观点认为马克思主义中国化就是把马克思主义与中国的具体实际相结合，由于结合的复杂性，其概念具有丰富内涵：首先，作为一种历史过程，马克思主义中国化可区分为马克思主义中国化的理论与实践；其次，作为一种实践活动，它又可区分为理论层面和实践层面上的马克思主义中国化；最后，作为一种思想理论，它又有狭义与广义之分。③ 还有一种观点认为马克思主义中国化的内涵，由马克思主义中国化的目的、内容、形式、途径和成果五个方面构成，即马克思主义中国化是通过马克思主义基本原理和中国具体实际相结合，以解决中国问题为目的，以理论创新、实践创新和制度创新为途径，以实现社会变革为最终成果，创造具有中国内容、中华民族形式和时代特征的马克思主义新形态。④ 此外，

---

① 陈国庆、胡军良：《马克思主义中国化：内涵要旨、基本理据与实现路径》，《西北大学学报》（哲学社会科学版），2008年第5期。

② 刘先春、吴阳松：《"马克思主义中国化"概念再解读》，《理论学刊》，2010年第10期。

③ 汪信砚：《马克思主义中国化的丰富内涵》，《江汉论坛》，2011年第4期。

④ 孙显元：《马克思主义中国化的内涵构成》，《人文杂志》，2010年第5期。

有学者认为理解马克思主义中国化的本质内涵需要从马克思主义中国化的实质、要义和标志、目的和主题三个方面来把握。① 有学者认为,马克思主义中国化就是马克思主义在中国的具体化、民族化和时代化,其实质是中国共产党对马克思主义的理论创新。② 有学者认为,马克思主义中国化内含马克思主义的民族化、具体化、坚持和发展马克思主义的统一化、实践过程和认识过程的同一化。③ 还有的学者认为,马克思主义中国化既是运用马克思主义研究中国国情的过程,也是在研究中国国情的基础上形成中国化马克思主义理论成果的过程。④

学界对该问题的深入探讨,有助于我们进一步把握马克思主义中国化的丰富内涵,为深化马克思主义中国化研究提供理论基础和逻辑前提。学者们通过从不同角度和学科视野对马克思主义中国化内涵进行深刻认识和理论把握,进一步丰富和深化了"结合论"这一权威解读。

(2)马克思主义中国化的鲜明特征

有学者总结新中国成立以来马克思主义中国化70多年的发展历程,认为其体现了开放性和包容性、人民性和大众性、时代性和创新性的"三个统一"的特征。⑤ 还有学者从改革开放以来阐释马克思主义中国化的特征,认为解放思想是前提,实事求是是精髓,与时俱进是关键,求真务实是核心,"中国特色"是本质。⑥

(3)马克思主义中国化的历史经验

一是"三经验说"。有学者认为回顾70多年来马克思主义中国化的发

① 李恒瑞:《深刻认识马克思主义中国化的本质内涵》,《求是》,2011年第5期。
② 石仲泉、郑德荣:《中国共产党与马克思主义中国化》,《人民日报》,2006年6月28日。
③ 何继龄:《马克思主义中国化问题研究》,中国社会科学出版社,2006年,第1~9页。
④ 边立新:《马克思主义中国化的客观依据和基本内涵》,《科学社会主义》,2007年第1期。
⑤ 莫岳云、陈敏:《新中国成立60年来马克思主义中国化的特征》,《学术研究》,2010年第10期。
⑥ 秦正为:《新时期马克思主义中国化的基本特征》,《理论探讨》,2008年第4期。

展历程,可以得出如下历史经验:必须坚持解放思想、实事求是的思想路线,把马克思主义中国化与中国国情相结合,把实践经验升华为理论。① 有学者总结了新中国成立以来马克思主义中国化的历史经验,主要有:必须准确理解和把握马克思主义基本原理,正确对待马克思主义;必须正确认识当代中国国情,准确把握我国社会主义发展的历史方位,充分反映社会主义革命、建设和改革的客观规律;坚持马克思主义基本原理与中国具体实践的"互相结合"。② 二是"四经验说"。有学者认为中国共产党在推动马克思主义中国化的伟大历程中积累了许多宝贵的经验教训,主要有以下四条:不断探索和回答什么是马克思主义、怎样对待马克思主义;认清中国的国情,科学把握中国革命和中国特色社会主义的规律;不断总结经验教训,实现党的理论创新;不断探索和回答建设什么样的党和怎样建设党。③ 有学者认为马克思主义的历史经验可以总结为理论联系实际是马克思主义中国化的前提条件,实事求是是马克思主义中国化的精髓所在,继承和创新马克思主义是马克思主义中国化的内在要求,为人民服务是马克思主义中国化的根本立场。④ 三是"五经验说"。有学者认为科学地对待马克思主义,一切从中国国情出发,创造马克思主义的民族形式,不断吸收人类文明优秀成果,让理论掌握群众是马克思主义中国化的基本历史经验。⑤

(4)马克思主义中国化的基本规律

一是"三大规律说"。有学者认为马克思主义与本国国情相结合、与时

---

① 黄建军:《90年来马克思主义中国化的发展历程与基本经验》,《理论月刊》,2011年第8期。

② 田克勤:《建国以来马克思主义中国化的历史进程及其基本经验》,《东北师大学报》(哲学社会科学版),2009年第4期。

③ 刘明亮:《马克思主义中国化的伟大历程和主要经验》,《求实》,2010年第2期。

④ 李军星:《马克思主义中国化的进程及基本经验》,《人民论坛》,2010年第14期。

⑤ 石仲泉:《马克思主义中国化的历史进程和基本经验研究》,《马克思主义与现实》,2010年第4期。

代发展同进步、与人民群众同命运是推进马克思主义中国化的基本规律。①
还有学者认为解放思想、实事求是、与时俱进,坚持中国共产党的领导,正确
执行民主集中制的原则是马克思主义中国化的基本规律。② 二是"四大规律
说"。有学者认为马克思主义普遍真理与中国具体实际相结合,马克思主义
基本原理与时代精神的有机互动,领袖和人民群众良性互动和马克思主义
经典理论的全球普适性与中国国情特征性的和谐匹配是马克思主义中国化
的基本规律。③ 三是十大规律说。有学者将马克思主义中国化的基本规律
概括为马克思主义理论性与现实性、真理性与实践性、普遍性与特殊性等十
个有机结合的规律。④

(5)马克思主义中国化与时代化、大众化的关系

党的十七届四中全会从建设学习型政党的角度向全党提出了大力推进
马克思主义中国化、时代化、大众化的战略任务,因此如何认识马克思主义
中国化与时代化、大众化的关系问题也成为马克思主义中国化研究的热点
课题。

一种观点认为马克思主义中国化与时代化、大众化具有不同的内涵,又
有内在的联系。马克思主义中国化是实现时代化和大众化的基础;马克思
主义时代化使中国化和大众化具有世界眼光和国际视野;马克思主义大众
化是中国化和时代化的根本目的。⑤ 另一种观点认为马克思主义中国化、时
代化、大众化,既各有侧重,又相互促进,是一个相互联系、不可分割的整体。
但是中国化、时代化、大众化不是平分秋色、没有主次的,应该明确马克思主

① 潘绍龙、王伟娜:《马克思主义中国化基本规律探析》,《南京政治学院学报》,2010 年第 1 期。
② 封从胜、邹小宁:《中国化马克思主义发展规律初探》,《毛泽东思想研究》,2010 年第 6 期。
③ 周光迅、徐献军:《试论马克思主义中国化理论创新的基本规律》,《浙江社会科学》,2007 年
第 4 期。
④ 韩振峰、杨茜:《马克思主义中国化的十大规律》,《前沿》,2009 年第 5 期。
⑤ 肖贵清:《关于马克思主义中国化、时代化、大众化研究的几个问题》,《高校理论战线》,2011
年第 5 期。

义中国化是主题,时代化和大众化是服务于中国化的。① 在当代中国语境
中,中国化是时代化和大众化的逻辑前提;时代化主要强调在中国化基础上
的理论创新和实践创新;大众化是中国化和时代化在实践意义上的逻辑结
论。② 有一点是可以肯定的,即学者们都认为马克思主义中国化、时代化、大
众化不可分割,是一个有机统一的整体,因此学界一致认为应该从整体上把
握三者之间的关系。郭建宁认为,马克思主义中国化、时代化和大众化是服
务于中国化的。马克思主义中国化内在地包含了时代化和大众化的要求,
或者说,离开了时代化和大众化,马克思主义中国化就无从谈起。马克思主
义中国化、时代化、大众化,既各有侧重,又相互促进,是一个相互联系、不可
分割的整体。马克思主义中国化、时代化、大众化是一个整体。③ 王伟光认
为,第一,马克思主义中国化的过程,就是马克思主义民族化的过程,就是在
实践中深刻认识中国国情、认识和解决中国实际问题的过程;第二,就是马
克思主义时代化的过程,就是在实践中深刻认识世情,正确把握时代特征的
过程;第三,就是马克思主义大众化的过程,是武装群众、掌握群众,为人民
群众所接受并转化为巨大物质力量的过程。④

　　这一时期马克思主义中国化的专题研究成果很多。专题研究主要是截
取了马克思主义中国化进程中的某个重要时期、重要人物或者重要社会思
潮对马克思主义中国化的影响,是马克思主义中国化研究中的重要组成部

---

① 郭建宁:《论马克思主义中国化、时代化、大众化》,《学术探索》,2010 年第 2 期。
② 孙杰:《浅析马克思主义中国化、时代化、大众化的内在逻辑》,《湖北社会科学》,2010 年第
11 期。
③ 郭建宁:《论马克思主义中国化、时代化、大众化》,《学术探索》,2010 年第 4 期。
④ 王伟光:《正确认识马克思主义中国化、时代化、大众化的科学内涵》,《中国特色社会主义研
究》,2010 年第 1 期。

分。代表性的论著有五部。①

2.这一时期马克思主义中国化的相关人物研究

这一时期也有学者关注中共党史中的重要人物与马克思主义中国化的研究。代表性的人物包括李大钊、陈独秀、李达、邓中夏等,主要是以下方面。

(1)李大钊与马克思主义中国化

有学者指出,李大钊是我国最早的马克思主义者,是马克思主义中国化的开创者,在传播马克思主义理论、运用马克思主义世界观解决中国社会问题等方面作了许多有益的探索。同时,他又是马克思主义中国化的推动者,为早期马克思主义中国化培养了一大批马克思主义者,也为马克思主义中国化的长期发展确定了正确的前进方向、提出了马克思主义中国化的基本方法和原则。②

(2)陈独秀与马克思主义中国化

有学者指出,20世纪初陈独秀对马克思主义在中国的传播,对早期马克思主义中国化付出了不懈努力,作出了重大贡献。他发动并领导了针对中国封建专制制度和封建传统文化的具有现代意义的思想启蒙运动,为实现马克思主义中国化奠定了基础;积极传播和宣传马克思主义,并促成理论与实践的尽快结合,为马克思主义中国化作出了积极贡献。③

(3)李达与马克思主义中国化

有学者指出,作为中国早期著名的马克思主义理论家、宣传家,李达在

---

① 近年来这方面的著作主要有:张世飞著《五四时期马克思主义大众化经验研究》、姚锡长著《孙中山的三民主义与马克思主义中国化》、周边顺著《探索、出路与启示——毛泽东与马克思主义中国化》、黄志高著《三民主义论战与马克思主义中国化》、薛学共著《中国传统文化与马克思主义中国化》等。

② 邵南征:《李大钊与马克思主义中国化的历史进程》,《理论月刊》,2009年第11期。

③ 郑丽平:《陈独秀对早期马克思主义中国化的贡献》,《马克思主义研究》,2010年第2期。

研究、传播马克思主义的过程中形成了丰富的、深刻的、独到的马克思主义中国化思想。他明确提出了建立"普遍与特殊之统一"的具有民族特色的具体理论的历史任务,为毛泽东提出"马克思主义中国化"命题作了直接提示;主张从学理上有系统地、彻底地研究马克思主义,为实现马克思主义中国化准备好理论前提;提出并坚持了马克思主义中国化的基本原则——理论联系实际。李达的《社会学大纲》是马克思主义中国化的典范。[①]

(4)邓中夏与马克思主义中国化

有学者指出,邓中夏对马克思主义中国化进行了初步的探索,他研究和宣传马克思主义,为马克思主义中国化提供了理论基础;与实践相结合、与工农群众相结合,为马克思主义中国化准备了群众基础,提供了组织保障;运用马克思主义理论总结中国工人运动的实际经验,最早提出无产阶级领导权思想,为马克思主义中国化作出了重大理论贡献。[②]

3.其他领域中的马克思主义中国化研究

(1)关于马克思主义中国化的哲学和经济学、法学等学科的研究

近年来马克思主义中国化研究的迅猛发展,也带动了其他领域中的相关研究,尤其是在马克思主义哲学、经济学等方面。如王桂泉主编《马克思主义哲学中国化问题研究》、张奎良著《马克思哲学中国化的基石与灵魂》、秦亚君著《马克思主义哲学中国化路径研究》、裴小革著《马克思主义经济学中国化研究》、张晓雯著《马克思主义"三农"理论中国化及其实践研究》、张

---

① 周太山:《论李达的马克思主义中国化思想》,《湖北社会科学》,2010年第1期。
② 杨军:《邓中夏对马克思主义中国化的初步探索及贡献》,《甘肃社会科学》,2009年第5期。

波著《马克思主义法律思想中国化路径研究》①。此外,还有马克思主义政治学原理、文艺理论、人学、工业化理论的中国化研究,这些都拓宽和扩大了马克思主义中国化的研究视野和范围,初步形成了马克思主义中国化研究的框架体系。

(2)关于海外马克思主义中国化的研究

这一时期也有学者关注海外马克思主义中国化的研究。成龙认为,海外马克思主义中国化研究经历了国外研究的毛泽东时期、国外研究的邓小平时期、国外研究的江泽民时期、国外研究的胡锦涛时期。② 周全华认为,国外对马克思主义中国化问题的研究主要围绕以下四个方面:一是马克思主义中国化与苏联模式的关系,二是马克思主义中国化与经典马克思主义的关系,三是毛泽东思想与邓小平理论的关系,四是马克思主义与中国传统文化的关系。③ 文晓明认为,国外马克思主义中国化研究向纵深推进是以中国和谐发展为重点,进行了新探索。随着 20 世纪 90 年代研究范围的扩展,国外学者不仅关注马克思主义中国化发展的新阶段,研究视野拓展,涉及中国经济、政治、外交等各个方面,还主要围绕中国改革开放的展开研究,对马克思主义中国化理论体系形成的经验,对于发展中国家是否有所借鉴进行了

---

① 马克思主义法律思想中国化是法学领域的马克思主义中国化,是马克思主义系统中国化的组成部分。在法学领域的马克思主义中国化进程中,马克思主义经典作家的法律思想是沿着何种路径发生中国化现象并形成中国化的马克思主义法学理论成果的,这是全书的研究主题。以此为目标,《马克思主义法律思想中国化路径研究》从实践主导和文化扬弃两个视角系统地阐释马克思主义法律思想中国化路径的内涵;从马克思主义哲学的视域分析马克思主义法律思想中国化路径形成的根据;从史学的角度历时性地探讨马克思主义法律思想中国化路径的形成和发展过程,完整地再现马克思主义法律思想中国化路径的演进历程;从应然和实然相结合的角度专题性地分析中国化的马克思主义法学理论成果的形成路径;深入地总结马克思主义法律思想中国化路径演进的经验和启示,最终科学地概括出马克思主义法律思想中国化路径理论。

② 成龙:《国外马克思主义中国化研究探析》,《毛泽东邓小平理论研究》,2009 年第 11 期。

③ 周全华:《国外"马克思主义中国化"问题研究述略》,《中共天津市委党校学报》,2009 年第 5 期。

深入探讨。①

4.马克思主义中国化与中国现代化的问题研究

关于马克思主义中国化和中国现代化的关系,这一时期也有学者初步探讨。对中国化和现代化关系的研究还有待进一步深化,相关研究成果并不是太多。当然,这一研究领域正引起越来越多的专家学者的关注。② 近年来的马克思主义中国化研究,既有整体性研究,也有专题性研究;既有宏观论述,也有微观分析。如童小彪《中国共产党纪念活动与马克思主义中国化》一书系统阐释了新民主主义革命时期中国共产党纪念活动的发展特征、主要形式、重要内容和基本功能,在此基础上,从理论源泉、文化传承和实践经验三个方面,揭示出中国共产党纪念活动对于马克思主义中国化的重要价值。其中热点问题主要集中在历史进程和基本经验等方面。

三、第三个阶段(2012—2017年)

这一时期为2012年党的十八大至2017年党的十九大之前。之所以这样划分,主要是因为党的十八大的召开。党的十八大以来,党从理论和实践

---

① 文晓明、杨建新:《国外马克思主义中国化研究的特点及趋向》,《河北学刊》,2009年第2期。

② 其中代表性著作有:李敬煊著《中国现代化与马克思主义中国化》(华中师范大学出版社,2005年),该书围绕"在中国化的马克思主义指导下建设中国的现代化,在中国现代化的建设中推进马克思主义的中国化"这一核心观点,从马克思主义中国化在现代化历程中的地位和作用入手,以中国现代化进程为主线进行了系统探讨,是研究中国化和现代化关系的较早著作。张静等著《现代化新路——马克思主义中国化与中国特色社会主义现代化》(南开大学出版社,2009年),该书则从历史的角度出发,从阐释马克思主义中国化与中国特色社会主义现代化的互动关系入手,系统梳理了中国现代化的历程,是研究中国化与现代化关系的又一力作。由于中国共产党在马克思主义中国化和现代化进程中都发挥了十分重要的作用,没有中国共产党就没有马克思主义的中国化,更不可能有中国的现代化。所以,也有学者以中国共产党与中国现代化的关系为切入点,考察了中国共产党领导下中国化与现代化的基本历程与主要经验,如陈闽夏、张云等著《中国共产党与中国现代化丛书》(宁夏人民出版社,2005年);王浩斌《马克思主义中国化动力机制研究》(中国社会科学出版社,2009年)等。

的结合上系统回答了新时代坚持和发展什么样的中国特色社会主义、怎样坚持和发展中国特色社会主义等重大时代课题,创立了习近平新时代中国特色社会主义思想。习近平新时代中国特色社会主义思想彰显了中国共产党治国理政的新理念新思想新战略,为世界各国"政党治理""国家治理""全球治理"提供了中国智慧和中国方案。马克思主义中国化的研究重点逐渐从历史进程、科学内涵等方面,向注重哲学层面研究马克思主义中国化、传统文化与马克思主义中国化、马克思主义政治经济学中国化、马克思主义中国化话语体系构建、学科建设推动马克思主义中国化等方面深入开展。这一时期,学者们对马克思主义中国化最新理论成果——习近平新时代中国特色社会主义思想的研究投入了极大的热情并迅速取得了不少高质量的研究成果。

党的十八大以来,马克思主义中国化研究掀起新的研究高潮。据 2018 年 6 月对中国知网的检索,主题为"马克思主义中国化"的文献,1979—2005 年的 27 年间有 2560 篇,2006—2012 年的 7 年间高达 15604 篇,2013—2018 年的 6 年间有 10471 篇。2012 年以来主题为"马克思主义中国化"的核心期刊文章,每年在 2300 篇以上。学者们继续对马克思主义中国化历史进程、内涵、本质、历史任务、基本经验与规律、学科建设等进行研究,还对马克思主义中国化最新理论成果、马克思主义政治经济学中国化、马克思主义中国化话语体系构建、传统文化创造性转变和创新性发展等开展研究。①

表1 中国知网检索篇目含有"马克思主义中国化"的研究论文(2012—2017 年)

年份	2012	2013	2014	2015	2016	2017
论文发表篇数	788	681	485	500	468	442

---

① 代表性著作如倪愫襄主编:《马克思主义中国化研究的历史进程》,人民出版社,2012 年;郭国祥:《马克思主义意识形态理论中国化、时代化、大众化研究》,上海三联书店,2014 年。

以2015年为例,学者关于马克思主义中国化的研究可归纳为纵向研究和横向研究,其纵向研究以马克思主义中国化的历史发展为逻辑主线,主要集中在马克思主义中国化的发展动因、历史起点、历史进程、话语体系和学科建设等问题研究;其横向研究以马克思主义中国化的关系研究为逻辑主线,主要集中在马克思主义中国化与中国化马克思主义、报刊、传统文化和重要历史人物等的关系研究。① 其中顾海良主编的《马克思主义中国化史》第1—4卷,闫虹珏、彭兴伟的《马克思主义核心概念的中国化进程及其当代价值》,为代表性成果。

习近平总书记系列重要讲话全面阐发和深度丰富了党的十八大精神,是对中国特色社会主义道路、理论体系和制度,对中国特色社会主义的基本理论、基本路线、基本纲领、基本经验和基本要求的科学论述,是全面阐述事关中国特色社会主义前途命运一系列重大原则问题的当代中国马克思主义重要文献,是对中国特色社会主义理论体系的丰富、发展和创新。习近平总书记系列重要讲话通篇贯穿了一脉相承、一以贯之的一条红线,这就是马克思列宁主义、毛泽东思想和中国特色社会主义理论体系所贯穿的基本立场、观点和方法,为我们树立了灵活运用马克思主义哲学的光辉典范。② 在2016年庆祝中国共产党成立95周年大会上,习近平指出:中国共产党95年来取得一系列伟大成就的根本原因就在于始终把马克思主义作为自己的行动指南,全党同志在新时代中国特色社会主义的接续奋斗中,必须"坚持把马克思主义基本原理同当代中国实际和时代特点紧密结合起来"③。

关于马克思主义中国化和中国传统文化的关系问题。杨耕认为,马克

---

① 汤志华等:《2015年国内马克思主义中国化研究述评》,《桂海论丛》,2016年第4期。
② 王伟光:《马克思主义中国化的当代理论成果——学习习近平总书记系列重要讲话精神》,《中国社会科学》,2015年第10期。
③ 习近平:《在庆祝中国共产党成立95周年大会上的讲话》,《人民日报》,2016年7月2日。

思主义基本原理同中国具体实际相结合必然包含着同中国传统文化相结合的内涵，但马克思主义中国化绝不是使马克思主义去迎合中国传统文化；马克思主义中国化必须立足中国的具体实际，而不是立足中国的传统文化。马克思主义中国化的实质，是使马克思主义与中国面临的实际问题相结合，并用中国式的问题及其科学解答丰富和发展马克思主义。① 陈先达认为，应该用历史唯物主义观点处理马克思主义与中国传统文化的关系，反对蔑视以儒学为主导的中国传统文化的文化虚无主义，中国的马克思主义可以从中国传统文化的精髓中得到思想资源、智慧和启发，但也要防止以高扬传统文化为旗帜，反对马克思主义、拒斥西方先进文化的保守主义思潮的沉渣泛起。②

关于毛泽东对于马克思主义中国化的探索和理论贡献。毛泽东不仅提出中国革命新道路理论，而且在新中国成立后就如何建设社会主义进行理论探索。毛泽东创造了一系列独创性的关于中国社会主义建设的理论成果，提出实现马克思主义普遍真理同中国实际的第二次结合，走自己的路，探索适合中国国情、具有中国特点的社会主义建设道路，这是毛泽东在中国社会主义发展史上的重大理论贡献。毛泽东在探索中既留下了成功的经验也留下了失误的教训，这两方面都为当今中国特色社会主义建设积累了宝贵经验和重要启示。③

关于马克思主义哲学中国化问题，也是理论界十分关注的前沿话题。汪信砚认为，马克思主义哲学中国化不仅是中国马克思主义哲学研究的方法论要求，而且是20世纪以来中国哲学发展的主脉，并由此构成中国哲学的

---

① 杨耕:《当前马克思主义研究中的五个重大问题》,《南京大学学报》(哲学社会科学版),
2014 年第 4 期。
② 陈先达:《马克思主义和中国传统文化》,《光明日报》,2015 年 7 月 3 日。
③ 王伟光:《毛泽东是中国特色社会主义的伟大奠基者、探索者和先行者》,《中国社会科学》,
2013 年第 12 期。

新传统即中国哲学的现代传统。① 陈树林认为,实践是马克思主义哲学创立和存在的根基,中国社会实践是马克思主义哲学中国化的坚实基础,在实践中创新是推进马克思主义哲学中国化的重要途径。②

马克思主义政治经济学中国化问题,一直是理论界研究的一个重点和难点问题。2014 年以来,习近平多次强调学好用好马克思主义政治经济学,尤其是提出"不断开辟当代中国马克思主义政治经济学的新境界"的重要命题。卫兴华、逄锦聚、顾海良、洪银兴、胡培兆、程恩富 6 位学者在《中国社会科学》上发表的文章具有一定代表性。③ 他们对资本论,中国的分配制度,中国特色的政治经济学构建等问题提出自己的见解,展开论述。新的历史起点研究马克思主义政治经济学中国化,有了一个良好的开端。

值得一提的是,这一时期也有中青年学者运用传播学的相关理论研究马克思主义中国化问题。他们结合大众传播学理论,从新媒体、大数据等新视角探讨如何推进中国化马克思主义的大众化问题。学者们认为,网络传播是马克思主义大众化传播的重要途径。切实提升马克思主义大众化传播实效性,必须建立相应的传播机制。还有学者提出,需要采取融合新媒体和传统媒介,打造线上线下马克思主义大众化传播媒介统一战线。④ 蒋庆哲、田辉所著的《马克思主义中国化在青年大学生中的传播研究》⑤就怎样提升马克思主义中国化的传播实效这一主要问题,进行了深入的探索与研究。

---

① 汪信砚:《视野·论域·方法——马克思主义哲学中国化问题研究的三个方法论问题》,《马克思主义哲学研究》,2005 年第 1 期。

② 陈树林:《实现马克思主义哲学中国化的实践维度》,《教学与研究》,2013 年第 8 期。

③ 卫兴华、逄锦聚、顾海良、洪银兴、胡培兆、程恩富:《发展当代中国的马克思主义政治经济学》,《中国社会科学》,2016 年第 11 期。

④ 凌小萍、邓伯军:《马克思主义大众化的传播媒介协同创新探析》,《社科纵横》,2015 年第 6 期。

⑤ 蒋庆哲、田辉:《马克思主义中国化在青年大学生中的传播研究》,北京师范大学出版社,2014 年

总之,党的十八大以来,马克思主义中国化研究取得了一些新进展、呈现一些新特点。比较注重在全面建成小康社会和实现中华民族伟大复兴的中国梦的最新实践中推进马克思主义中国化研究;注重从哲学层面研究马克思主义中国化,探求马克思主义中国化的思想逻辑、发展机制和内在规律性;注重马克思主义中国化的话语体系构建;注重以学科建设推动马克思主义中国化研究。①

四、第四个阶段(2017—2021 年)

随着党的十九大习近平新时代中国特色社会主义思想的提出,这一思想的研究成为学界的研究热点。中国知网检索篇名含有"习近平新时代中国特色社会主义思想"的论文,2017 年有 420 篇,2018 年有 1772 篇,2019 年有 962 篇,2020 年有 592 篇,2021 年有 409 篇。

学界对于习近平新时代中国特色社会主义思想的时代背景、科学内涵、理论贡献、理论意义等一系列重大问题开展研究,取得丰硕成果。同时伴随《习近平谈治国理政》第二卷和第三卷的出版,学界从各个方面掀起了学习研究习近平新时代中国特色社会主义思想的新高潮。对于党的十九大以来的理论创新,如新发展理念、全面从严治党、中国特色社会主义新时代和新矛盾、"五位一体"总体布局,人类命运共同体、强军思想、经济思想等各个方面重要论述开展研究。

张传鹤分析了新中国成立 70 年来马克思主义中国化的进程和规律,认为马克思主义中国化经历了六个发展阶段,并提出马克思主义中国化的基

---

① 陈亚联:《党的十八大以来马克思主义中国化研究进展与思考》,《广西社会科学》,2017 年第 7 期。

本经验:牢记初心和使命,是精神动力;营造一个健康的政治生态和理论生态是重要环境保障;贯彻落实民主集中制,让广大党员领导干部、理论工作者和群众的智慧竞相迸发,并纳入决策者视野是推进马克思主义中国化的制度保证;坚持正确的思想路线是思想方法条件;学术界、党和国家机关的决策者们保持扎实的学风是推进马克思主义中国化的作风条件;吸收中华优秀传统文化成果和国外文明成果是推动马克思主义中国化的助力条件。[①]张明总结了新中国成立以来马克思主义中国化的基本经验可以概括如下:一是深刻认识马克思主义中国化的核心主题,即紧密围绕在不同于马克思主义经典作家理论设想的特殊条件下建设社会主义的核心问题,统筹推进马克思主义中国化的"第二次结合"与"第二次飞跃";二是准确把握推进马克思主义中国化的外部条件,即基于世界历史维度、深刻把握时代主题变迁、正确处理社会主义与资本主义的关系问题,不断推动马克思主义中国化走向世界;三是辩证理解马克思主义中国化的动力机制,即建构实践创新与理论创新之间的辩证关系格局,不断推动从中国经验向中国话语、中国理论的转变,不断充实发展经典马克思主义的理论资源库,建构当代中国马克思主义理论与 21 世纪马克思主义理论的新形态。[②] 也有学者从马克思主义中国化的领导核心、理论坚守、现实遵循、价值旨归四个视角总结其 70 年来"中国化"进程的基本经验,即马克思主义中国化需要强有力的马克思主义政党、坚持正确方向、立足中国实际、以人民为中心。[③]

这一时期总体研究呈现两大特征。一是出版系列的中国共产党领导人的马克思主义中国化的文本和文献资料。二是学界开始掀起对马克思主义

[①] 张传鹤:《新中国成立 70 年来马克思主义中国化的进程和规律》,《山东社会科学》,2019 年第 11 期。

[②] 张明:《新中国成立 70 年来马克思主义中国化的基本经验》,《东南学术》,2019 年第 4 期。

[③] 刘安琳、顾保国:《新中国 70 年马克思主义中国化的基本经验》,《思想理论教育导刊》,2020 年第 2 期。

中国化研究的新高潮。重视对习近平新时代中国特色社会主义思想的研究和解读。

1. 完整系统地出版了毛泽东、邓小平、江泽民、胡锦涛、习近平等主要代表人物的著作和有关资料

国内对毛泽东思想真正的学术研究主要是在 1981 年 6 月党的十一届六中全会通过的《关于建国以来党的若干历史问题的决议》后,毛泽东思想研究步入开拓性发展阶段。1991 年后,毛泽东个人的思想资料得到更加系统的整理,供研究用的 13 卷本《建国以来毛泽东文稿》于 1998 年出版发行,8 卷本的《毛泽东文集》于 1999 年出版发行,6 卷本的《毛泽东军事文集》等也相继出版发行,从而为毛泽东思想研究提供了丰富的第一手资料。1982 年党的十二大提出"建设有中国特色的社会主义"主题之后,《邓小平文选(1975—1982 年)》《建设有中国特色的社会主义》(1984 年及 1987 年增订本)的相继出版发行,使邓小平理论的研究迈上了一个新台阶。1992 年初邓小平发表南方谈话,同年 10 月党的十四大提出了"邓小平同志建设有中国特色社会主义理论"的概念,翌年 10 月《邓小平文选》第三卷正式出版,1994 年《邓小平文选》第一、二卷增订再版,1995 年中共中央印发了《邓小平同志建设有中国特色社会主义理论学习纲要》,为全党和全国人民学习邓小平理论提供了一系列重要的辅导材料。2000 年 2 月,江泽民明确提出"三个代表"要求,翌年江泽民在庆祝中国共产党成立 80 周年大会上的讲话中系统阐述了"三个代表"重要思想的科学内涵和基本内容,同年 8 月和 9 月中央文献出版社分别出版了江泽民的《论"三个代表"》和《江泽民论有中国特色社会主义(专题摘编)》,中共中央宣传部组织编写的《"三个代表"重要思想学习纲要》于 2003 年 6 月出版发行,三卷本的《江泽民文选》于 2006 年出版发行,极大地推动了"三个代表"重要思想的学习、宣传和研究。2006 年 6 月,为把学习贯彻科学发展观不断引向深入,中央宣传部理论局组织编写了

《科学发展观学习读本》。2016年9月,三卷本的《胡锦涛文选》正式出版发行,是学习贯彻科学发展观的重要教材。党的十八大以来,中共中央宣传部组织编写《习近平总书记系列重要讲话读本》(2014年版和2016年版),为深入学习贯彻习近平总书记系列重要讲话精神,深刻把握以习近平同志为核心的党中央治国理政新理念新思想新战略提供了重要的学习素材。2017年11月外文出版社出版发行了《习近平谈治国理政》第二卷,2018年1月,中共中央宣传部(国务院新闻办公室)会同中央党史和文献研究室、中国外文局对2014年出版的《习近平谈治国理政》进行修订,再版发行《习近平谈治国理政》第一卷,成为国内外学习研究习近平新时代中国特色社会主义思想和党的十九大精神的权威读本。2018年5月,《习近平新时代中国特色社会主义思想三十讲》出版发行。这些重要文献资料的出版,为学术界学习领会马克思主义中国化的历程,相关领导人的经典文献,学习习近平新时代中国特色社会主义思想提供了重要辅助读物,提供了文献支撑。

2. 关于习近平新时代中国特色社会主义思想的研究成果众多

学界对习近平新时代中国特色社会主义思想对马克思主义中国化的理论创新进行探讨,涌现出很多成果。有学者认为,习近平新时代中国特色社会主义思想有其理论品格,即主体性与客体性的统一、中国性与世界性的统一、权威性与治理性的统一以及党性与人民性的统一。[①] 习近平新时代中国特色社会主义思想既继承和发展了邓小平理论、"三个代表"重要思想和科学发展观,又开启了马克思主义中国化的新阶段、开创了马克思主义中国化的新境界。一是提出中华民族伟大复兴思想,进一步丰富和发展了马克思主义社会形态学说。二是准确研判社会主要矛盾的变化,进一步丰富和发

---

① 王仕国、付高生:《习近平新时代中国特色社会主义思想与马克思主义中国化的新发展》,《求实》,2018年第4期。

展了马克思主义社会矛盾学说。三是提出"五位一体"总体布局和"四个全面"战略布局协调推进思想,进一步丰富和发展了马克思主义社会结构理论。四是强调意识形态工作的极端重要性,进一步拓展了马克思主义社会意识形态理论。五是深刻论述人民群众在历史中的作用,进一步丰富和发展了马克思主义群众史观。六是高度重视中华优秀传统文化的价值,进一步丰富和发展了马克思主义文化理论。七是提出"人类命运共同体"理念和"一带一路"倡议,进一步丰富和发展了马克思主义世界历史理论。八是深刻地揭示新时代中国化马克思主义政党的本质内容,进一步丰富和发展了马克思主义政党理论。①

这一时期是马克思主义中国化研究的新高潮。2017—2021 年按照年度分析评价马克思主义中国化的研究主题带有重要意义。因为这一时期,中国共产党面临很多重大纪念活动。每一次纪念活动都推进马克思主义中国化研究的新高潮,涌现出很多代表性的主题。如改革开放 40 周年、建党 100 年、新中国成立 70 周年。其中这五年来的马克思主义中国化按照年度时间研究的主题整理如下。

(1)2017 年马克思主义中国化研究的几大问题

党的十八大以来,以习近平同志为核心的党中央顺应时代发展需要,整体性把握国内国外"两个大局",提出了一系列治国理政的新理念新思想新战略。实现了对全面从严治党新实践的全方位谋划,对当前我国意识形态领域突出问题的整体性回应,对马克思主义政治经济学的系统性创新,对国家治理体系和治理能力现代化的整体性设计,对中国特色大国外交的整体性布局与系统性展现。辛向阳结合习近平总书记系列重要讲话研究马克思

---

① 夏文斌、张懿:《习近平新时代中国特色社会主义思想是马克思主义中国化的时代典范》,《陕西师范大学学报》(社会科学版),2018 年第 4 期。

主义中国化。习近平总书记系列重要讲话大大深化了对于社会主义本质特征和本质要求的认识，围绕管党治党的深层次问题提出了一系列富有创新性的理论观点，深刻洞察新的发展阶段基本特征，提出了五大发展理念。①刘先春认为，党的十九大提出了新时代党的建设的总要求和重要任务，将全面从严治党置于习近平新时代中国特色社会主义思想的突出位置，对新时代党的建设理论进行了系统阐述，从整体上创新和发展了马克思主义中国化的党建理论。全面从严治党的新理念新思想新观点为新时代党的建设实践指明了根本路径。②

2016年4月出版的《习近平总书记系列重要讲话读本》指出："习近平总书记系列重要讲话，内涵丰富、思想深邃、博大精深，是一个系统完整的科学理论体系。"这一时期的代表作有：林建华等著《马克思主义中国化、时代化、大众化论纲》③，任平、杨耕主编《当代中国马克思主义研究》，以全新视角围绕马克思主义研究进行阐述，"当代马克思主义研究"丛书共5本，由北京师范大学杨耕教授担任丛书总主编。④ 肖贵清著的《中国化马克思主义整体性

---

① 辛向阳：《习近平总书记系列重要讲话与马克思主义中国化》，《中共浙江省委党校学报》，2017年第3期。

② 刘先春、王小鹏：《全面从严治党是马克思主义中国化党建理论的最新成果》，《思想理论教育导刊》，2017年第11期。

③ 该著认为，"推进马克思主义中国化、时代化、大众化"是中国共产党人提出的一个宏大的命题。历史和现实的逻辑是，国际共产主义运动和马克思主义是马克思主义中国化、时代化、大众化的基石和出发点，俄国十月革命和列宁主义是马克思主义中国化、时代化、大众化的主要中介和桥梁，中国共产主义运动和思想、中国特色社会主义理论体系是马克思主义中国化、时代化、大众化的土壤和果实。遵循这一逻辑，本书旨在以历史进程为主线、为经，以问题意识为导向、为纬，对经典文献进行"文本解读"，对革命、建设、改革进行"实践解读"，勾勒一幅马克思主义中国化、时代化、大众化的缤纷多彩的瑰丽画卷。

④ 该丛书从宏观维度及学术理论上再现了当代中国马克思主义哲学研究的前沿观点及热点问题，反映了当代中国马克思主义哲学研究的新进展和新成果，凸显了马克思主义哲学的当代境遇，为重新理解当代中国马克思主义哲学开启了广阔的空间，是融资料性、学术性、前沿性和权威性为一体的大型系列丛书，对于学习、研究马克思主义哲学具有重要意义，展示了我国学者在当代中国马克思主义哲学基础理论研究方面达到的学术水平，反映了马克思主义哲学基础理论研究的新进展和新成果。

研究》①,陶德麟、何萍合著的《马克思主义中国化研究》,全面论述了马克思主义在各大领域里的中国化进程,结合 21 世纪中国发展,提出了马克思主义中国化的新观点、新思想②。

有学者认为,习近平新时代中国特色社会主义思想是马克思主义中国化的最新成果,它既坚持马克思主义基本原理,又运用马克思主义基本原理解决新时代中国问题,实现了马克思主义基本原理与新时代中国特色社会主义实践的有机结合;既借鉴中华优秀传统文化,又汲取世界先进文明成果,使马克思主义中国化创新成果具有中国气派、中国风格和国际视野。③有学者研究习近平关于人类命运共同体的重要论述,"人类命运共同体"是极为重要的内容,标志着人类文明的新曙光,预示着马克思主义中国化的新飞跃。④ 也有学者研究习近平的中国梦和马克思主义中国化。两者之间是互动的关系。一方面,马克思主义中国化是"中国梦"的基石;另一方面,"中国梦"也能进一步推动马克思主义中国化的发展。⑤

安启念认为,马克思主义中国化有向前看和向后看的定义。"向前看"是在中国化的实践开始时,寻找实现中国化的方法,是要回答"如何化"的问题;"向后看"是在中国化的实践完成之后,回过头来总结经验。⑥

---

① 该书从整体性角度构建了中国化马克思主义的研究框架、概括了中国化马克思主义的理论体系、明确了中国化马克思主义的理论主题、提炼了中国化马克思主义的理论精髓、指出了中国化马克思主义的价值取向、揭示了中国化马克思主义理论成果的内在联系,填补了当前中国化马克思主义整体性研究专门著作的学术空白。

② 该书按照马克思主义理论的三个分类,着重探讨、反思马克思主义中国化的发展历程、具体内容和内在关系,为读者全面了解、有效应用该理论提供了重要基础。此外,该书还评判了各种曲解、诋毁马克思主义中国化的错误理论。

③ 贾绘泽:《习近平新时代中国特色社会主义思想是马克思主义中国化的最新理论成果》,《山东社会科学》,2017 年第 12 期。

④ 余ು华:《"人类命运共同体"与马克思主义中国化新飞跃》,《江西社会科学》,2017 年第 9 期。

⑤ 刘欣荣:《"中国梦"与马克思主义中国化的内在关系》,《人民论坛》,2017 年第 5 期。

⑥ 安启念:《当前中国马克思主义中国化研究中的两个问题》,《重庆邮电大学学报》(社会科学版),2017 年第 4 期。

有学者结合1945年和1981年党中央先后作出的两个关于若干历史问题的决议研究马克思主义中国化,两个历史决议是马克思主义中国化的重要文献,其最重要的贡献就是在中国革命和建设的重要历史关头,正确地评价了毛泽东及毛泽东思想。[①] 有学者结合马克思主义政治经济学中国化开展论述。马克思主义中国化是将马克思主义基本原理同中国具体实际相结合,在继承的基础上立足我国当代国情发展马克思主义,并且与时俱进,不断创新和拓展。中国特色社会主义政治经济学作为马克思主义中国化的最新成果,必须把握马克思主义政治经济学的核心和目标"人的全面发展"为核心命题,结合本国国情和时代特点,与时俱进、开拓创新,为马克思主义政治经济学的创新发展贡献中国智慧。[②]

丁俊萍强调,马克思主义中国化研究在马克思主义理论学科中处于中心位置,是与当今马克思主义发展的特点和趋势、与马克思主义的指导地位、与中共中央加强和改进大学生思想政治工作的总体要求、与国家关于马克思主义理论一级学科的定位和主要研究内容的规定是一致的。[③] 王先俊对当前马克思主义中国化进行反思,就当下来说,应该重点关注马克思主义的"引进"、马克思主义中国化"基本理论"、马克思主义中国化最新理论成果和马克思主义中国化重大实践问题等方面的研究。马克思主义中国化又是一个学科。作为学科,规范的表述是"马克思主义中国化研究"。它是从研究领域、研究范围的角度对马克思主义中国化这一二级学科的规定,其主要任务是对马克思主义中国化的基本经验、基本规律,以及马克思主义中国化

---

① 陈宇翔、李晓培:《两个〈历史决议〉与马克思主义中国化》,《南京社会科学》,2017年第1期。

② 苏世彬等:《论中国特色社会主义政治经济学的核心命题——基于马克思主义政治经济学中国化的视角》,《改革与战略》,2017年第12期。

③ 丁俊萍:《马克思主义中国化研究学科建设的若干问题》,《思想理论教育导刊》,2009年第7期。

理论成果进行专门研究。①

（2）2018 年马克思主义中国化研究的几大问题

有学者认为,进入新时代以来,习近平提出的继续发展"21 世纪马克思主义"和"当代中国马克思主义",以及构建"人类命运共同体"的理念是对马克思主义中国化的新贡献。② 陈春英从马克思主义中国化的出场学角度定义马克思主义中国化,马克思主义中国化的实质是将马克思主义普遍真理运用到中国的具体实践之中,同中国的历史传统、民族文化和社会实践等相结合,达到具体的、历史的统一,并最终实现对中国社会的成功改造。这主要包括两个方面:一是内容上,用马克思主义的立场、观点和方法来分析和解决中国革命和建设中的各种问题,形成符合中国国情的路线、方针和政策,并在此过程中形成马克思主义的新成果;二是形式上,赋予经典马克思主义以中国元素,使其转变成具有中国特色的马克思主义。③ 戚义明认为,推进马克思主义中国化有三个维度,即将马克思主义与中国的具体实践、中国所处的时代特征、中国的历史文化分别相结合。这三个维度相互支撑、相互配合、相得益彰、缺一不可。④ 有学者认为,习近平新时代中国特色社会主义思想确立为党的指导思想,这是马克思主义中国化的又一次历史性飞跃。⑤

这一时期代表性著作有:胡国胜《马克思主义中国化的历史与现实》,针对马克思主义中国化的社会现状、基本理论、历史进程、经典文本等展开了

---

① 王先俊:《马克思主义中国化研究中的几个问题》,《学术界》,2017 年第 5 期。

② 钟明华:《21 世纪马克思主义:中国共产党马克思主义观的新发展》,《学校党建与思想教育》,2018 年第 5 期。

③ 陈春英:《出场学视域下当代马克思主义中国化探析》,《湖北社会科学》,2018 年第 1 期。

④ 戚义明:《从马克思主义中国化的三个维度看习近平新时代中国特色社会主义思想》,《党的文献》,2018 年第 3 期。

⑤ 石仲泉:《党的指导思想马克思主义中国化的又一次历史性飞跃》,《中国党政干部论坛》,2018 年第 7 期。

系统梳理和深入研究。邓纯东阐述了习近平关于全面深化改革的思想。[1]
金民卿《马克思主义中国化思想史论》,选取了马克思主义中国化思想发展
史上具有典型意义的 11 个历史节点,对马克思主义中国化思想的形成和发
展进行了梳理和总结,在马克思主义中国化思想逻辑的生成和展开上,探索
马克思主义中国化的复合性构成要素及其演变、主客体系统的核心矛盾及
其展开、多维度的内容体系及其不断发展完善、特殊的发展机制及其在不同
历史时段上的功能发挥等。

党的十九大把习近平新时代中国特色社会主义思想定位为"马克思主
义中国化最新成果"[2]。张帆认为,从马克思主义中国化历史进程的宏观视
野做出习近平新时代中国特色社会主义思想是马克思主义中国化最新成果
的科学定位和理论判断。这一重大成果是新时代中国共产党人在继续推进
马克思主义中国化进程中成功经验的理论结晶。这些经验包括:科学思维
是马克思主义中国化的认识论前提,问题导向是马克思主义中国化的逻辑
起点,弘扬优秀传统文化是马克思主义中国化的思想给养,与时俱进是马克
思主义中国化的根本动力,以人民为中心是马克思主义中国化的出发点和
落脚点。[3] 党的十八大以来,以习近平同志为核心的党中央根据我国经济社
会发展面临的新形势新任务,全面总结党在长期领导中国革命和社会主义
现代化建设中的经验,准确把握当前的时代特点和现实问题及中国社会发
展的总体趋势,在马克思主义中国化的人民主体、中国特色、尊重规律、关注
现实问题、全球化等方面提出了一系列新思想新观点新论断,创立了习近平

[1] 李张容:《改革开放与中国特色社会主义新时代——"第九届马克思主义中国化学术论坛"综述》,《马克思主义研究》,2018 年第 9 期。
[2] 习近平:《决胜全面建成小康社会 夺取新时代中国特色社会主义伟大胜利——在中国共产党第十九次全国代表大会上的报告》,人民出版社,2017 年,第 20 页。
[3] 张帆:《论新时代马克思主义中国化的基本经验》,《陕西师范大学学报》(社会科学版),2018 年第 2 期。

新时代中国特色社会主义思想,实现了马克思主义与中国具体实际相结合的新飞跃。① 习近平在领导全党推进马克思主义中国化过程中主要有十个方面的思想和特征:一是注重把马克思主义思维方式中国化,二是立足把马克思主义政治经济学理论中国化,三是大力推动把科学社会主义理论中国化,四是创新性地把马克思主义价值观中国化,五是注重把马克思主义治国理政方式中国化,六是关注把马克思主义国际关系理论中国化,七是高度重视把马克思主义政党自身建设理论中国化,八是注重把马克思主义政党领导方式中国化,九是注重把马克思主义与中国传统文化相结合,十是注重把坚持一般马克思主义指导与坚持中国马克思主义指导相结合。② 郑保卫探讨了毛泽东、邓小平、江泽民、胡锦涛和习近平等几代中国共产党领导人,在推进马克思主义新闻观中国化和丰富创新马克思主义新闻观理论内涵方面做出了独特的历史性贡献。③

有学者从我国历史文化传统、马克思主义经典作家设想、其他国家社会主义实践,以及国外现代化发展模式来认识新时代马克思主义中国化的逻辑演进。就过程性飞跃、层次性飞跃和历史性飞跃等三种形态而言,习近平新时代中国特色社会主义思想是新时代马克思主义中国化理论的重要跃升。④ 从认识的过程性部分质变看,习近平新时代中国特色社会主义思想标志着马克思主义中国化的第六次阶段性飞跃;从认识的发展性部分质变看,习近平新时代中国特色社会主义思想实现了马克思主义中国化的第三次层级性飞跃;从认识的总体性根本质变看,习近平新时代中国特色社会主义思想开辟

---

① 周前程:《习近平的马克思主义中国化思想研究》,《中共福建省委党校学报》,2018 年第1 期。

② 常绍舜:《近平关于马克思主义中国化的主要思想和特征》,《理论探讨》,2018 年第 3 期。

③ 郑保卫:《马克思主义新闻观中国化的历史进程及其理论贡献》,《新闻与传播研究》,2018 年第 2 期。

④ 邹文通、肖仕平:《新时代马克思主义中国化的逻辑演进与理论跃升》,《东南学术》,2018 年第 5 期。

了马克思主义中国化两次历史性飞跃的新境界。[①] 习近平新时代中国特色社会主义思想作为马克思主义中国化的最新成果,提出了一系列新理念新思想新战略,包括"推进国家治理体系和治理能力现代化,发展社会主义市场经济,发展社会主义民主政治,发展社会主义协商民主,建设中国特色社会主义法治体系,发展社会主义先进文化,培育和践行社会主义核心价值观,建设社会主义和谐社会,建设生态文明,构建开放型经济新体制,实施总体国家安全观,建设人类命运共同体,推进'一带一路'建设,坚持正确义利观,加强党的执政能力建设,坚持走中国特色强军之路、实现党在新形势下的强军目标,等等,都是我们提出的具有原创性、时代性的概念和理论"[②]。马克思主义中国化具有理论形态和实践形态,[③]时间上的过程性与空间上的发展性是其双重规定。从认识的发展性部分质变看,马克思主义中国化经历了三次层级性飞跃,习近平新时代中国特色社会主义思想标志着新时代马克思主义中国化的层级性新飞跃。[④] 2017 年,党的十九大提出中国特色社会主义进入新时代,习近平新时代中国特色社会主义思想极大地丰富和发展了中国特色社会主义理论体系。习近平新时代中国特色社会主义思想则从理论和实践相结合的角度,对新时代坚持和发展什么样的中国特色社会主义、怎样坚持和发展中国特色社会主义作出了系统回答,回答了新时代坚持和发展中国特色社会主义的总目标、总任务、总体布局、战略布局和发展方向、发展方式、发展动力、战略步骤、外部条件、政治保证等基本问题。[⑤]

党的十八大以来,伴随着中国特色社会主义进入新时代,学界更是掀起

① 汪青松:《新时代马克思主义中国化的新飞跃》,《当代世界与社会主义》,2018 年第 1 期。

② 《习近平谈治国理政》(第二卷),外文出版社,2017 年,第 343 页。

③ 韩海涛、刘长军:《论马克思主义中国化的多样形态》,载于中国人民大学马克思主义学院编:《21 世纪马克思主义理论研究的探索与创新》,中国人民大学出版社,2016 年,第 333 页。

④ 《十三大以来重要文献选编》(上),人民出版社,1991 年,第 56 页。

⑤ 习近平:《决胜全面建成小康社会 夺取新时代中国特色社会主义伟大胜利——在中国共产党第十九次全国代表大会上的报告》,《人民日报》,2017 年 10 月 28 日。

了马克思主义中国化新的研究热潮,取得了一系列重要研究成果。关于马克思主义中国化规律的研究。王浩斌把基本规律概括为结合论、实践论、特色论三大规律;①岳鹏概括为六大规律,"一是共性与个性统一律;二是理论与实践统一律;三是历史与逻辑统一律;四是开放与创新统一律;五是矛盾与对立统一律;六是隐性与显性统一律"②。这些从不同视域作出的新概括,为进一步深入研究马克思主义中国化的规律提供了借鉴。林国标认为,关于马克思主义中国化时代化大众化的研究。要运用精准思维进行规范化操作和协同性推进。马克思主义中国化,就是通过可操作的步骤,让传统文化更多地参与马克思主义的发展;马克思主义时代化,就是通过修缮理论框架和重要概念,来完成理论的形塑,推进理论创新;马克思主义大众化,则要从范式、制度、方法、载体等进行多方面的调整,来推进当代中国马克思主义深入人心。③ 李祥兴认为,党的十九大从历史方位、理论成果、宏伟蓝图和主体要求等几个方面对马克思主义中国化一系列重大问题做出了新的总结、概括和阐释,阐明了当代中国马克思主义的发展规律,为新时代马克思主义中国化事业的发展指明了方向。④

(3)2019 年马克思主义中国化的几大问题

2019 年是新中国成立 70 周年,学界围绕这一重大时刻进行马克思主义中国化的相关研究。相关的代表性著作包括:王南湜的《中国哲学精神重建之路:马克思主义哲学中国化探讨》,拓宽马克思主义哲学中国化研究的理论视野,马克思主义哲学中国化的初期进程,马克思主义哲学体系化之努力

---

① 王浩斌:《中国共产党成立以来党的理论创新与历史经验》,中国社会科学出版社,2014 年,第 93～95 页。
② 岳鹏:《论马克思主义中国化的基本规律》,《桂海论丛》,2014 年第 4 期。
③ 林国标:《新时代马克思主义中国化时代化大众化的精准化操作》,《湖南社会科学》,2018 年第 5 期。
④ 李祥兴、王先俊:《中共十九大与马克思主义中国化》,《安徽师范大学学报》(社会科学版),2018 年第 2 期。

等。王南湜的《马克思主义哲学中国化的历程及其规律研究》①，李捷的《马克思主义中国化新飞跃是怎样到来的》②，罗雄飞的《中国化马克思主义与中国道路：中国特色社会主义政治经济学引论》③。

　　以习近平同志为核心的党中央总结党的十一届三中全会以来，特别是党的十八大以来改革开放的实践经验，"从理论和实践结合上系统回答新时代坚持和发展什么样的中国特色社会主义、怎样坚持和发展中国特色社会主义"④这一重大时代课题，创立了习近平新时代中国特色社会主义思想。这一思想在理论层面体现为"八个明确"，主要回答新时代坚持和发展什么样的中国特色社会主义；在实践层面体现为"十四个坚持"，主要回答新时代如何坚持和发展中国特色社会主义。⑤ 李玲对马克思主义妇女观的中国化

---

　　① 该书以实践哲学为视角，以大量历史事实为研究依据，从实践哲学的视角出发，以历史事实为根据，采取历史与逻辑相统一的方法，对马克思主义哲学中国化的早期进程，主要代表人物李大钊、瞿秋白、李达、艾思奇、毛泽东等人的哲学思想，以及中国马克思主义哲学的发展前景等重大理论和现实问题进行了深入研究，凸显了中国马克思主义哲学的特色及其对当前中国特色社会主义建设的指导意义。采用历史与逻辑相统一、理论结合现实的研究方法，深入分析了马克思主义与中国历史的交融发展历程，阐释了中国化的马克思主义哲学所具有的特色，明确了其对当前中国特色社会主义建设的指导意义。

　　② 本书选择了其中的关键问题进行阐释，如新时代是怎样到来的，习近平新时代中国特色社会主义思想是怎样创立的，如何全面准确深入把握习近平新时代中国特色社会主义思想的科学体系，习近平新时代中国特色社会主义思想回答了哪些时代之问，如何把握习近平新时代中国特色社会主义思想对马克思主义基本原理的原创性贡献。阐释这些问题，既有助于深化对习近平新时代中国特色社会主义思想的理解，也有助于认识马克思主义中国化新飞跃是如何实现的。围绕"70年的伟大实践与马克思主义中国化""70年马克思主义中国化的基本经验和基本规律""习近平新时代中国特色社会主义思想研究"三个议题进行了研讨。习近平新时代中国特色社会主义思想的原创性贡献在于提出现代化经济体系、高质量发展、党的自我革命、国家治理现代化等一系列概念和范畴，它进一步拓展了马克思主义中国化的内涵和外延。

　　③ 该书从马克思的社会发展理论出发，把苏联模式、中国道路一并纳入社会主义初级阶段理论中，并论证了苏联模式向中国道路的转变是落后国家建设社会主义的历史必然。同时，从社会主义初级阶段这个基本国情和总依据出发，论述了政府与市场的关系、基本经济制度、收入分配政策等；从落后国家建设社会主义的时代要求出发，论证了初级阶段社会主义与发达资本主义和平共处、和平交流、共建人类命运共同体的历史必然。

　　④ 《中国共产党第十九次全国代表大会文件汇编》，人民出版社，2017年，第15页。

　　⑤ 王然、肖贵清：《改革开放与马克思主义中国化》，《山东社会科学》，2019年第1期。

进行了研究。① 有学者对马克思主义中国化概念进行解析,由于当前国内理论界对马克思主义中国化科学内涵把握不完整,导致先后出现解释范式、实践范式、方法论范式、目标范式等多种马克思主义中国化研究范式。在完整把握马克思主义中国化科学内涵并深刻考察不同研究范式缺陷的基础上,发现把"创造性运用"这个能够把"马克思主义"与"中国化"创造性"相结合"起来的关键问题看作规范马克思主义中国化研究的核心,既符合马克思主义中国化科学内涵的根本要求,又契合了当前不同研究范式的共性特征。②

庞元正认为,新中国成立70年来,马克思主义哲学坚持中国化的发展方向,在实践创新的基础上实现了一系列重大理论创新。从马克思主义与中国实际相结合、提出社会主义社会基本矛盾和正确处理两类不同性质的矛盾、真理标准大讨论与实事求是思想路线恢复和发展、矛盾精髓原理与中国特色社会主义、一切从实际出发与社会主义初级阶段、社会基本矛盾与体制改革、世界历史理论与对外开放、生产力理论和辩证法的发展观与中国发展的理论与实践、主要矛盾转化与中国特色社会主义新时代、马克思主义方法论与提高治国理政能力等十个方面进行总结。③ 张凯总结新中国70年政治经济学中国化的基本经验。坚持以生产力和生产关系为研究对象,坚持领袖、理论工作者和人民群众合力推进马克思主义政治经济学中国化,坚持马克思主义政治经济学与时代发展同进步等,是新中国成立70年来马克思主义经济学中国化的重要经验。④ 有学者探讨了马克思主义政党学说的中国

---

① 李玲:《马克思主义妇女观中国化的文化逻辑》,《理论导刊》,2019年第9期。
② 孟源北、孙宜芳:《马克思主义中国化研究范式的前提和核心》,《中共中央党校学报》,2019年第6期。
③ 庞元正:《新中国70年马克思主义哲学中国化的实践创新与理论创新》,《中共中央党校学报》,2019年第6期。
④ 张凯:《新中国70年马克思主义政治经济学的中国化》,《学校党建与思想教育》,2019年第8期。

化问题。新中国成立70年来,马克思主义党的学说不断地与时俱进、开拓创新,产生系列重要党建理论成果。形成"始终坚持四项基本原则,始终坚持马克思主义党的学说的指导地位,始终坚持从中国共产党的实际出发解决党的建设的现实问题,始终坚持与中国传统文化相结合,始终坚持同各种错误的思想观点作斗争"①等70年里的党建基本经验。马克思主义中国化70年来的基本经验,马克思主义中国化始终坚持人民的立场,把为人民谋幸福作为根本使命。进入新时代仍需坚持从中国实际出发,抓住人民最关心最直接最现实的利益问题,把坚持和发展马克思主义统一起来,在着力解决好发展不平衡不充分的问题中继续推动马克思主义中国化。②

　　自马克思主义传入中国,尤其是中国共产党成立后,无论是在新民主主义革命时期、在社会主义革命和建设时期还是改革开放和社会主义现代化建设新时期,抑或中国特色社会主义新时代,党始终致力于推进马克思主义经典著作的编译与传播事业。研究、探寻和挖掘马克思主义经典著作在近现代中国的编译和传播,有助于系统认识马克思主义中国化基本脉络和中国共产党成立百年来的发展规律。中国人民大学王海军教授于2019年出版的《马克思主义中国化进程中经典著作编译与传播研究》(1919—1949)是这一时期的代表作。

　　(4)2020年马克思主义中国化研究的几大问题

　　如何理解当代中国马克思主义、21世纪马克思主义已经成为学术界关注的热点。有学者认为,马克思主义党的领导理论中国化研究,是研究马克思主义党的领导理论与中国共产党的领导实践相结合的一门学科。其科学

---

　　①　张荣臣:《新中国成立70年来马克思主义党的学说中国化的历史进程与经验》,《湖湘论坛》,2019年第5期。

　　②　郭莉、郭杰忠:《新中国成立70年来马克思主义中国化的基本经验》,《学校党建与思想教育》,2019年第12期。

体系主要包括两个层面:从理论体系上说,包括马克思主义党的领导理论中国化概论,主要研究马克思主义党的领导理论中国化的研究对象、研究内容、研究方法等一些基础理论问题;从学科体系上说,除马克思主义党的领导理论中国化概论外,还有马克思主义党的领导理论中国化史、马克思主义党的领导理论中国化重要文献、马克思主义党的领导理论中国化重大理论和实践问题研究等。①

有学者结合百年分析马克思主义中国化。中共百年巍然屹立,在于实践探索不停、理论创新不止。马克思主义中国化的这些理论成果虽然都带有鲜明的时代烙印,但均以为中华民族谋复兴、为中国人民谋幸福为根本宗旨和最终目标,反映了马克思主义中国化从革命主题转向建设主题的重大变化,体现了建设主题从发展道路到发展主体到发展方式的不断深化。② 在马克思诞辰 200 周年之际,习近平对马克思主义科学性、人民性、实践性和开放性理论特征的概括,以及对马克思主义中国化中科学性和真理性、人民性和实践性、开放性和时代性理论特征的概括,是对马克思主义历史发展和理论体系认识的升华。③

有学者对于马克思主义哲学中国化的概念进行了批判。认为"马克思主义中国化"的初始本义,是指科学社会主义对象化。从马克思主义哲学的思维特性来看,它不研究和回答具体问题,也不像具体科学那样,可以为实际问题提供具体解决方案。因此,从"马克思主义中国化"并不能必然得到"马克思主义哲学中国化"。在"中国化"过程中,马克思主义哲学本身虽不能具体化、实在化,但它提供了强有力的世界观指导、价值观引领和方法论

---

① 张世飞:《论马克思主义党的领导理论中国化研究的科学体系》,《南京师范大学学报》(社会科学版),2020 年第 3 期。
② 陈俊天:《中共百年马克思主义中国化探索》,《党政研究》,2020 年第 6 期。
③ 顾海良:《马克思主义中国化与马克思主义理论特征的升华》,《中国高校社会科学》,2020年第 1 期。

支援。① 从马克思主义认识论和中国马克思主义实践本质来看,"马克思主义中国化"的原初表达,应为"科学社会主义具体化",是指将科学社会主义能动转化为具体行动指令,并以其直接指导中国革命、建设和改革的过程。用认识论话语来表达,所谓马克思主义中国化,它是指创建中国社会主义实践观念,并用以具体指导中国实践的认识过程。② 何中华认为,马克思主义传入中国一开始遇到的特定历史语境是为启蒙现代性所塑造的。这一语境是一把"双刃剑":它既为具有"后现代"性质的马克思主义的传入做了某种必要的铺垫,也使人们在现代性意义上去解读并接受马克思主义,从而遮蔽掉它的后现代意味。③

汤志华认为,湘江战役不仅是决定中央红军长征前途命运的生死之战,也是决定中国共产党和中国革命前途命运的关键之战。湘江战役促使中国共产党认真总结第五次反"围剿"失利的深刻教训,开始认识和清算"左"倾错误,为独立自主探索适合中国革命实际的马克思主义中国化道路准备了条件。④ 曹胜亮认为,自党的十八大以来,以习近平同志为核心的党中央不仅完成了马克思主义社会治理思想的中国化表达,更在此基础上发展了具有中国特色的社会治理思想。在社会治理的根本原则、坚持以人民为中心主体地位、治理体制和治理体系的构建、实现共建共治共享的社会治理目标和途径上进行了创新,深化了对中国特色社会主义的社会治理规律的认识。⑤ 刘春玲认为,在70多年的时间里,我们始终坚持以马克思主义政治经济学为指导、始终坚持中国共产党的领导、坚持"古为今用、洋为中用"的原

---

① 曾祥云:《"马克思主义哲学中国化"析伪》,《湖湘论坛》,2020年第2期。
② 曾祥云:《"马克思主义中国化"题解》,《广东社会科学》,2020年第3期。
③ 何中华:《从现代性语境的悖论看马克思主义中国化》,《湖南社会科学》,2020年第6期。
④ 汤志华:《湘江战役与马克思主义中国化新论》,《中国高校社会科学》,2020年第5期。
⑤ 曹胜亮、胡江华:《论马克思主义社会治理思想的中国化表达及其证成逻辑》,《贵州社会科学》,2020年第8期。

则、坚持"实事求是"的方法、坚持"以人民为中心"的立场和坚持着眼于国内问题并放眼世界的思路。① 贾后明的《马克思主义经济学中国化历程研究》②一书是这一时期马克思主义政治经济学中国化研究的代表作。

有学者认为,马克思主义中国化总体进程的肇始有"实践起点"和"理论开篇"两层含义,1921 年党的成立是马克思主义中国化的"实践起点",1927 年后"井冈山道路"的开辟所承载的一系列独特理论创新堪称是创立中国化马克思主义的"理论开篇"。由"实践起点"和"理论开篇"及其辩证互动生成的历史起源,成为马克思主义中国化发生和发展的"源头活水"。③ 有学者认为,土地革命战争时期,党的新闻传播事业在困境中不断发展。《红旗周报》是中共中央第四份机关报,作为推动马克思主义中国化的阵地与载体,《红旗周报》对马克思主义中国化进行了积极探索与传播,为党的新闻事业乃至革命事业发展积累了宝贵的经验。④ 延安时期是马克思主义新闻观中国化的关键阶段。《新中华报》和《解放日报》作为延安期间共产党兴办的重要报刊,延安时期出现了马克思主义新闻观中国化的高潮。《新中华报》《解放日报》在马克思主义新闻观的传播和中国化的过程中发挥了桥梁、渠道作

① 刘春玲、高文勇:《论马克思主义政治经济学中国化的历史与经验 1949—2019》,《当代经济研究》,2020 年第 12 期。

② 该书力求通过对马克思主义经济学在中国传播中的各种文献进行收集和梳理,厘清其传播脉络;通过比较研究的方法,把创新理论与传统理论、中国传播与国外传播、马克思主义经济学与西方经济学之间的异同比较,在历史环境和学术研究背景下,马克思主义整个思想体系不单纯从经济学层面理解其传播和创新规律。从"如何认识和对待资本主义,如何理解和建设社会主义"这一马克思主义经济学中国化创新历程的主线出发,针对不同历史时期实践挑战和理论难点引起的讨论和争议,归纳和提炼马克思主义经济学创新成果,比较马克思主义经济学的创新成果与传统理论之间的传承与发展,研究理论与实践之间的矛盾对理论发展的推动作用。该书通过史论结合,力求探索和揭示马克思主义经济学发展规律,为马克思主义经济学中国化发展指明了方向和目标。

③ 陈加飞:《实践起点与理论开篇:"马克思主义中国化"再认识》,《江汉论坛》,2020 年第 6 期。

④ 庾向芳:《土地革命战争时期党报党刊对马克思主义中国化传播的探索——以〈红旗周报〉为例》,《思想理论教育导刊》,2020 年第 12 期。

用。① 姜辉主编的《新中国马克思主义研究 70 年》,是中国社会科学院为庆祝中华人民共和国成立 70 周年而出版的系列丛书之一。② 新中国成立以来,中国化马克思主义的对外传播形成了三条历史线索:一是传播内容从文本、理论走向价值观,二是传播媒介从传统媒体、新媒体走向融媒体,三是传播效果从接触、理解走向认可。同时,也生成了三个主要特征,即传播重心由以内为主转变为内外兼顾,传播方式由单向传输转变为双向交流,传播类型逐步由被动走向主动。新时代,中国化马克思主义对外传播的基本经验可以总结为,用习近平新时代中国特色社会主义思想指导新时代对外传播工作,将中华传统文化融入理论传播,将发展成果升华为话语成果,把国内话语转化为国际话语。③

(5)2021 年"马克思主义中国化"的研究进展

2021 年是中国共产党建党百年,习近平发表了庆祝建党百年讲话,11 月份召开了党的十九届六中全会,因此学界围绕建党百年马克思主义中国化的历程和经验进行研究的成果很多,尤其是结合习近平庆祝建党百年讲话,党的十九届六中全会精神开展研究的成果丰硕。

---

① 陶贤都、贺子坤:《延安时期马克思主义新闻观中国化的演进——基于从〈新中华报〉到〈解放日报〉的分析》,《湖南大学学报》(社会科学版),2020 年第 1 期。

② 该书分别从马克思主义著作编译、马克思主义中国化理论创新、马克思主义哲学经济学、科学社会主义、国外马克思主义发展,以及思政教育等方面,对马克思主义在新中国成立以来的发展进程进行了详细分析与解读,有利于读者全面了解马克思主义中国化的发展历史。同时,该书还从多层面、多视角着手,对马克思主义在不同时期与不同阶段的发展特征、理论实践问题进行了深入剖析,并全面总结了相关理论与实践经验,有利于加深读者对新中国马克思主义研究状况的认识。新中国成立以来中国共产党把马克思主义基本原理与中国具体实践相结合,持续推进马克思主义中国化,取得了丰硕的理论成果,也积累了宝贵的经验。这些经验概括起来主要有:用鲜活的实践和时代发展诉求激活马克思主义文本和中华传统文化文本,创新和发展马克思主义中国化理论;深刻把握和充分吸收科技创新、学术创新和制度创新成果,使其上升为马克思主义中国化理论;既立足中国实际,又具有国际视野,实现马克思主义中国化理论创新中立足中国和放眼世界的有机统一;深刻驳斥和批判各种反马克思主义、反社会主义思潮,在批判中建构和发展马克思主义中国化理论。

③ 莫凡:《新中国成立以来中国化马克思主义对外传播的历史回顾与前景展望》,《马克思主义研究》,2020 年第 9 期。

陈培永认为,"马克思主义中国化"不是通过纯粹文本研究、理论逻辑推演能提出来的,它实质上反对的是对马克思主义进行教条化理解的教条主义和经验主义,包含着对待马克思主义的科学方法论。"马克思主义中国化"是化马克思主义与化中国的统一,是包含过程与结果的统一,是"马克思主义的中国化"与"中国化的马克思主义"的统一。① 何中华对马克思主义中国化的历史意蕴再思考,马克思主义之所以能够中国化,其原因和根据是多方面的。首先,马克思的"历史向世界历史的转变",使革命的重心由西欧转向了东方,从而赋予中国革命以合法性。这是马克思主义之所以在中国得以传播的历史必然性所在。其次,资本主义国家内部的劳资关系,外化为西方-非西方国家的关系之后,无产阶级的角色因之转变为以民族为单位表征的形式。这是被压迫民族主体意识觉醒的历史契机,也是赋予马克思主义以民族形式的历史语境。最后,中国作为东方国家对"资本主义制度的卡夫丁峡谷"的实际跨越,客观上格外要求中国革命的主体发挥能动性。在这个方面,马克思主义和以儒家为代表的中国传统文化共同提供了丰厚资源。② 有学者认为,马克思主义中国化的文化向度或文化动因问题则相对弱化而具有内隐性,也没有得到学界充足的重视。从近代中国文化发展视角来分析马克思主义及其中国化,能够为全面认识马克思主义中国化的历史进程提供另外一种面相。以民主革命时期"马克思主义中国化"概念的提出来看,在近代中国文化发展的逻辑中,"马克思主义中国化"是中国共产党在构建"中华民族的新文化"的过程中,随着自身对文化民族性关注度的提升而必然要提出的重要概念。在发展 21 世纪中国马克思主义的新时代,重视

---

① 陈培永:《"马克思主义中国化"若干基本问题——基于中国共产党百年历程的思考》,《浙江社会科学》,2021 年第 6 期。

② 何中华:《马克思主义中国化的历史意蕴再思考》,《哲学研究》,2021 年第 10 期。

"马克思主义中国化"概念提出的文化动因具有重要的当代价值。①

习近平在庆祝中国共产党成立 100 周年大会上的重要讲话中深刻指出："以史为鉴、开创未来,必须继续推进马克思主义中国化。"新的征程上,我们必须"坚持把马克思主义基本原理同中国具体实际相结合、同中华优秀传统文化相结合,用马克思主义观察时代、把握时代、引领时代,继续发展当代中国马克思主义、21 世纪马克思主义!"②这一精辟论述,立意高远、视野宽广,对于我们深刻认识和不断推进新时代的马克思主义中国化,具有重大而深远的指导意义。习近平关于"两个结合"的重要论述,标志着马克思主义中国化进入新阶段、新境界,将中华优秀传统文化置于更高的历史高度加以审视,突出的是中国特有的文化立场、文化基因、文化风范,彰显出更为鲜明的文化底蕴和文化自信,将中华优秀传统文化的创造性转化和创新性发展带入新的发展阶段。"两个结合"提升了马克思主义同中华优秀传统文化相结合的水平,要深入挖掘中华优秀传统文化与马克思主义、中国具体实际的契合点,发挥中华民族的语言魅力,增强马克思主义中国化的吸引力和感召力。③ 要把握马克思主义中国化理论创新的内在规律,就必须要寻求到这一理论活动的逻辑主线。从实践视角来看,马克思主义中国化的逻辑主线就是中国现代化建设。从理论层面上看,中国现代性建构又是马克思主义中国化的主题。因此,现代性建构是马克思主义中国化研究的重要视角。当前马克思主义中国化的迫切主题就是着眼于中国道路,从各个维度尤其是价值维度,建构独特的现代性话语体系。④

---

① 李张容:《"马克思主义中国化"概念提出的文化动因及其当代价值》,《长白学刊》,2021 年第 1 期。

② 习近平:《在庆祝中国共产党成立 100 周年大会上的讲话》,人民出版社,2021 年,第 13 页。

③ 曹胜强:《"两个结合":马克思主义中国化的新发展与新境界》,《理论学刊》,2021 年第 9 期。

④ 赵园园:《中国现代性建构:马克思主义中国化研究的重要视角》,《河海大学学报》(社会科学版),2021 年第 2 期。

寻找马克思主义中国化研究的新视角

　　韩振峰所著的《中国化马克思主义党建理论研究》，追溯了中国化党建理论的发展历程，分析了党建理论的基本内容，展望了党建工作的未来，探索了党建的可行路径。有学者研究认为，中国共产党之所以能够持续不断地推进理论创新，一个重要的原因就是有一系列科学的创新机制。中央领导层建立学习制度，全国代表大会报告通过的，以中央全会决定和重要讲话为依托持续推进理论创新，利用各种重大纪念活动为载体大力推进理论创新，以应对化解重大风险为契机着力推进理论创新，利用重要国际会议、论坛，以及各种对外交流的平台积极推动理论创新。[1]

　　阎树群认为，马克思主义中国化在不同时期实现的两次历史性飞跃和取得的重大成果都可以概括为道路、理论、制度、文化四个层面和四种形态。[2] 有学者认为，总结中国共产党的百年成功经验，其中最为根本的一条，就是中国共产党始终善于把马克思主义基本原理同中国具体实际相结合，推进马克思主义和马克思主义哲学中国化，自觉用中国化的马克思主义和马克思主义哲学指导中国实践。[3] 在新时代新征程上，推进马克思主义中国两个结合，关键在于抓住思想精髓，把握国情本质，把握文化真谛。[4]

　　在马克思主义哲学中国化的百年历程中，哲学理论的创新逻辑与现实问题的变革逻辑，是一个辩证的逻辑，其内蕴的张力构成其发展的内在动力。改革开放的伟大实践促成了中国化马克思主义哲学的发展，在革命、建设和改革的总体逻辑转换中，围绕时代主题，中国化马克思主义哲学以学术

---

footnote　　[1]　辛向阳：《马克思主义中国化百年历程中理论创新的机制研究》，《思想教育研究》，2021 年第 5 期。
　　[2]　阎树群：《中国共产党与马克思主义中国化的百年探索》，《陕西师范大学学报》（社会科学版），2021 年第 1 期。
　　[3]　王伟光：《中国共产党百年历程与马克思主义哲学中国化》，《哲学动态》，2021 年第 6 期。
　　[4]　包心鉴：《在坚持"两个结合"中不断推进马克思主义中国化》，《山东社会科学》，2021 年第 8 期。

的方式实质性介入改革开放的历史进程之中。① 中国共产党在百年奋斗征程中,将马克思主义哲学同中国具体实际和中华优秀传统文化相结合,作为创造性运用和发展马克思主义哲学的根本指导方针,这既是一个理论原则,也是一个实践原则。② 新时代马克思主义中国化的新飞跃形成了重大的理论成果、实践成果和文明成果。其重大的理论成果体现为创立了习近平新时代中国特色社会主义思想,重大的实践成果则是创造了中国式现代化新道路,重大的文明成果体现为创造了人类文明新形态。③

2020年11月,中央全面依法治国工作会议正式明确提出习近平法治思想,并将其确立为新时代全面依法治国的指导思想,这在马克思主义法治理论发展史和中国社会主义法治建设史上具有里程碑意义。习近平法治思想是一个内涵丰富、论述深刻、逻辑严密、系统完备的科学理论体系,是马克思主义法治理论中国化的最新成果,是习近平新时代中国特色社会主义思想的重要组成部分,是全面依法治国的根本遵循和行动指南。④ 中国共产党在百年奋斗历程中,将马克思主义法学的基本原理与中国革命、建设、改革实践相结合,成功地探索出一条符合中国国情、有利于中华民族伟大复兴的社会主义法治道路,取得了丰硕理论成果和实践成果。⑤ 马克思主义法学中国化是马克思主义中国化的重要组成部分,在马克思主义法学中国化的百年历史进程中,党领导人民创立了毛泽东法律思想、中国特色社会主义法治理

---

① 孙正聿、王海锋:《用理论照亮现实:马克思主义哲学中国化的百年回顾与展望》,《社会科学战线》,2021年第1期。

② 陈先达:《学术自觉与马克思主义哲学中国化的百年探索》,《马克思主义与现实》,2021年第6期。

③ 庞立生:《新时代马克思主义中国化新飞跃的新成果》,《思想教育研究》,2021年第12期。

④ 王晨:《习近平法治思想是马克思主义法治理论中国化的新发展新飞跃》,《中国法学》,2021年第2期。

⑤ 李龙、刘玄龙:《马克思主义法学中国化的百年历史回顾与时代展望》,《社会科学战线》,2021年第3期。

论、习近平法治思想,实现了马克思主义法学中国化的三次伟大历史性飞跃。[①] 在马克思主义中国化的过程中,实现了三次历史性飞跃,形成了中国化马克思主义的三大理论成果。与此相对应,马克思主义法治理论中国化也实现了三次历史性飞跃,习近平法治思想就发展于中国特色社会主义法治理论的三次历史性飞跃中。[②]

汪信砚论述了李达和陶德麟对马克思主义哲学中国化的理论贡献。作为两代学人,他们在不同的时代条件下全身心地投入马克思主义哲学中国化事业当中,成为不同时期马克思主义哲学中国化的代表人物,演绎了一场马克思主义哲学中国化的百年思想接力。[③]

金民卿认为,毛泽东提出了马克思主义中国化的科学命题,揭示了马克思主义中国化的总体性内涵;阐发了马克思主义中国化的科学态度、根本原则、具体任务,为马克思主义中国化的发展奠定了坚实理论基础。[④] 有学者认为,毛泽东思想是马克思主义中国化的第一次历史性飞跃,同时也是党第一次真正把马克思主义政治经济学引入中国的革命和发展,创造马克思主义指导中国新民主主义革命、社会主义革命和建设的政治经济学的过程。党的十八大以来,习近平新时代中国特色社会主义思想,其中包括中国特色社会主义政治经济学的创造性发展,开拓了马克思主义政治经济学的新境界。[⑤]

---

① 张文显:《马克思主义法学中国化的百年历程》,《吉林大学社会科学学报》,2021 年第 4 期。
② 蒋传光:《习近平法治思想发展于马克思主义中国化的三次历史性飞跃》,《东方法学》,2021 年第 4 期。
③ 汪信砚:《陶德麟对李达的继承与发展:马克思主义哲学中国化的百年思想接力》,《哲学研究》,2021 年第 1 期。
④ 金民卿:《毛泽东对马克思主义中国化本质内涵的多维阐释》,《毛泽东研究》,2021 年第 1 期。
⑤ 刘伟:《马克思主义中国化进程中的政治经济学发展》,《经济学动态》,2021 年第 10 期。

这一时期的代表作包括:田克勤主编的《中国化马克思主义概论》(第二版)①,韩庆祥和陈远章编著的《论马克思主义中国化时代化大众化》,将学术视角与政治视角有机结合起来,多维度探讨了马克思主义中国化、时代化、大众化发展的历史脉络及其现状,在此基础上完成对其实现途径的探索,并进一步凸显了马克思主义在社会主义建设事业中的高度优越性。郑德荣、王占仁所著的《马克思主义中国化纵横观》,从论理、历程和成果三个维度,对马克思主义中国化的论文进行整理。

有学者认为,习近平庆祝建党百年重要讲话是新的历史条件下对建党纪念历史传统的继承弘扬,是推进党和国家事业发展的现实要求,是开创新的历史伟业的再动员再部署再出发。作为思想解放理论创新的光辉典范,习近平庆祝建党百年重要讲话从初心使命的角度把握百年党史的主题,从"四个伟大成就"的层面把握百年党史的发展阶段,从"四个庄严宣告"的层面把握百年大党的历史性贡献,从精神谱系的维度把握伟大建党精神是百年大党的精神之源,从马克思主义中国化的维度把握党的理论创新的发展规律。② 有学者认为,100 年来中国共产党推进马克思主义中国化的基本经验有:坚持马克思主义基本原理的同时科学地对待马克思主义,不断推进马克思主义与中国革命、建设、改革的具体实践相结合,坚持马克思主义的群

---

① 本书主要内容:总论部分是马克思主义中国化和中国化马克思主义;第一章是中国新民主主义革命的理论;第二章是中国社会主义的革命理论,具体内容有新民主主义向社会主义的变革、社会主义制度;第三章是中国社会主义建设道路的探索成果、意义及经验教训;第四章是社会主义本质理论,阐明社会主义的内涵、本质和根本任务;第五章是社会主义初级阶段的理论和发展战略;第六章是对外开放的基本国策、全面深化改革、改革开放;第七章至第十一章是中国特色社会主义经济建设理论、中国特色社会主义政治建设理论、中国特色社会主义文化建设理论、中国特色社会主义社会建设理论、中国特色社会主义生态文明建设理论等;第十二章是中国特色社会主义的国防和军队建设;第十三章是"一国两制"的战略构想;第十四章是战略与对外交往的理论;第十五章向读者说明中国特色社会主义事业的依靠力量。
② 靳诺:《开拓马克思主义中国化的新境界》,《中国高校社会科学》,2021 年第 5 期。

众观点、坚持走群众路线,持续不断地开展党的建设伟大工程等。① 建党百年来马克思主义中国化的历史经验包括:准确把握马克思主义基本原理,真切了解中国具体实际,批判继承中华优秀传统文化,注意吸收人类文明进步成果,善于集中党和人民集体智慧。② 有学者研究了马克思主义中国化的动力,马克思主义自我批判的理论特质构成马克思主义中国化发展的理论动力;中国现实问题的转换及其解决的客观要求是百年马克思主义中国化发展的实践动力。理论与实践的双重动力必将持续推动马克思主义中国化的发展。③

第二节　简要评析

综上所述,21 世纪以来(2000—2021 年这 20 多年中),中国共产党不断与时俱进,坚持理论创新,不断推进马克思主义中国化,在 20 多年时间内,涌现了很多马克思主义中国化研究代表性成果。系统回顾总结这一时期的马克思主义中国化的研究成果,对于我们总结马克思主义中国化研究的学术史,展望未来马克思主义中国化的研究具有重要理论意义和现实价值。

一、研究取得的进展

这一时期马克思主义中国化的研究总体呈现为七个特征。

① 宋德孝:《百年历史交汇点的马克思主义中国化——"第十一届马克思主义中国化学术论坛"综述》,《马克思主义研究》,2021 年第 5 期。
② 陈占安:《建党百年马克思主义中国化的回顾与历史经验》,《思想理论教育》,2021 年第 5 期。
③ 刘同舫:《百年马克思主义中国化的发展动力》,《国外社会科学》,2021 年第 1 期。

1. 马克思主义中国化研究整体呈现为较为明显的时间阶段性特征

1993 年毛泽东诞辰 100 周年,国内外学界掀起对毛泽东思想研究和马克思主义中国化研究的高潮。1997 年党的十五大,将邓小平建设有中国特色的社会主义理论命名为邓小平理论,确立为党的指导思想。1999 年写入宪法。2000 年以来,以江泽民同志为核心的党的第三代中央领导集体接过马克思主义中国化的接力棒,高举中国特色社会主义旗帜,坚定不移走中国特色社会主义道路,在实践中逐步形成了"三个代表"重要思想,这一马克思主义中国化的新成果。2002 年党的十六大,"三个代表"重要思想被确立为党的指导思想。2003 年以来,胡锦涛提出全面协调可持续的科学发展观,同时这一思想不断完善,形成了丰富的理论体系。党的十七大将科学发展观写入党章。党的十八大将科学发展观确立为党的指导思想。党的十八大以来,以习近平同志为核心的党中央创立 习近平新时代中国特色社会主义思想,党的二十大将这一思想确立为党的指导思想,写入党章。

从建党百年的历程看,党具有理论自觉和理论自信。可以说党的每次重要会议,都可以视为马克思主义中国化的一个里程碑。与之相伴随,马克思主义中国化的研究焦点也更为聚焦和集中。呈现阶段性的涌现研究高潮的特征。特别是毛泽东诞辰 100 周年纪念大会和 110 周年、120 周年纪念座谈会,邓小平诞辰 100 周年纪念大会和 110 周年纪念座谈会的召开,以及全党学习邓小平理论、"三个代表"重要思想、科学发展观和习近平新时代中国特色社会主义思想等活动的开展,使得马克思主义中国化成果研究呈现阶段性井喷的特点。这一点从上述第一节论述中可以清楚地看出。

2. 研究内容不断丰富

从研究内容看,从开始单独对毛泽东思想进行研究,再到毛泽东思想、邓小平理论的比较研究。从对"三个代表"重要思想的研究到科学发展观和和谐社会的研究,从对习近平新时代中国特色社会主义思想的研究再到马克思主义中国化的整体性研究。

第一,从整体性研究到专题性研究并重。一方面学界重视从整体性的视角,研究习近平新时代中国特色社会主义思想的马克思主义中国化的理论贡献和世界历史意义。另一方面则是研究若干个专题的研究。研究在逐步走向深入投入。如对中国梦的研究、四个全面的研究、社会主义核心价值观的研究、生态文明的研究、一带一路和人类命运共同体的研究、新发展理念的研究。

第二,研究视野不断深化。从国内研究再到关注海外马克思主义中国化的研究。随着《毛泽东选集》《习近平谈治国理政》外文版的出版和传播,特别是中国经济社会的发展,引起海外广大学者对马克思主义中国化研究的关注。

国外对于中国特色社会主义的研究,往往和中国模式混在一起,属于海外中国学的研究领域。国际社会研究关于中国模式的热潮分为两个基本阶段。第一个阶段是从 20 世纪 90 年代初到 21 世纪初。第二阶段是从 2004 年至今。2004 年雷默《北京共识》的发表,拉开了世界高度关注"中国模式"的序幕。其间历经 2008 年全球金融危机,一直到 2020 年肆虐全球的新冠病毒疫情,国际对于中国模式和中国道路的研究一直经久不衰,成果丰硕。国外对于中国道路的研究大致可以分为两种,一种是持有意识形态偏见的,一些学者将中国模式的研究意识形态化,把中国模式与"中国威胁论""中国责任论""中国扩张论"等论调直接联系在一起。另外一种则是左翼的学者,他们比较客观和中立,对于中国模式和中国道路的特征及评价相对比较客观,对于我们深化研究具有一定的借鉴。

3.研究成果呈现为著作和论文并重,长期研究热点和短期热点交叉互动的特征

马克思主义中国化研究主题呈现变和不变的统一。变化在于,随着时

代的变化,马克思主义中国化的理论成果不断涌现。因此学界会呈现一定程度的跟风式的研究,紧跟时政热点。不变在于学界会对马克思主义中国化的经典理论或问题域开展较为深入的长期研究。如马克思主义中国化的基本概念、历史经验、基本规律的研究。党的领导人对于马克思主义中国化的某一方面的理论贡献研究,或者研究马克思主义中国化过程中早期党史著名人物传播马克思主义的理论贡献,如李大钊、陈独秀、李达、艾思奇等。此外近年来关于红色期刊的研究和马克思主义中国化传播史研究也是方兴未艾。

4.伴随重大历史事件的纪念活动,学界定期召开马克思主义中国化的学术论坛,也有力促进和加强学术的交流,深化马克思主义中国化研究

伴随"马克思主义哲学中国化"100周年的临近,"马克思主义哲学中国化"问题已成为学界研究的一个热点。2017年4月1日,"马克思主义哲学中国化高峰论坛"在西南大学举行。2018年"马克思诞辰200周年与中国化马克思主义"全国学术研讨会在河北师范大学召开,学者们围绕习近平发表纪念马克思诞辰的重要讲话,《共产党宣言》与当代中国、习近平新时代中国特色社会主义思想研究、中国化马克思主义基本理论研究、马克思主义中国化的历史进程与发展规律研究、马克思主义与文化创新研究、马克思主义与当代意识形态研究、当代中国化马克思主义话语体系构建研究、马克思主义学院建设与发展研究、马克思主义基本理论与思想政治教育的结合、高校思想政治理论课程改革等议题进行了热烈探讨。2018年是中国改革开放40年,学界也举办了论坛。2018年5月11日~13日,由中国社会科学院马克思主义研究院、华南师范大学主办"第九届马克思主义中国化学术论坛"。

2019年7月17日~19日,由中国社会科学院马克思主义研究院、大连理工大学联合主办的"马克思主义中国化与新中国70年——第十届马克思主义中国化学术论坛"在大连理工大学举行。全国马克思列宁主义经济学说

史学会第九届会员代表大会暨第十七次学术研讨会于 2019 年 6 月 28 日 ~ 30 日在辽宁大学召开。会议期间与会代表围绕新中国 70 年马克思主义政治经济学在当代中国的发展、习近平新时代中国特色社会主义经济思想、国外马克思主义经济学的发展等主题展开了深入的交流和探讨。党的十八大以来，习近平深刻理解和把握当代中国经济关系的趋势性变化和阶段性特征，提出了经济新常态、供给侧结构性改革等一系列新的理论，丰富和发展了马克思主义政治经济学，推进了中国特色社会主义政治经济学的新发展。习近平新时代中国特色社会主义经济思想，是中国特色社会主义政治经济学的最新成果，是对马克思主义政治经济学的继承和发展。2020 年 10 月，在湘潭大学主办的第二届"马克思主义中国化高峰论坛"，学者们从时代背景、理论品格、现实实践、发展眼光和世界影响等方面研究理解当代中国马克思主义、21 世纪马克思主义。第十一届马克思主义中国化学术论坛于 2021 年 5 月在苏州大学举办，论坛围绕"中国共产党百年伟大实践与马克思主义中国化""中国共产党百年发展历程的基本经验和基本规律""新时代进一步推进马克思主义中国化"三个议题进行了研讨。这一系列全国性的学术会议举办，也促进了马克思主义中国化的研究，涌现了一批优秀的成果。

5. 这一时期马克思主义中国化研究更加具有学科意识，具有自己的研究领域，研究方法，理论体系和学科框架

马克思主义中国化研究作为马克思主义理论一级学科所属的一门二级学科，应该有明确的研究对象、基本问题、基本特征和研究意义。从已有研究成果来看，理论界遵循历史逻辑与理论逻辑的统一，对马克思主义中国化的历史进程、科学内涵、理论成果、基本规律、基本经验等进行了系统深入研究，搭建了一套相对成熟的马克思主义中国化研究的学科框架。从理论体系、思想发展史，以及领袖著作三个维度全方位、多领域地研究党的指导思想，尤其是深入研究和系统把握马克思主义中国化最新理论成果。另外就

是跨学科的研究。马克思主义中国化研究与哲学、经济学、政治学、伦理学等学科的研究都有密切的联系,因此不少相关学科的学者也从各自学科领域、专业视角对马克思主义中国化展开研究,推出许多重要成果。

6.这一时期马克思主义中国化研究更加具有问题意识

马克思曾指出:"问题就是时代的口号,是它表现自己精神状态的最实际的呼声。"①中国共产党在进行革命、建设、改革的不同历史时期,学习研究马克思主义都不是为了学习而学习,而是为了指导中国实践,为了发现、研究、解决中国的现实问题,不断推进马克思主义中国化。只有以问题为导向,才能是实现马克思主义中国化的预期目标。学术界新时代马克思主义中国化研究在文本研究的基础上更加注重现实指向,更加注重问题意识和问题导向,更加注重回答现实的真问题。②围绕习近平新时代中国特色社会主义思想和现实若干重大问题,学界开始从多学科多视角进行研究,研究成果更具有鲜明的问题意识,涌现出一大批成果。

7.这一时期马克思主义中国化研究开始逐步重视马克思主义中国化的话语建设

话语体系作为思想理论的表达形式,内含着一个国家的价值取向和主流意识形态,反映了一个国家的软实力。学者们越来越多地重视马克思主义中国化话语体系的建构,这主要是由中国特色社会主义道路、理论、制度、文化所决定的,具有中国特色的内容需要由具有中国特色的话语体系来表现和传达,这符合内容决定形式的辩证法。我们所努力建构的中国特色的马克思主义中国化的话语体系可以分为两方面,即对内坚持和巩固马克思主义在意识形态领域的指导地位,对外在维护国家安全的基础上争取国际

---

① 《马克思恩格斯全集》(第40卷),人民出版社,1982年,第289~290页。
② 阎树群、吕亚楠:《新时代马克思主义中国化的研究进展和发展趋势》,《理论导刊》,2018年第8期。

话语权。学者们以习近平在哲学社会科学工作座谈会上的讲话精神为指引,对建构中国特色话语体系的内涵、路径、方法、战略思维等方面展开研究,为加强话语体系建设提供有效的理论供给,致力于用中国话语讲好中国故事、传递中国声音,打造"理论中国"。习近平指出,研究马克思主义"必须落到研究我国发展和我们党执政面临的重大理论和实践问题上来,落到提出解决问题的正确思路和有效办法上来"①。马克思主义中国化研究是一个涉及经济建设、政治建设、文化建设、社会建设、生态文明建设和党的建设等各个方面,涵盖哲学、政治经济学、科学社会主义等领域,兼具学术性、政治性、实践性、开放性的综合性学科,因此对马克思主义中国化的研究要坚持研究视角的全方位和研究方法的多样化,在坚持理论和实践、历史和现实相结合研究方法的基础上,特别注意吸收借鉴相关学科的研究成果和研究方法,如比较分析法、个案分析法、系统分析法、史学分析法等,这是全面系统、深入具体地研究马克思主义中国化的必然要求。

二、未来深化马克思主义中国化研究的展望

这一时期研究成果丰硕,但在学术视野、研究方法方面还需进一步拓展与丰富,以推进马克思主义中国化研究的学术创新,从而使马克思主义中国化研究向广度与深度延伸。

1.学术视野尚需进一步拓展

在宏观方面,马克思主义中国化研究应向纵向与横向两个学术视野层面不断拓展。纵向如从历史视野到当代视野,从马克思主义中国化单向历史进程到马克思主义与国内外各种非马克思主义思潮互动交锋的曲折进

---

① 习近平:《在哲学社会科学工作座谈会上的讲话》,《人民日报》,2016 年 5 月 19 日。

程;横向如从国内视野到国际视野或全球化、后现代视野等。在中观与微观方面,从历史的向度来看,应加强对杰出的马克思主义者在中国革命和建设中的创造性思维活动及其实践历程的研究,探索他们在马克思主义中国化进程中的作用。如李大钊、恽代英、蔡和森、瞿秋白、艾思奇、李达等对马克思主义中国化贡献颇大,需进一步加强研究他们的相关理论与实践。从现实的向度来看,应关注当代马克思主义中国化所面临的新情况,在马克思主义指导下,解决转型期中国社会的具体问题,并上升到经验与理论。

2. 研究方法尚需丰富,研究问题需要拓展深化

马克思主义中国化的研究方法应借鉴政治学、经济学、社会学、考据学、解释学等学科的研究方法,可采取心理分析、数量分析、个案分析与综合分析相结合的方法等。应重视文献资料的搜集与研读,采取比较研究、历史主义研究法、结构主义研究法、文化史研究法等,使马克思主义中国化研究不断深化。[①] 应该说这一问题也是马克思主义中国化学术研究的难点,需要学界的继续努力。

陈金龙从问题意识角度,提出未来深化马克思主义中国化需要重视的七大问题。一是马克思主义中国化历史进程的整体审视。关于马克思主义中国化的历史进程,马克思主义中国化发生的内在机理是什么,历史性飞跃实现的条件是什么,需要进一步比较揭示马克思主义中国化各阶段的特点。

二是各种社团与马克思主义中国化。如长沙的新民学会,北京的少年中国学会、国民社、新潮社、北京大学马克思学说研究会、工读互助团,天津的觉悟社,武汉的互助社、利群书社等,这些社团对于马克思主义在中国的传播有何作用,这些社团对于中国马克思主义者的成长有何影响,需要进一

---

① 刘云凤:《2009—2010年马克思主义中国化研究新进展》,《江西行政学院学报》,2011年第3期。

步研究。

三是各种报刊与马克思主义中国化。马克思主义在中国的传播需要借助一定媒体,近年来关注这类媒体的学者逐渐增多。《新青年》《每周评论》《共产党》《向导》《政治周报》《布尔什维克》《红色中华》《解放》《解放日报》《群众》《人民日报》《光明日报》《晨报副刊》《大公报》《申报》《东方杂志》等报刊,对于马克思主义在中国的传播起了何种作用,其传播特点是什么,对于中国化马克思主义的传播有何贡献,有待进一步考究。

四是各种社会思潮与马克思主义中国化。马克思主义中国化过程与自由主义、保守主义、无政府主义、改良主义、民族主义、民粹主义、科学主义、三民主义等社会思潮相遇、碰撞,彼此之间既有争论和交锋,也有交流和借鉴。需要选择一种思潮进行研究,就能拓宽马克思主义中国化历史进程研究的空间。

五是共产国际、苏联与马克思主义中国化。20 世纪的马克思主义中国化,与共产国际、苏联密切相关。

六是重大历史事件与马克思主义中国化。如对抗日战争、解放战争与马克思主义中国化关系的阐释,仍有深化的必要。

七是马克思主义普遍原理中国化。马克思主义中国化的过程,实际上是马克思主义普遍原理中国化的过程,如说明马克思主义阶级斗争理论、暴力革命理论、国家理论、社会形态理论、民族自治理论、过渡时期理论、社会主义所有制理论等的中国化,以呈现马克思主义中国化的原生形态,使对马克思主义中国化历史的叙述由模糊走向清晰。[①] 这七大问题应该说是马克思主义中国化努力的方向和新的研究空间。

---

① 本刊记者:《强化马克思主义中国化研究的问题意识——访华南师范大学马克思主义学院教授陈金龙》,《马克思主义研究》,2017 年第 3 期。

我们可以对马克思主义中国化研究进行前景展望:需要进一步深化对习近平新时代中国特色社会主义思想的研究,是马克思主义中国化研究学科建设的首要任务。新时代,学术界应加强对马克思主义进一步中国化、时代化、大众化的研究;对马克思主义中国化理论成果进行整体性研究,仍然是今后一段时期需要重点关注的问题。

第二章　马克思主义中国化的概念刍议与历史经验

　　马克思主义中国化的命题,是毛泽东在反对教条主义和经验主义基础上,探索中国革命道路的过程中逐步提炼概括出来的。其内涵有如下三点:马克思主义中国化即实现马克思主义具体化,就是用马克思主义研究总结实践经验、历史经验和文化经验,就是实现马克思主义民族化。马克思主义中国化的过程和建党百年的历程相联系,存在一种良性互动关系。马克思主义中国化的内涵在中国社会主义建设实践,尤其是中国特色社会主义改革开放的伟大实践中不断丰富完善和发展,改革开放 40 多年马克思主义中国化的历史进程。在这一过程中,中国共产党基于社会主义初级阶段基本国情,创造性地回答了什么是社会主义、怎样建设社会主义;建设什么样的党、怎样建设党;实现什么样的发展、怎样发展;新时代坚持和发展什么样的中国特色社会主义、怎样坚持和发展中国特色社会主义这四大主题问题。先后形成了邓小平理论、"三个代表"重要思想、科学发展观、习近平新时代中国特色社会主义思想一系列重大理论成果。在界定马克思主义中国化的科学内涵①基础上,阐述其历史进程和基本经验具有重要价值。

第一节　马克思主义中国化的概念刍议

马克思主义中国化是一个永恒的时代课题,学术界当前对于马克思主义中国化的研究成果较多,但是将 20 世纪马克思主义中国化的基本经验与 21 世纪中国化的马克思主义联系起来进行研究的成果尚不多见,本书就此问题做一探讨,以求教于同行专家。

中国共产党百年历史,就是一部中国共产党将马克思主义理论与中国的实际相结合实现马克思主义中国化的历史。自从毛泽东在 1938 年 10 月党的六届六中全会上发出"使马克思主义在中国具体化,使之在其每一表现中带着必须有的中国的特性"②的号召以来,马克思主义中国化的伟大事业取得了长足的进展。20 世纪先后产生了两大飞跃,三大历史性成果:即毛泽东思想、邓小平理论,以及江泽民的"三个代表"重要思想。21 世纪以来,随着马克思主义中国化不断推进,理论不断创新,形成科学发展观和习近平新时代中国特色社会主义思想。

当今世界已经进入以和平与发展为时代主题的 21 世纪,中国的改革开放事业进入了一个新的关键时期。在人类走向 21 世纪的今天,马克思主义的命运将向何处去? 这是当前许多人非常关注并且值得我们认真思考的重大时代课题。回顾 20 世纪马克思主义中国化的历史经验,对于探讨 21 世纪马克思主义中国化,进一步指导我国建设中国特色的社会主义事业顺利前

---

① 党的二十大报告提出马克思主义中国化两个结合。本章在此不作探讨。仅探讨马克思主义中国化的概念内涵。马克思主义中国化两个结合放在第六章第一节加以讨论,避免重复。

② 《毛泽东选集》(第二卷),人民出版社,1991 年,第 534 页。

进具有十分重要的理论意义和现实价值。

一、"马克思主义中国化"与"中国化的马克思主义"：概念界定与问题阐述

在我们探讨问题的时候，首先要对上述两个概念进行界定和辨析。其次需要我们思考的是"为什么要马克思主义中国化？马克思主义中国化的实质是什么？马克思主义中国化与中国化的马克思主义是什么关系？"

1. 马克思主义中国化与中国化的马克思主义的概念界定

"马克思主义的中国化"，最早是由毛泽东在1938年提出的。新中国成立以后，在出版《毛泽东选集》时，毛泽东把"马克思主义的中国化"改成了"使马克思主义在中国具体化"。这同当年不提"毛泽东思想"一样，可能是为了避免误认为带有所谓的民族主义的倾向，避免同当时的苏联和斯大林产生误解。其实这两种说法尽管有细微的差别，但并无实质的不同。到了20世纪60年代以后，无论是党的文献，中央领导人的讲话都恢复了原有的提法。（为了研究的方便，一般统称为"马克思主义中国化"。）

根据毛泽东的有关论述，我们可以认为马克思主义中国化，就是将马列主义的一般原理与中国的具体实际相结合。具体而言，又可以分三个层次：

第一，要"具体地研究中国的现状和中国的历史"①。马克思主义是放之四海而皆准的普遍真理，但不是僵化的教条，而是我们行动的指南。必须真正领会其立场、观点和方法，解决中国的实际问题，才是真正的马克思主义者。因此毛泽东多次强调，中国的革命需要中国的同志了解中国的情况。"应确立以研究中国革命实际问题为中心，以马克思列宁主义基本原则为指

---

① 《毛泽东选集》（第三卷），人民出版社，1991年，第797页。

导的方针。"①

第二，要"通过一定的民族形式"②。使马克思主义的理论扎根于中国的传统文化，具有中国的作风，中国的气派。尤其是在语言的表达方式上，强调民族化，为广大人民群众易于理解、宣传、接受和掌握。

第三，要"在中国创造出一些新的东西"③。也就是不简单地停留在马列主义原有的理论上，而是在中国的具体实践中，丰富和发展马克思主义，开辟马克思主义的新境界。

因此"马克思主义中国化"，就是将马克思主义基本原理与中国具体实际相结合的一个实践的过程，在这一实践中，产生发展了的马克思主义，用以指导中国的实际。"中国化的马克思主义"，就是带有中国的语言、文化和民族色彩的在中国的马克思主义。即强调的是马克思主义在中国的运用和发展。

2. 为什么要马克思主义中国化

在界定概念的基础上，我们要进一步回答"为什么要实行马克思主义中国化？"

（1）马克思列宁主义的基本原理是指导无产阶级革命的一般原理，而中国的国情带有很大的特殊性

旧中国的国情是半殖民地半封建社会，这一基本国情决定了中国革命的特殊性——不可能像西方欧洲国家通过议会合法斗争的形式取得革命的胜利，也不可能像苏联革命那样采用以城市为中心的革命道路。

毛泽东从中国实际出发，提出了适合中国国情的革命新道路理论。即以农村为中心，走工农武装割据，农村包围城市的革命道路，从而揭示了中

① 《毛泽东选集》（第三卷），人民出版社，1991年，第802页。
② 《毛泽东选集》（第二卷），人民出版社，1991年，第534页。
③ 《毛泽东文集》（第二卷），人民出版社，1993年，第408页。

国革命的基本规律,最终领导中国人民取得了新民主主义革命的伟大胜利。作为革命新道路理论的代表作《星星之火,可以燎原》,也成为毛泽东思想形成的一个重要标志。

"文革"结束后,在总结历史经验的基础上,邓小平提出了解放思想、实事求是,开拓了马克思主义的新境界。在党的十三大上,他提出了社会主义初级阶段的理论。我国正处于并长期处于社会主义初级阶段,这是当前和今后一个较长时期我国现阶段的最大国情。而"社会主义初级阶段论",也是马列主义的本本中没有的,是以邓小平同志为核心的党的第二代中央领导集体在中国的具体实践,是在中国的改革开放的过程中提出的。

(2)从历史经验看,教条主义、主观主义的对待马克思主义,是我们的大敌,对中国的革命、建设和改革带来了严重的损失和危害

长期以来,围绕如何对待马克思主义理论的问题,始终存在两种截然相反的态度和观点的斗争。一种是科学的态度对待马克思主义,着眼于马列主义在中国的运用和发展,用马列主义的基本立场、观点和方法来解决中国的新问题;另一种则是主观主义的态度,即教条主义、本本主义和主观主义的态度。这种主观主义是中国共产党内产生各种"左"和右的思想错误的根源。针对当时中国革命的形势,党内盛行将马列主义教条化、苏联经验和共产国际决议神圣化的错误倾向,毛泽东同志为主要代表的中国共产党人进行了坚决的斗争。毛泽东写了大量的文章进行批评和揭示,如《反对本本主义》《反对党八股》《改造我们的学习》等。无论是陈独秀的右倾投降主义错误还是王明的"左"倾错误,对中国的革命都带来了严重的危害和损失。新中国成立后,在怎样建设社会主义的问题上,我们也有一些失误,如大跃进和人民公社化运动以及"文化大革命",归根到底就是对"什么是社会主义,怎样建设社会主义"这一重大而根本的问题认识不清。

（3）马克思主义具有与时俱进的理论品格

时代在发展,理论也应该随着时代的发展、实践的深化而发展。对于中国而言,20世纪以来,在马克思主义中国化的历史进程中,时代主题经过了由"战争与革命"到"和平与发展"的转变。党建设中国特色的社会主义的伟大事业在不同时期的工作主题也相应地作了调整与改变:从毛泽东、邓小平到江泽民,建设中国特色的社会主义事业也经历了一个主题的转化和演进,即由革命—建设—改革—发展的演变。

在这一演变的过程中,马克思主义不是一成不变的僵化的教条,而是随着时代、实践的发展而充满旺盛的生命力。正如邓小平所说的,"老祖宗不能丢",但"马克思主义也要发展"。

（4）马克思主义中国化的实质是什么

当前学术界由于研究的视域以及方法的不同,对于马克思主义中国化实质的把握是有分歧的。笔者概括为以下五种主要的观点:①结合论,②具体化论,③过程论,④多角度论,⑤分层说。

第一,结合论。即认为马克思主义中国化的实质就是使马克思主义与中国的具体实际相结合,在此基础上,有学者认为,马克思主义中国化就是把马克思主义的基本原理同中国实际与时代特征相结合。① 其理论要点在于:一是坚持将马列主义的一般原理与中国的具体实际相结合,并创造性地加以运用,反对各种主观主义和教条主义。二是在指导中国的革命和现代化建设过程中,把马列主义加以发展和创新,开拓马克思主义在中国的新阶段。

陈占安从毛泽东的论述来理解,认为"在《论新阶段》的讲话中,毛泽东是用'相结合'的思想来说明提出'马克思主义中国化'的原因。他先是说,

---

① 王恪芳:《不断深化和加强马克思主义中国化问题研究》,《理论学刊》,2003年第1期。

马克思主义必须通过民族形式才能实现。没有抽象的马克思主义,只有具体的马克思主义。所谓具体的马克思主义,就是通过民族形式的马克思主义,就是把马克思主义应用于中国具体环境具体斗争中去……只是抽象空洞的马克思主义。正是在讲了这一段话之后,他接着说'因此,马克思主义的中国化,使之在其每一表现中带着中国的特性,即是说,按照中国的特点去应用它,成为全党亟待了解,并亟须解决的问题'。由此,我们可以看到,马克思主义中国化这个命题,与马克思主义的理论同中国实际相结合的思想是完全一致的,是一种更简明的用语"①。陈占安从毛泽东讲话中的逻辑关系入手得出:马克思主义中国化和"马克思主义理论与中国实际相结合"是等同的。

第二,具体化论。即主张"使马克思主义在中国具体化"。学者们的依据主要在于毛泽东的论述,认为马克思主义的实质必须包括"立足于中国实际""带有民族特性"和"新的理论创造"三个方面内容。② 也有学者认为,马克思主义的中国化,不仅要求形式上的转变,而且要求内容上的转变,即马克思主义中国化要适合中国情况,反映中华民族的优秀文明成果,把马克思主义在中国的发展推向新的阶段。③

第三,过程论。即认为马克思主义中国化是一个历史进程。但对于"过程"的具体理解和内容又存在较大的分歧。④ 雍涛认为"所谓马克思主义中国化,简言之,就是按照中国的特点去运用马克思主义,使其内容和表现形式都具有中国的特性。应该说,马克思主义中国化是一个对待马克思主义

---

① 陈占安:《"马克思主义中国化"的科学内涵》,《思想理论教育导刊》,2007 年第 1 期。

② 张静如、鲁振祥:《抗日战争与马克思主义中国化》,《人民日报》,1995 年 7 月 25 日。

③ 杨胜群:《邓小平对马克思主义中国化的几点认识》,《学习导报》,1999 年第 2 期。

④ 赵德兴:《从实践的角度看马克思主义中国化问题》,《攀登》,2002 年第 1 期;林默彪:《马克思主义中国化的关系过程和形态》,《党史研究与教学》,2002 年第 5 期;李海荣:《从文化认同到实践契合 马克思主义中国化的现实过程》,《学术论坛》,2002 年第 3 期。

与中国实际关系的总体性概念,它包含了马克思主义必须在中国具体化和中国实际必须马克思主义化的双向互动过程,但当时强调的重点是使马克思主义的普遍原理在中国具体化,反对教条主义,避免空洞抽象的马克思主义"①。从雍涛的论述可以看出,马克思主义中国化是一个互动的过程,总体来说,是"使马克思主义在中国具体化"和"中国实际马克思主义化"的双向互动过程,在这一互动过程中,不同时期侧重点不同。肖贵清从动态的历史发展来看,认为马克思主义中国化就是中国实际和时代特征这两个方面与马克思主义相结合,并体现出中国特有的民族形式,这是一个由低级到高级不断向前发展的过程。在这个过程中,对马克思主义的理解非常重要,对马克思主义的世界观和方法论的认识也非常重要,我们正是运用这种世界观和方法论来处理中国在各个时期面临的实际问题。这个过程中处理好马克思主义与中国实际之间关系比较重要,同时这一关系也比较复杂,有相互结合和双向互动两方面的关系,这种关系的形成需要经历漫长的时期,是一个反复的过程,也是由马克思主义的特性和中国的实际特征决定的。②

第四,多角度论。学者们认为,马克思主义中国化可以有多种含义,因此可以运用多角度加以理解。有学者认为,马克思主义中国化是世界现代化运动的一部分,除了马克思主义与中国革命实践相结合之外,还包括西方现代化运动与中国现代化选择的关系、马克思主义与中国文化的关系、马克思主义与中国思想界诸多思潮的关系等多层面的问题。③ 也有学者认为,马克思主义中国化从内容上看,要使马克思主义同中国的具体实际相结合,包括中国社会的历史实际、中国文化传统的实际相结合,并在运用中给予新的

①　雍涛:《马克思主义中国化与中国实际马克思主义化》,《毛泽东邓小平理论研究》,2005 年第 5 期。

②　肖贵清:《马克思主义中国化与中国化马克思主义的关系》,《安徽行政学院学报》,2012 年第 1 期。

③　何萍、李维武:《马克思主义中国化探论》,人民出版社,2002 年,第 3 页。

理论创造和发展;从形式上看,是要赋予马克思主义以中国作风和中国气派;从动态上来说,马克思主义中国化是一个过程,马克思主义中国化伴随中国革命和建设的始终,是一个不断生成的过程。①

第五,分层说。部分学者认为马克思主义中国化的内涵是不需要分层的,应将其看成一个整体。如杨奎松认为:"马克思主义中国化只有一层含义,就是使马克思主义适合于中国的国情即中国的实际,并使之与中国革命的具体实践相结合的问题。"②从他的表述可以看出,他坚持从马克思主义与中国实际不断磨合到真正与中国实际相结合从来就是一个整体,不可分割。另一部分学者持两层说的看法。如张钦亚认为:"马克思主义中国化包括并划分为'马克思主义中国理论化'和'马克思主义中国现实化'两大内容。从理论层面讲,理论化并不必然导致现实化,甚至有时还会发生理论化与现实化相背离的倾向……历史经验表明,理论的美好与现实的异化并不是个别现象;从现实层面看,更加重要和迫切的是马克思主义中国现实化的工作。"③陈思认为:"马克思主义中国化的基本含义有两个方面:一是从中国实际出发运用马克思主义基本原理来指导、回答和解决中国革命实践中的路线、方针和道路等问题;二是深刻总结中国革命实践的丰富经验,把它上升为理论的高度,使之系统化、理论化。前者是马克思主义中国化,后者实际上就是中国化马克思主义了。但总的来说,两者都属于马克思主义中国化命题的范畴"④。这两位学者解释的相同之处是都认为马克思主义中国化有两层含义。

---

① 雍涛:《马克思主义中国化的基本经验》,《毛泽东思想研究》,2000年第6期。

② 杨奎松:《马克思主义中国化历史进程》,河南人民出版社,1994年,第1页。

③ 张钦亚:《马克思主义中国化:概念逻辑辩证及相关问题分析》,《社会科学论坛》,2010年第7期。

④ 陈思:《深刻认识马克思主义中国化的本质内涵》,《北京电力高等专科学校学报》,2012年第7期。

雍涛依据毛泽东的相关论述,将马克思主义中国化归纳为三层含义。雍涛依据毛泽东在党的六届六中全会上的论述,认为:"原文本所说的马克思主义中国化有三层含义,即:第一,内容上,要把马克思主义同中国的具体实际相结合,这里所说的具体实际既包括中国社会的历史实际,也包括中国文化传统的实际,还要注意在运用中给予其新的理论创造,不断推进马克思主义的发展;第二,形式上,要有中国的民族形式,也就是要赋予马克思主义中国形式和中国作风气派,以便于马克思主义顺利被中国人民群众接受;第三,动态上,马克思主义中国化是一个长期发展的历史过程。只要中国共产党执政,就要坚持以马克思主义为指导,中国革命和建设的过程要始终坚持以马克思主义为指导,革命和建设是一个漫长的历史过程,只要这个过程没有完结,马克思主义中国化这个任务也就不会结束"①。

综上所述,马克思主义的实质就在于将马列主义的基本原理与中国的具体实际相结合。但有五种不同的观点,应该说这五种观点均有其合理性。但是笔者认为可以将之综合概括为如下方面:

一是马克思主义中国化是一个历史进程,也是一个实践的过程。实践无止境,马克思主义中国化也是无止境的,不可能停滞不前,也不可能一劳永逸。二是对于马克思主义中国化这一同一问题的研究,我们可以主张和提倡学科的交叉及方法的综合使用,这有利于我们深入研究。三是马克思主义中国化与中国实际相结合的过程,是我们建设中国特色社会主义这一根本问题的主线和重要的认识视角。马克思主义与中国实际相结合,这一根本问题贯穿于中国特色社会主义建设事业的全部历史过程。在实行这一"结合"时,有五个正确对待:"一要正确对待马克思主义,二要正确对待中国传统文化,三要正确对待'实际',四要正确对待自己已有的经验,五要正确

---

① 雍涛:《马克思主义中国化的基本经验》,《毛泽东思想研究》,2000 年第 6 期。

对待今天的资本主义。"①四是这一根本问题内在的包含了三个主要问题,即马克思主义基本原理与中国国情的关系,马克思主义与中国传统文化的关系,马克思主义与在中国运用和发展了的马克思主义的关系。对这三个问题的全面把握,构成了马克思主义中国化的实质。概括起来,就是理论与实践的关系,理论的普遍性与特殊性的关系,理论的世界性与民族性的关系,理论的继承与创新的关系。五是从过程论的角度看,马克思主义中国化经历了传播、运用、发展三个阶段,而对这三个阶段的研究,必须对上述的三个基本问题进行回答。

对于马克思主义中国化的理解,过去的理解是单向度的,基本上是以中国共产党领导实践及领导人的理论探索为依据,这种理解当然很重要,但还不够全面,需要我们从理论、实践、历史、文化多维来研究和把握这一问题,以加深对这一问题的认识。

第一,从理论维度上说,"马克思主义中国化"是马克思主义在中国的传播、运用与发展,也是把中国经验上升到理论和规律的马克思主义化的过程。

"中国化"是在不断地把中国革命、建设、改革的实践经验提升到马克思主义理论高度的一个过程。中国经验的马克思主义化,在本质上就是一个不断突破自身并且不断创新的过程,在坚持基本原理与思考实践中如何达到结合转化的基础上,不断突破经典作家在当时的社会条件下提出的、带有时代局限性的一些个别观点,进行创新性发展,实现历史性飞跃。坚持马克思主义理论不偏移,也不是盲目的坚持,应该避免几个错误倾向:"一是不能将马克思、恩格斯等革命导师文献著作中的只言片语或个别结论等同于马

---

① 王梦周:《中国社会现代化与马克思主义中国化兼论"结合"的方法论意义》,《焦作大学学报》,2003 年第 2 期。

克思主义;二是不能将国际共产主义运动的个案经验等同于马克思主义;三是不能用实用主义的态度来对待马克思主义;四是不能把马克思主义与领袖人物的个性特征画等号。"①这是我们应该避免的错误,除此之外,对于什么是马克思主义也应该有一个清晰的认识,笔者认为,狭义的马克思主义就是马克思、恩格斯的观点和学说的科学体系;广义的马克思主义不仅是马克思、恩格斯的观点和学说,还包括之后人们对它的丰富和发展。

第二,从实践维度上说,马克思主义中国化是马克思主义指导中国改造社会的实践的过程。

"中国化"主要指的是要把马克思主义基本原理化为中国共产党人领导人民进行革命、建设和改革的具体路线方针政策的一个过程,以此形成了中国独有的基本经验。以及在毛泽东思想和中国特色社会主义理论体系指导下找到中国独特的革命、改造、建设道路的一个过程。

第三,从历史维度上说,马克思主义中国化是马克思主义与中国具体实际相结合的历史过程。

在不同社会历史时期的社会条件下,马克思主义中国化实现了"两次结合"。第一次伟大结合是以毛泽东同志为主要代表的中国共产党人,坚持把马克思主义与中国革命的实践相结合,领导中国人民成功地实现"站起来"。第二次伟大结合是以邓小平、江泽民、胡锦涛同志为主要代表的中国共产党人,坚持把马克思主义与中国改革开放的实践相结合,坚持走中国特色社会主义道路,领导中国人民"富起来",并在此基础上,以习近平同志为核心的党中央,坚持和推进中国特色社会主义,以强烈的政治担当,全方位推进各项改革,破解历史难题,团结带领中国人民和中华民族日益走向"强起来"。

第四,从文化维度上说,马克思主义中国化是对中华优秀传统文化的继

---

① 石亚军:《中国化马克思主义概论》,中国社会出版社,2004 年,第 458 页。

承、创新和发展。

中国许多优秀历史文化与马克思主义有相融之处。例如中国古人期望的"大同社会",与"马克思所主张的共产主义社会在本质上虽不是同等意义的社会,但它是中国人接受马克思主义的文化根基"①。中华优秀传统文化也是马克思主义能进一步在创新中获取发展的肥沃土壤,提供了精神力量,马克思主义也为中华优秀传统文化的继承、创新、发展指引了正确方向。马克思主义与中华优秀传统文化之间的深度融合发展在这一历史过程展现得淋漓尽致。中华优秀传统文化一向都是包容发展、博大精深,马克思主义又同时具有世界性和开放性,两者之间优势互补、共同发展。

马克思主义与中华传统文化的关系不同。马克思主义与传统文化的关系应该包括两个方面:一方面,用马克思主义分析、批判中国传统文化,取其精华、弃其糟粕,并对其进行有效的创造性转换,使之完全融入马克思主义之中,在这同时也可以使马克思主义转为中国的民族形式,更好地为中国人所接受;另一方面,传统文化进行现代化,马克思主义中国化的进程中马克思主义的时代化非常重要,必须紧跟时代的脉络所以只有对传统文化现代化,才能不断发挥中国文化的作用。马克思主义中国化过程中,不结合中国文化的精华就不能叫中国化;而只是固守传统文化,不注意传统文化的现代化,也是不科学的。

二、马克思主义中国化与中国化的马克思主义的关系

我们要思考的问题是马克思主义中国化与中国化的马克思主义的关系? 根据笔者的理解,概括起来,马克思主义中国化与中国化的马克思主义

---

① 欧阳珊娜:《马克思主义中国化内涵探析》,湘潭大学硕士学位论文,2009 年,第 32 页。

两者是一种辩证统一的关系，是同一过程的两个不可分割的方面，但是两者又有区别。

"马克思主义中国化"可以理解为一种"实践的过程"，而"中国化的马克思主义"可以理解为一种"科学的发展了的中国的马克思主义"，是一种理论。但这种理论是科学的，是带有中国作风和中国气派的，是对马克思主义基本原理的一种继承和创新。

当然，中国化的马克思主义理论，并不是凭空产生的，其产生至少有四个基本条件。

一是理论基础。中国化的马克思主义同马克思列宁主义是一脉相承又与时俱进的。马克思列宁主义的经典著作蕴含丰富的思想，是马克思主义中国化的重要理论来源。二是实践过程。中国化的马克思主义产生于马克思主义中国化的伟大实践中，实践无止境，中国化的马克思主义也是与时俱进的，不断发展的。三是中国革命、建设和改革的需要。马克思主义认为，任何一门科学的产生，都是时代精神的精华。中国化的马克思主义，正是适应中国时代的需要而产生发展的。如果说毛泽东思想解决了中国革命的道路和社会主义的建设问题，邓小平理论则回答了并初步解决了中国怎么样建设社会主义的道路问题。"三个代表"重要思想则是在世纪之交，围绕"什么是社会主义，怎样建设社会主义"和"新时期建设一个什么样的党和怎样建党"，作出了适应时代需要的科学回答，指出"三个代表"重要思想是我们的立党之本、执政之基、力量之源。四是中国共产党的历代领导人的主观经历和个人智慧。毛泽东思想、邓小平理论、"三个代表"重要思想、科学发展观是对马克思主义的继承和创新，也是马克思主义中国化的理论成果。党的十八大以来，形成以习近平同志为核心的党中央不断推进马克思主义中国化，创立了习近平新时代中国特色社会主义思想。这些重要思想既是全党集体智慧的结晶，是马克思主义中国化的理论成果，同样也是党的几代中央领导人对马克思主义中国化的理论贡献,与他们的理论创新勇气分不开的。

中国化的马克思主义产生也是经历一个漫长的过程。艾思奇为中国化的马克思主义的提出做出了很大的贡献,他在 1940 年 2 月《论中国的特殊性》一书中说,中国有了自己的马克思主义,这一论断是后来提出"中国化的马克思主义"的先导。1942 年 7 月 1 日,朱德在《纪念党的二十一周年》中,首次使用了"中国化的马列主义的理论"这个概念;1943 年 6 月,任弼时在《共产党员应该向群众学习》一文中讲,"我们要特别学习中国的马列主义",也就是在这一时期,周恩来、邓小平、陈毅、王稼祥等也对这一概念进行过解读。然而真正将"马克思主义中国化"与"中国化的马克思主义"相联系,并同时使用这两个概念的是刘少奇,1945 年,他在党的七大上所作的修改党章的报告中的论述文章的第一部分已有讲述,从他的论述也可以看出,中国共产党已取得了自己的马克思主义的理论成果,即中国化的马克思主义——毛泽东思想。

和马克思主义中国化一样,中国化的马克思主义也很长时间没有提,直到改革开放以后,中国化的马克思主义这一提法才又在中共中央文件和一些领导人的著作中使用。1992 年党的十四大发表,"建设有中国特色的社会主义的理论,是马克思主义同中国实际相结合的最新成果,是当代中国的马克思主义"①。接着在 1997 年党的十五大上,再次重申了建设有中国特色的社会主义理论即邓小平理论,是当代中国的马克思主义理论,是继毛泽东思想之后的一个新台阶。之后 2001 年,江泽民在庆祝中国共产党成立 80 周年的大会上讲话中,指出在马克思列宁主义基本原理同中国具体实际紧密结

---

① 《江泽民文选》(第一卷),人民出版社,2006 年,第 246 页。

合过程中形成的毛泽东思想、邓小平理论是中国化了的马克思主义。①

在此之后,胡锦涛、习近平等中央领导人也多次用了"中国化的马克思主义"这一概念。

第二节 改革开放40多年与马克思主义中国化的历史经验

改革开放的40多年,也是中国共产党推进马克思主义中国化的40多年,中国特色社会主义事业取得长足进展,总结马克思主义中国化的历史经验②具有重要价值。回顾马克思主义中国化的历史进程,可以得出以下基本历史经验:第一,坚持马克思主义基本原理与中国具体实际相结合;第二,坚持解放思想、实事求是与时俱进的党的思想路线;第三,坚持党的群众路线,始终以体现中国最广大人民的根本利益为出发点和归宿;第四,在马克思主义中国化的历史进程中,既要坚持马列主义基本原理,又要发展马克思主义,发展本身就是最好的坚持。

通过分析研究改革开放40多年马克思主义中国化的历史进程,以此提炼概括出五大基本经验。分别为必须坚持马克思主义指导地位,不走封闭僵化的老路,不走改旗易帜的邪路;必须坚持解放思想、实事求是;必须坚持与时俱进,不断推进理论创新;必须坚持以人民为中心;必须正确处理顶层设计和摸着石头过河的关系。

2018年是改革开放40周年,40年来中国特色社会主义事业取得了巨大

---

① 《江泽民文选》(第三卷),人民出版社,2006年,第270页。

② 陶林:《马克思主义中国化与中国化的马克思主义:概念刍议与问题解析》,《哈尔滨学院学报》,2008年第1期。

发展,究其根本原因,就在于中国化的马克思主义理论的指导,在于中国共产党在实践中不断推进马克思主义中国化。总结马克思主义中国化的历史经验,具有重要的理论和现实意义。

2001 年我国人均 GDP(国内生产总值)突破 1000 美元,2006 年的综合国力已经由原来的第七位上升到第四位。2008 年 8 月中国迎来百年奥运圆梦,这是整个中华民族的盛事。30 年来,中国的国际地位不断提高,保持了连续 30 多年的经济高速增长的奇迹。

从 1978 年到 2006 年,我国国内生产总值从 2165 亿美元增长到 26269 亿美元,年均增长 9.7%,远远高于同时期世界经济平均 3% 左右的增长速度,经济总量跃升至世界第四位;粮食、棉花、肉类、钢铁、煤炭、化肥、水泥等主要农产品和工业品产量居世界首位;进出口总额从 206 亿美元提高到 17607 亿美元,上升为世界第三位;城乡居民收入大幅度增长,扣除物价因素,城镇居民人均可支配收入和农村居民人均纯收入均增长了 5.7 倍;农村贫困人口从 2.5 亿减少到 2000 多万。

政治建设、文化建设、社会建设也取得举世瞩目的成就。中国的发展,不仅使中国人民稳定地走上了富裕安康的广阔道路,而且为世界经济发展和人类文明进步作出了重大贡献。综上所述,中国改革开放取得了巨大的成就,同时在实践过程中也逐渐形成了中国特色社会主义的理论体系:包括邓小平理论、"三个代表"重要思想及科学发展观等重大战略思想在内的科学理论体系。探讨其中的历史经验显得非常必要。

一、总结改革开放 40 年来马克思主义中国化的历史经验的重要价值

改革开放的 40 年,也是中国共产党马克思主义中国化的 40 年,回顾 40

年的历史,我们以 1978 年党的十一届三中全会为标志,解放思想实事求是,废除了以阶级斗争为纲,强调了以经济建设为中心,实行改革开放,从此中国历史掀开了新的一页,中国特色社会主义事业取得长足进展。总结马克思主义中国化的历史经验具有重要价值。

第一,有利于我们总结改革开放的巨大成就,坚定走中国特色社会主义的坚定信念。1991 年苏联解体、东欧剧变,整个世界社会主义运动陷入低潮;但是中国特色的社会主义却一枝独秀,显示了蓬勃生机和旺盛的活力。我们顶住了国际压力,以邓小平南方谈话为标志,掀开了中国改革开放的第二次思想大解放,破除了姓资还是姓社的争论,促进了中国特色社会主义的新发展。

在改革开放的历史进程中,党把坚持马克思主义基本原理同推进马克思主义中国化结合起来,把坚持四项基本原则同坚持改革开放结合起来,把尊重人民首创精神同加强和改善党的领导结合起来,把坚持社会主义基本制度同发展市场经济结合起来,把推动经济基础变革同推动上层建筑改革结合起来,把发展社会生产力同提高全民族文明素质结合起来,把提高效率同促进社会公平结合起来,把坚持独立自主同参与经济全球化结合起来,把促进改革发展同保持社会稳定结合起来,把推进中国特色社会主义伟大事业同推进党的建设新的伟大工程结合起来,取得了我们这样一个十几亿人口的发展中大国摆脱贫困、加快实现现代化、巩固和发展社会主义的宝贵经验。

回顾苏联解体的历史,总结我国改革开放的经验,我们不难发现:中国特色社会主义取得了重大的成就,当前只有高举中国特色社会主义的伟大旗帜,坚定不移地走中国特色的社会主义道路。

第二,总结 40 年的经验,也是反思、总结马克思主义中国化的历程,进一步深化研究中国特色社会主义理论体系的需要。党的十七大指出,改革开放以来我们取得一切成绩和进步的根本原因,归结起来就是开辟了中国特色社会主义道路,形成了中国特色社会主义理论体系。中国特色社会主义道路,就是在中国共产党领导下,立足基本国情,以经济建设为中心,坚持四项基本原则,坚持改革开放,解放和发展社会生产力,巩固和完善社会主义制度,建设社会主义市场经济、社会主义民主政治、社会主义先进文化、社会主义和谐社会,建设富强民主文明和谐美丽的社会主义现代化国家。中国特色社会主义道路之所以完全正确、之所以能够引领中国发展进步,关键在于我们既坚持了科学社会主义的基本原则,又根据我国实际和时代特征赋予其鲜明的中国特色。

中国特色社会主义理论体系,就是包括邓小平理论、"三个代表"重要思想以及科学发展观等重大战略思想在内的科学理论体系。这个理论体系,坚持和发展了马克思列宁主义、毛泽东思想,凝结了几代中国共产党人带领人民不懈探索实践的智慧和心血,是马克思主义中国化的最新成果,是党最宝贵的政治和精神财富,是全国各族人民团结奋斗的共同思想基础。

中国特色社会主义理论体系是不断发展的开放的理论体系。实践永无止境,马克思主义中国化也永无止境,是一个永恒的时代课题。中国共产党的历届领导人,坚持解放思想,实事求是,与时俱进,不断总结历史经验同时代结合的特点,促进马克思主义中国化,形成了系列研究成果,构成了中国特色社会主义理论体系。

第三,总结改革开放的历史经验,也是正确应对 21 世纪全球化的挑战,处理好社会主义与资本主义关系的需要。

21 世纪向何处去? 中国特色的社会主义道路如何继续前进? 答案只有一个:那就是必须坚持马克思主义理论的指导。

马克思主义有一个著名的论断:马克思主义的科学社会主义的核心是"两个必然"和"两个绝不会"。"两个必然"就是资本主义必然灭亡,社会主义必然胜利,"两个绝不会"就是无论哪一种社会主义形态在它所容纳的全部生产力发挥出来以前,是绝不会灭亡的,而新的社会形态或新的生产关系在它的物质系统,在旧社会形态的胞胎里成熟以前也是绝不会出现的。

这为我们正确认识和应对全球化、处理社会主义与资本主义的关系提供了重要的方法论。这一原理说明了社会主义代替资本主义的长期性、艰巨性。深刻认识"两个绝不会",有助于我们实际把握社会主义代替资本主义的长期性、艰巨性和复杂性。深刻认识"两个绝不会",有助于我们科学认识当代资本主义的新变化。当代资本主义由于科学技术的发展、资本主义生产关系的局部调整在一定程度上缓和了阶级矛盾、由于经济全球化的兴起和跨国公司的发展,拓展了资本主义的世界市场,从而在一定程度上适应了生产力的发展,显示出了生命力。

深刻认识"两个绝不会",有助于我们正确理解社会主义发展进程中遇到的困难和挫折。20世纪八九十年代的东欧剧变和苏联解体,是社会主义发展进程中遇到的最严重挫折。面对这种情况,我们应当如何认识?按照"两个绝不会"的思想去思索,经济文化落后国家建立起来的社会主义,实际上是一种"不够格"的社会主义。况且这些国家又长期处在经济、政治和军事实力占优势的帝国主义国家的包围之中,加上体制本身存在着这样那样的缺陷和弊端,工作中产生了这样那样的缺点和失误,在发展进程中遇到困难、遭受挫折是难以避免的。同时还应当看到,建设社会主义是一项前无古人的伟大事业,没有现成的经验和模式,一切只能在实践中摸索前进。

按照中国共产党三步走的现代化发展战略,21世纪头20年是一个重要的战略机遇期,我们党的奋斗目标是全面建设小康社会。到21世纪中叶,将建设成为富强、民主、文明、和谐、美丽的社会主义现代化国家,达到中等发达国家水平,基本实现现代化。为了实现上述宏伟目标,正确应对经济全球化,处理好社会主义与资本主义的关系,必须重视和总结改革开放40年的马克思主义中国化的历史经验,积极应对。以胡锦涛同志为总书记的党中央领导集体,与时俱进,紧扣时代的需要,提出了以人为本、全面协调可持续的科学发展观,这一马克思主义中国化的最新的理论成果,构建社会主义和谐社会等系列重大的理论创新,为迎接时代挑战,作出了科学的回答。

二、20 世纪马克思主义中国化的历史经验

在 20 世纪马克思主义中国化的历史进程中,毛泽东是先行者,最早开始了探索马克思主义中国化的历程。在马克思主义中国化的历史长河中,我们党形成了毛泽东思想、邓小平理论和"三个代表"重要思想,既体现了马克思主义的基本原理,又与时俱进,开拓创新,是对中国共产党的实践经验和中华民族的优秀传统文化的总结,是中国化的马克思主义的三大理论成果。

1. 坚持马列主义的基本原理与中国具体实际相结合,是马克思主义中国化最重要的历史经验

毛泽东指出,"马克思列宁主义来到中国之所以发生这样大的作用,是因为中国的社会条件有了这种需要,是因为同中国人民革命的实践发生了联系,是因为被中国人民所掌握了"①。前文已经论述,马列主义的基本原理必须中国化,因为它们只不过提供了分析中国问题的立场、观点和方法,不可能为中国的革命和社会主义的建设提供现成的答案。

马克思主义中国化的过程中,一直存在怎样以科学的态度对待马克思主义的问题,毛泽东思想就是在同本本主义、教条主义的长期斗争中,逐步走向成熟的。

早在 1930 年《反对本本主义》一文中,毛泽东就深刻地指出:"马克思主

---

① 《毛泽东选集》(第四卷),人民出版社,1991 年,第 1515 页。

义的'本本'是要学习的,但是必须同我国的具体实际相结合。我们需要'本本',但是一定要纠正脱离实际情况的本本主义。"①经过中国革命的两次胜利、两次失败,经过陈独秀的右倾以及王明的"左"倾的曲折,在 1935 年遵义会议后,党进一步认识到了坚持马列主义基本原理与中国具体实际相结合的重要性。在毛泽东的正确领导下,中国人民经过新民主主义革命最终取得了胜利。把马克思主义的基本原理与中国的具体实际相结合,成为党夺取革命胜利的根本法宝和最重要的历史经验。

新中国成立后,对于怎样在中国这样一个经济文化比较落后的东方社会主义国家建设社会主义,成为党当时面临的重大课题,而这一课题的实质就是在社会主义建设时期怎样进一步推进马克思主义中国化的问题。以毛泽东同志为核心的党的第一代中央领导集体进行了伟大的探索,提出了社会主义改造的基本方针。但是由于当时特殊的社会历史原因,党没有做好在将马列主义的基本原理与中国的具体实际相结合的文章,中国最终陷入了"文化大革命"的泥坑。历史经验表明:在新民主主义革命时期,如果解决了马克思主义中国化的问题,中国革命就取得胜利;如果没有在社会主义建设时期解决怎样进一步推进马克思主义中国化的问题,中国特色社会主义事业就遭到严重的失误。

1978 年党的十一届三中全会后,在总结历史经验的基础上,以邓小平同志为核心的党的第二代中央领导集体,围绕"什么是社会主义,怎样建设社会主义"这一根本性问题,强调一切从实际出发,走自己的路,把实践作为检验真理的唯一标准,把实践作为"结合"的逻辑起点和根本依据,在改革开放的过程中创立了邓小平理论。世纪之交,以江泽民同志为核心的党的第三代中央领导集体在邓小平理论的基础上,继续做好马克思主义中国化的文

---

① 《毛泽东选集》(第一卷),人民出版社,1991 年,第 111～112 页。

章,形成了"三个代表"重要思想,成为从当代中国实际出发,坚持发展马克思主义的光辉典范。

2. 与时俱进是马克思主义固有的理论品质

胡锦涛指出,"坚持一切从实际出发,理论联系实际,实事求是,在实践中检验和发展真理,是马克思主义最重要的理论品质。这种与时俱进的理论品质,是150多年来马克思主义始终保持蓬勃生命力的关键所在"①。

毛泽东最早确立了党的思想路线,即实事求是。党的十一届三中全会后,邓小平重新恢复和发展了党的思想路线,提出党的思想路线的核心是解放思想、实事求是。新时期江泽民进一步把党的思想路线加以发展,提出党的思想路线的内容是解放思想、实事求是、与时俱进。

坚持马克思主义的思想路线,解放思想、实事求是、与时俱进,使党的理论适应不断变化的中国实际,这是马克思主义中国化的着力点和生长点。

坚持党的思想路线,在实践中丰富和发展马克思主义,必须做到:

第一,坚持马克思主义的一般原理。毛泽东在提出马克思主义中国化的同时,也十分强调要学习掌握马克思主义。邓小平也多次强调:"我们搞改革开放,把工作重心放在经济建设上,没有丢马克思、没有丢列宁,也没有丢毛泽东,老祖宗不能丢啊!"②江泽民也指出:"七一讲话,贯穿了两个基本要求:一是必须坚持马克思主义的立场、观点、方法,坚持马克思主义的基本原理。这一点,要坚定不移,不能含糊。二是一定要贯彻解放思想、实事求是的思想路线,坚持勇于追求真理和探索真理的革命精神。这一点,也要坚定不移,不能含糊。"③

---

① 胡锦涛:《在"三个代表"重要思想研讨会上的讲话》,《人民日报》,2003 年 7 月 2 日。
② 《邓小平文选》(第三卷),人民出版社,1993 年,第 369 页。
③ 中共中央文献研究室编:《江泽民思想年编(一九八九—二〇〇八)》,中央文献出版社,2010 年,第 553 页。

第二,着眼于变化的中国实践,在中国的实践中不断进行理论创新。我们说的理论创新,就是在马克思主义中国化的进程中,形成中国化的马克思主义的过程。这是辩证统一的。

回顾我们党80多年的历史,归结起来,关系中国前途和命运的有三大问题:"什么是新民主主义革命,怎样进行新民主主义革命","什么是社会主义,怎样建设社会主义","新时期建设一个什么样的党和怎样建党"。毛泽东思想、邓小平理论和"三个代表"重要思想,是中国化的马克思主义的三大理论成果,是一脉相承又与时俱进的科学理论体系。不仅是因为其在理论上的前后相继,根本的原因在于这三大理论成果,在马克思主义中国化的过程中,对中国的革命、建设和改革、发展不同的实践作出了科学的回答,又反过来推动了建设中国特色社会主义事业的发展。

这三大理论成果,是马列主义的本本中没有的,却又是中国化的马克思主义,是中国共产党人在马克思主义中国化实践过程中进行的三大理论创新的重大成果,带有里程碑的时代价值和意义。

3.坚持马克思主义的群众观点和群众路线,始终强调代表中国最广大人民的根本利益为党的一切工作的出发点和归宿

人民群众是实践的主体,人民群众是历史的创造者,坚持马列主义的基本原理与中国的具体实际相结合,就必须同人民群众的实践相结合。

毛泽东始终强调全心全意为人民服务,是党的根本宗旨,是无产阶级政党与其他一切剥削阶级政党区别的一个根本标志。在中国革命的长期实践中,他提出了党的群众路线:一切为了群众,一切依靠群众,从群众中来到群众中去。并且把它概括为我们党的三大优良作风。群众路线也是毛泽东思想活的灵魂的重要内容之一。

坚持群众路线,就要尊重人民群众的首创精神,就要重视调查研究。他提出了"没有调查就没有发言权,没有正确的调查也没有发言权"的重要论

断。邓小平在 1992 年南方谈话中,还提出了划分中国改革开放一切工作成败得失的根本标准,"三个有利于"标准,即"是否有利于发展社会主义社会的生产力,是否有利于增强社会主义国家的综合国力,是否有利于提高人民的生活水平"。

"三个代表"重要思想,作为马克思主义中国化的新成果,同样体现和尊重了马克思主义的群众观点和群众路线。胡锦涛深刻指出,"始终做到'三个代表',是我们党的立党之本、执政之基、力量之源"。"三个代表"重要思想,作为我们党成立 80 多年来的经验总结,其根本出发点和落脚点,就是体现中国最广大人民的根本利益。"相信谁、依靠谁,为了谁,是否始终站在最广大人民的立场上,是区分唯物史观和唯心史观的分水岭,也是判断马克思主义政党的试金石。"[1]

实现和体现中国最广大人民的根本利益,是党推进马克思主义中国化的根本出发点和落脚点所在。毛泽东思想、邓小平理论及"三个代表"重要思想,尽管其理论体系各具特色,产生于不同的社会历史时期,回答的时代主题不尽相同,但是其三者的根本的政治立场观点和方法都是一致的,其根本的立场就是始终代表中国最广大人民的根本利益,因而为人民所拥护、所接受、所支持,成为党的长期指导思想。中国共产党百余年的历史经验表明,中国共产党能够保持党的领导核心地位,究其原因,在于它始终以作为历史主体的人民群众的需要为本,一切为了人民,一切依靠人民,一切归人民共享,同样,中国共产党在带领人民进行建设和改革的过程中,始终以人民为中心,始终将人民放在首位,把人民是否拥护、是否赞成、是否高兴作为制定政策的依据,这是改革开放取得辉煌成就的根本保证。

---

① 胡锦涛:《在"三个代表"重要思想研讨会上的讲话》,《人民日报》,2003 年 7 月 2 日。

4.在马克思主义中国化的历史进程中,既要坚持马列主义基本原理,又要发展马克思主义,发展本身就是最好的坚持

在中国共产党80多年的实践中,党始终强调马克思主义中国化,既坚持了马克思主义的基本原理,又根据中国的具体实际和国情,发展马克思主义,发展本身就是最好的坚持。

(1)毛泽东思想是在同党内的各种错误思想作斗争的过程中逐步走向成熟的,中国革命的特殊性就在于是不同于欧洲的,也不同于苏联的半殖民地半封建社会。毛泽东对这一问题进行了艰辛的探索,坚决反对马列主义本本化,苏联经验和共产国际决议神圣化,从中国革命的主要问题是农民问题这一逻辑起点出发,逐步提出了一条中国特色的农村包围城市的工农武装割据的革命新道路理论,既坚持了马列主义的一般原理,又适应中国的具体国情,指导中国革命走向了成功。

(2)粉碎"四人帮"以后,在中国向何处去的重大历史关头,邓小平果断的决策,结束"文革"的以阶级斗争为纲的错误,将马克思主义与中国的具体实际相结合,走以经济建设为中心的社会主义道路,他进行了伟大的探索。

历史是最好的说明,当年邓小平正确坚持毛泽东思想这面伟大旗帜,把毛泽东思想与毛泽东晚年的错误正确区分开来;对于新中国成立以来党的若干问题的反思,既客观公正的评价历史,又实事求是的总结新中国成立以来进行社会主义建设探索过程中的宝贵经验和深刻教训;这对于指导1978年以后中国的改革开放事业,对于稳定民心,对于党的建设,对于面对国际舆论的压力等诸多方面均有深远的积极意义,邓小平做出了杰出的历史贡献。

第四,他继承并发展了毛泽东思想,运用马克思主义的基本原理,重新思考中国建设社会主义的道路,在实施改革开发的过程中,诞生了邓小平理论,实现了马克思主义中国化的第二次伟大飞跃。邓小平重新确立了马克

思主义基本原理与中国实际相结合,走自己的路的思想。他说,"中国的事情要按照中国的情况来办,要依靠中国人自己的力量来办。独立自主,自力更生,无论过去、现在和将来,都是我们的立足点"①。他指出必须把马克思主义基本原理与中国的具体实际相结合,防止资本主义复辟,又反对照搬照抄别国经验和模式。他本人也被誉为"改革开放的总设计师"②。

(3)江泽民的"三个代表"重要思想也不是凭空产生的,是在继承毛泽东思想、邓小平理论的基础上提出的。

"三个代表"重要思想的集中概括就是中国共产党必须始终代表中国先进生产力的发展要求,始终代表中国先进文化的前进方向,始终代表中国最广大人民的根本利益。这三句话,孤立地看,都不是新话,都是马克思主义理论的重要观点,但是把三者集中起来进行高度概括,这是江泽民的重要理论创新。三句话是统一的有机整体。代表先进生产力的发展要求是前提基础,代表中国先进文化是重要保障,代表中国最广大人民的根本利益是出发点和归宿。"三个代表"重要思想又是党必须长期坚持的指导思想。围绕新时期"建设一个什么样的党,怎样建党"的主题,"三个代表"重要思想形成了一个科学的全方位的理论体系,包括十六大方面:①大力弘扬与时俱进的精神——关于建设中国特色社会主义的思想路线;②发展是党执政兴国的第一要务——关于中国特色社会主义的发展道路;③全面建设小康社会——关于中国特色社会主义的发展阶段和发展战略;④不断促进先进生产力的发展——关于中国特色社会主义的根本任务;⑤推进社会主义的自我完善和发展——关于中国特色社会主义的改革;⑥实施"引进来"和"走出去"相结合的对外开放战略——关于中国特色社会主义的对外开放;⑦推动国民

---

① 《邓小平文选》(第三卷),人民出版社,1993年,第3页。
② 陶林:《再论邓小平理论的伟大历史地位》,《中共黔西南州委党校学报》,2004年第3期。

经济持续快速健康发展——关于中国特色社会主义的经济建设;⑧建设社会主义政治文明——关于中国特色社会主义的政治建设;⑨创造更加灿烂的先进文化——关于中国特色社会主义的文化建设;⑩走中国特色的精兵之路——关于中国特色社会主义的国防和军队建设;⑪团结一切可以团结的力量——关于坚持和发展爱国统一战线;⑫完成祖国统一大业是中华民族的根本利益所在——关于推进祖国完全统一;⑬维护世界和平与促进共同发展——关于中国特色社会主义的外交和国际战略;⑭坚定地站在时代潮流的前头——关于中国特色社会主义的领导核心;⑮以改革的精神建设党——关于中国特色社会主义的执政党建设;⑯实现好维护好发展好最广大人民的根本利益——关于建设中国特色社会主义的根本目的。

总之,"三个代表"重要思想内涵丰富、博大精深,涵盖了经济、政治、文化和党的建设各个领域,体现在改革发展稳定、内政外交国防、治党治国治军各个方面,是一个系统的科学理论。

(4)科学发展观

科学发展观汇集了党的十六大以来中国共产党一系列重大理论创新成果,是一个包容性很强的科学理论体系,是指导发展的世界观和方法论。科学发展观同邓小平理论、"三个代表"重要思想一起,共同构成了中国特色社会主义理论体系,是中国特色社会主义理论体系的最新成果。

科学发展观是对中国特色社会主义理论体系的发展和创新。主要包括:

一是丰富并创新了中国特色社会主义概念的科学内涵。党的十七大报告丰富并创新了中国特色社会主义概念的科学内涵,认为中国特色社会主义是由"旗帜""道路""理论""理想""制度"五层结构组成,共同构成中国特色社会主义完整统一的科学内涵。这进一步深化传统的社会主义的三维概念。

二是丰富并创新了中国特色社会主义理论体系的主题。党的十六大以来,以胡锦涛同志为总书记的党中央继承发展了邓小平理论和"三个代表"重要思想,提出了科学发展观重大战略思想,在党的十七大上将其写到党的旗帜上,并把"实现什么样的发展、怎样发展"作为科学发展观的主题。

三是丰富并创新了中国特色社会主义的发展布局。党的十六大以后,胡锦涛站在新的历史起点上,把"三位一体"的布局发展为经济、政治、文化、社会四位一体的中国特色社会主义发展总体布局。党的十七大报告指出,社会主义的经济建设、政治建设、文化建设、社会建设的新部署,为推进中国特色社会主义的发展指明了方向。

四是丰富并创新了中国特色社会主义文明形态,四大文明建设,以党的十七大为标志,胡锦涛首次提出建设生态文明,并与物质文明、精神文明、政治文明共同构成"四大文明"建设格局。

五是丰富并创新了中国特色社会主义发展模式。党的十六大以后,以胡锦涛为总书记的党中央,总结国内外经济社会发展的经验教训,提出了新阶段适应新发展要求的科学发展的创新模式。这一发展模式的中心,是科学发展、社会和谐,根本方法是统筹兼顾,发展主线是和谐发展、和平发展,通过和谐发展建设和谐社会,通过和平发展建设和谐世界。

六是丰富并创新了中国特色社会主义发展动力理论。改革开放是中国特色社会主义发展动力。党的十七大在总结改革开放近30年经验基础上,对改革开放这一中国特色社会主义发展动力的历史地位作了新的评价。主要创新点有三个:改革开放是实现中华民族伟大复兴的必由之路;只有改革开放才能救中国,只有改革开放才能发展社会主义、发展马克思主义。

七是丰富并创新了中国特色社会主义的哲学基础。党的十七大报告明确指出,"解放思想是发展中国特色社会主义的一大法宝"。这是一个崭新的理论概括,创新发展了中国特色社会主义理论,具有重要的理论意义和实践意义。

八是 1978 年,党的十一届三中全会开启了建设中国特色社会主义的新起点。党的十七大对"建设中国特色社会主义"概念又作了新的表述,即"站在新的历史起点上,发展中国特色社会主义"。从"建设"到"发展",一词之变包含着深刻的内涵。这个新阶段的新起点,就是 21 世纪新阶段的国情、世情、党情、民情的起点,就是 21 世纪新阶段抓好用好战略机遇期的起点。

九是丰富并创新了中国特色社会主义执政党建设理论。中国共产党自成立以来,尤其是党的十一届三中全会以来,在党的建设上形成了党的思想建设、组织建设、作风建设等三大格局。党的十四大以后,江泽民提出了"党的建设新的伟大工程"的观点,并把"三大建设"纳入这一建设工程的内涵。党的十六届四中全会,胡锦涛提出了加强党的执政能力建设,这就由党的"三大建设"格局发展到"四大建设"格局。党的十七大报告进一步明确"以改革创新精神全面推进党的建设新的伟大工程"。这个新的伟大工程建设的新亮点包括,一条主线、五个重点、32 个字的建设目标。这就是以加强党的执政能力建设和先进性建设为主线,以坚定理想信念为重点加强思想建设,以造就高素质党员、干部队伍为重点加强组织建设,以保持党同人民群众的血肉联系为重点加强作风建设,以健全民主集中制为重点加强制度建设,以完善惩治和预防腐败体系为重点加强反腐倡廉建设。

十是丰富并创新了中国特色社会主义道路的科学内涵和远大目标。党的十七大,胡锦涛根据现阶段的基本国情,按照科学发展,构建和谐社会这一科学发展观重大战略思想的新要求,第一次精辟地阐明了中国特色社会主义道路的科学内涵,指明了领导力量、基本路线、根本任务、长远目标等,并对中国特色社会主义长远目标作了如下描述:把中国特色社会主义建设成为"富强民主文明和谐的社会主义现代化国家"。这些思想丰富和创新了中国特色社会主义理论体系。

科学发展观是一个科学的理论体系,2004 年 2 月 21 日,温家宝在省部级主要领导干部树立和落实科学发展观专题研究班结业式上的讲话中指出:"科学发展观同毛泽东、邓小平、江泽民关于发展的重要思想是一脉相承的,是与时俱进的马克思主义发展观。"①理论体系的主要观点和思想,归纳起来共有 17 论。①发展旗帜论:高举中国特色社会主义伟大旗帜;②发展道路论:生产发展、生活富裕、生态良好的文明发展道路;③发展精髓论:解放思想、实事求是、与时俱进、求真务实;④发展主题论:实现什么样的发展,怎样发展;⑤发展要义论:发展是执政兴国的第一要义;⑥发展核心论:以人为本是党一切工作的立足点和落脚点;⑦发展要求论:全面协调可持续发展;⑧发展方法论:统筹兼顾,协调发展;⑨发展中心论:以经济建设为中心,解放和发展生产力;⑩发展战略论:"分三步走"基本实现社会主义现代化;⑪发展动力论:改革是推动社会主义发展的直接动力;⑫发展布局论:经济、政治、文化、社会四位一体的发展布局;⑬发展机遇论:抓住战略机遇期、用好发展机遇;⑭发展路线论:"一个中心、两个基本点"的基本路线;⑮发展目标论:共同富裕、实现人的全面发展;⑯和谐发展论:协调发展、公平正义、建设和谐社会;⑰和平发展论:和平发展、合作发展、建设和谐世界。②

5. 在基本方法上,正确对待顶层设计与摸着石头过河的关系

习近平明确阐述,改革开放是在新的时代条件下所开展的伟大事业,要想促进改革开放的顺利进行,就必须要坚持正确的方法论和辩证法。正如他表明,我们要正确处理认识与实践的关系,认识要想取得发展就必须要发挥实践的基础作用,只有经过实践的检验,我们才能得到更为科学的认识。通过回顾改革开放 30 年的发展进程,我们可以探寻出其发展背后所蕴含的

---

① 温家宝:《牢固树立和认真落实科学发展观》,《人民日报》,2006 年 2 月 28 日。
② 侯远长:《科学发展观理论体系研究》,《中州学刊》,2009 年第 5 期。

基本规律及具体原因：对于马克思主义基本原理尤其是唯物辩证法的自觉运用。尤其是要正确处理好顶层设计和摸着石头过河的关系。

中国改革开放之所以能得到蓬勃发展，究其原因就在于坚持了辩证的思维方法。在过去的40多年，中国的许多改革都是人民群众的创造，先实践、在局部干起来，试点探索，投石问路，再总结经验，上升为政策和制度在全国推广。比如，家庭联产承包、乡镇企业异军突起、农业产业化经营等都是人民群众的创造，之后经过国家的扶持帮助，在全国推广普及，这彰显出中国经济改革自上而下与自下而上有机结合的特点。正如习近平所说，我国改革开放就是一个不断探索、逐步深化的过程，它采取的方法是先试点探索，然后再总结经验，最后在全国进行推广。这种方法的采用，为我国改革开放的顺利开展提供了崭新的思路。

摸着石头过河与顶层设计是相互统一的关系。"不谋全局者，不足谋一域"，显现出顶层设计的重要性。因为顶层设计为中国的改革发展谋划了整体布局和总体思路，因此要使改革顺利进行，就必须树立整体性和系统性思维。在改革开放40多年，中国共产党对社会主义市场经济体制就开展了顶层设计，首先对建立社会主义市场经济体制作出判断，然后跟随时代前进的步伐，再逐步地完善充实这一体制的内容，这反映了中国经济改革的突出特点，也强调了顶层设计的重要性。因此，为了全面推进和深化改革，必须做好统筹规划，从全局出发，既要深入研究我国关于体制改革的顶层设计和整体谋划，详细勾画改革总体方案、路线图、时间表，又要全面推进"五位一体"总体布局，并就经济、政治、文化、社会、生态文明方面作出全面的规划和具体安排，从而大力提高改革决策的科学性。

顶层设计与摸着石头过河的关系是相互统一、不可分割的，从而体现了理论思维和实践探索的有机统一。以改革开放的实践为客观前提，来作出总体谋划和顶层设计；以顶层设计为先决条件，来促进改革开放进程。因此，为了使改革开放更加深入，我们应正确处理两者的关系，在加强顶层设计的同时更要注重探究摸索、经验积累。

第三章 "三个代表"重要思想专题研究

2000 年以来,江泽民在广东省考察工作时,与时俱进地提出"三个代表"重要思想。"三个代表"重要思想作为马克思主义中国化的最新理论成果,成为这一时期学术界的研究热点。

学者们对于"三个代表"重要思想产生的社会历史条件、科学内涵、理论体系、"三个代表"重要思想和马克思主义的关系,指导意义等重大问题开展研究,涌现了大批研究成果。

第一节 论"三个代表"产生和发展的社会历史条件

"三个代表"重要思想的产生和发展有着深刻的社会历史条件,马列主义是其理论渊源,和平与发展是其时代背景,国内外社会主义建设的经验是其历史根据,我国的改革开放是其现实条件。正确认识和把握"三个代表"重要思想产生发展的社会历史条件,对于我们在 21 世纪宣传贯彻"三个代表"重要思想,有着十分重大的理论和实践指导意义。

"伟大的实践需要伟大的理论,而伟大的理论又产生于伟大的实践。"任何一门科学的理论,无论是自然科学领域还是社会科学领域,都不会凭空产生,它的产生和发展必须依赖一定的社会历史条件,也就是说,这种理论思想的产生和发展是特定社会历史条件的产物。作为中国共产党立党之本、执政之基、力量之源的"三个代表"重要思想的产生和发展也不例外,也是特定社会历史条件的产物。它的产生和发展有其深厚的理论渊源、广阔的时代背景、深刻的历史经验和鲜活的现实条件。

一、理论渊源

马列主义、毛泽东思想、邓小平理论是"三个代表"重要思想产生和发展的理论渊源。"三个代表"重要思想与马列主义、毛泽东思想、邓小平理论是一脉相承的有机统一的整体。"第一个代表"是后两个代表的前提和基础,没有"第一个代表",后两个代表就成了无源之水,无水之木;"第二个代表"是其他两个代表的反映和体现;"第三个代表"是前两个代表的目的和归宿。总之,"三个代表"重要思想已经构成"一个比较完整的、系统的无产阶级政党建设的新的理论体系"①。而解放思想、实事求是、与时俱进是马列主义、毛泽东思想、邓小平理论的精髓和内核,同样也是"三个代表"重要思想的精髓和内核。

"三个代表"重要思想是江泽民运用辩证唯物主义和历史唯物主义世界观和方法论,在新时期观察研究新情况、新问题得出的新的正确结论。江泽民指出,"马克思主义是我们认识和改造世界的强大思想武器,是指导中国

---

① 胡锦涛:《深入学习、正确领会、全面贯彻江泽民同志"七一"重要讲话精神》,《学习时报》,2001 年 9 月 10 日。

革命、建设和改革的行动指南"①。历史唯物主义认为,生产力和生产关系、经济基础和上层建筑的矛盾是人类社会的基本矛盾,正是这两对矛盾推动了人类社会的向前发展。其中,生产力又是最根本的动力。生产力发展水平的高低是一定社会形态的标志。"人类社会的发展,就是先进生产力不断取代落后生产力的历史进程。"②

"三个代表"重要思想继承与发展了这一马克思主义的基本原理,强调"我们党要始终代表中国先进生产力的发展要求","这是我们党始终站在时代前列,保持先进性的根本体现和根本要求"③。继承,是指"三个代表"重要思想同样重视生产力尤其是先进生产力在人类社会发展中的决定作用。"生产力是最活跃最革命的因素,是社会发展的最终决定力量。"④发展,是指"三个代表"重要思想将"代表先进生产力的发展要求"作为党的"先进性"的标准,作为党建的指导思想,这在马克思主义发展史上还是第一次。

历史唯物主义还认为人民群众是历史的创造者,是社会变革的主力军,是推动社会前进的重要力量。"水能载舟,亦能覆舟",每一种社会形态的更替无不是人民群众积极参与的结果。可以说一部人类社会的发展史就是一部人民群众艰苦卓绝、不屈不挠、可歌可泣的创业史。江泽民也十分重视人民群众在社会发展中的作用,他指出:"人民是历史的真正创造者。"⑤"三个代表"重要思想要求"我们党要始终代表中国最广大人民的根本利益"。人民群众的根本利益主要包括经济利益、政治利益和文化利益。如何实现好、维护好、发展好人民群众的这些利益呢? 这就要求党和国家把制定路线、方针和政策的基点放在人民群众"拥护不拥护""赞成不赞成""高兴不高兴"

---

① 江泽民:《在庆祝中国共产党成立八十周年大会上的讲话》,人民出版社,2001 年,第10 页。
② 江泽民:《在庆祝中国共产党成立八十周年大会上的讲话》,人民出版社,2001 年,第15 页。
③ 江泽民:《在庆祝中国共产党成立八十周年大会上的讲话》,人民出版社,2001 年,第13、14 页。
④ 江泽民:《在庆祝中国共产党成立八十周年大会上的讲话》,人民出版社,2001 年,第13 页。
⑤ 江泽民:《在庆祝中国共产党成立八十周年大会上的讲话》,人民出版社,2001 年,第9 页。

"答应不答应"上,从而充分引导好、发挥好、保护好人民群众的积极性、主动性和创造性。这样,我们党就能始终保持与人民群众的血肉联系,我们党领导的改革开放和现代化建设事业就能无往而不胜。

二、时代背景

正确判断国际形势和科学把握时代特征是制定正确的内外战略的前提和重要依据。列宁说过,只有把握世界历史的总进程并把握时代的基本特征,才能以此为根据来估计这国或那国更详细的特点,进而正确的制定自己的策略。在这里,"世界历史的总进程"指的就是国际形势。

新中国成立后,在相当长的时间里,由于我们所处的国际环境比较险恶,帝国主义对新中国政治上孤立、经济上封锁、军事上包围。这就导致了我们在对国际形势的判断上出现了一些偏差。正如江泽民指出的那样:"过去很长一个时期内,由于受到来自外部的封锁和敌视,我们面临着军事的政治的严重威胁,抓紧防范战争危险的准备是正确的。但我们的认识也有偏离实际的地方,判定新的世界打战不可避免,而且迫在眉睫"①,战争与革命是当时的时代特征。这样,我们把主要精力放在备战上而没有放在经济建设上,因而在一定程度上延缓了经济的发展,使得我们与发达国家的差距拉大。

和平与发展是时代主题,这是邓小平对战后国际形势进行深入观察和思考所得出的科学结论。邓小平指出,"现在世界上真正大的问题,带全球性的战略问题,一个是和平问题,一个是经济问题或者说发展问题"②。他阐

---

① 江泽民:《关于二十年来军队建设的历史经验》,《人民日报》,1998 年 12 月 25 日。
② 《邓小平文选》(第三卷),人民出版社,1993 年,第 105 页。

述了争取较长时间的和平环境进行国内建设的必要性与可能性,强调指出,"在较长时间内不发生大规模的世界战争是有可能的,维护世界和平是有希望的"①。正是邓小平对国际形势的正确把握,党和国家才做出了工作重心的转移,即以经济建设为中心和实行改革开放。改革开放 20 多年来,我国经济持续快速健康发展,综合国力显著提升,人民生活得到很大改善,各项事业均取得了令人瞩目的成就。实践证明邓小平对时代主题的把握是正确的,为我国的各项事业的建设提供了理论指导。

进入 21 世纪,国际形势又发生了新的变化。"经济全球化、政治多极化进程日益加快;以经济和科技为主的综合国力竞争日趋激烈;资本主义在吸取了社会主义的一些有益经验后不但没有走向没落,反而继续保持着发展的态势,这使我们不得不重新认识资本主义;苏东剧变后世界社会主义运动走入低潮,在这样的条件下我们面临的压力更大了,既要发展自己,又要防止'西化'和'分化'。"②这正如江泽民所说的那样:"和平与发展是时代的主题。世界多极化和经济全球化在曲折中发展,科技进步日新月异,综合国力竞争日趋激烈,世界的力量组合和利益分配正在发生新的深刻变化。"③

江泽民站在时代的高度,深刻分析了新的国际形势,敏锐地把握时代主题,与时俱进,提出了"三个代表"重要思想。这一思想是党的建设的新的伟大工程的行动指南,它回答了在 21 世纪中国共产党如何建党的根本问题。在 21 世纪中国共产党将面临许多新的挑战,如何防腐拒变,如何提高执政能力和领导能力,带领全国人民继续沿着中国特色社会主义道路胜利前进,这是摆在中国共产党面前必须回答的时代课题。江泽民强调:"办好中国的事情,关键在于我们党。"历史和时代已经并将继续赋予中国共产党以实现民

---

① 《邓小平文选》(第三卷),人民出版社,1993 年,第 127 页。
② 孙应帅:《执政党的作风建设和创新精神》,《党建研究》,2002 年第 2 期。
③ 江泽民:《在庆祝中国共产党成立八十周年大会上的讲话》,2001 年,人民出版社,第 46 页。

族复兴的伟大的历史使命。只要党以"三个代表"重要思想这一理论创新的最新成果为指导,全面加强党的建设,就一定能建设好我们的党,继续领导全国各族人民将有中国特色社会主义事业推向前进。

总之,"三个代表"重要思想是江泽民正确分析国际形势的结果,是在和平与发展成为时代主题的历史背景下产生的,有着深刻的现实意义和深远的历史意义。

三、历史经验

"三个代表"重要思想既是对马列主义、毛泽东思想、邓小平理论的继承与发展的成果,又是对历史经验进行总结的理论成果。首先,是国际经验。马克思主义诞生150多年来,国际共产主义运动曾有过辉煌的历史,也曾有令人痛心的波折。20世纪是社会主义大发展的世纪,世界上出现了一系列的社会主义国家,也是其出现重大曲折的世纪,一批社会主义国家纷纷易帜。东欧剧变,苏联解体,共产党在这些国家丧失了执政地位,究其原因,这些国家没有把党建设好从而增强党的凝聚力和向心力,体现为在党的作风上就是脱离群众、脱离实际、任人唯亲、贪污腐败,这可以说是一个很重要的原因。作为一个真正的马克思主义政党,只有认真总结经验教训才能更好地将社会主义、共产主义事业推向前进。以江泽民同志为主要代表的中国共产党人紧跟时代发展,善于总结历史经验教训,并将这些经验上升到理论高度,从而提出了"三个代表"的重要思想。

其次,是国内经验。江泽民指出,"办好中国的事情,关键在我们党"。这是在总结党领导中国革命、建设和改革中的经验所得出的科学结论,因为中国共产党是我国社会主义事业的领导核心。从党成立至今,在党建方面党积累了丰富的经验,也有不少值得吸取的教训。在建党之初毛泽东就强调"思想建党"的重要性,就是说不仅要组织上入党,还要思想上入党;邓小平根据社会主义建设时期的实践,强调"制度建党"的重要性,就是说要将党的建设纳入经常化、规范化、科学化的轨道上来;江泽民总结新时期我国社会主义建设的经验,强调了"体制创新"的重要性,就是说通过体制创新来推进党的建设。

总之,"三个代表"重要思想的产生和发展是总结国内外党的建设的正反两方面经验所得出的科学理论,是新时期党的建设的纲领性文献。

四、现实条件

"三个代表"重要思想的产生还有着鲜活的现实条件。党的十一届三中全会以来,我国最大的特点就是改革开放,改革开放是一项全新的事业,马克思列宁没有也不可能给出现成的具体的答案。这就要求中国共产党将马克思列宁主义基本原理与本国的实际相结合,走自己的路,建设中国特色社会主义。正如江泽民所强调:"必须始终坚持马克思主义基本原理同中国具体实际相结合,坚持科学理论的指导,坚定不移地走自己的路。"[1]20 多年改革开放的实践所取得的举世瞩目的成就证明了我们所走的建设中国特色社会主义道路是正确的。

我国的改革开放是渐进的,避免了社会的动荡和不安,很好地处理了改革开放和稳定、发展的关系。从农村推行家庭联产承包责任制到城市国有企业改革,从兴办经济特区到全方位、多层次、宽领域的对外开放格局的形成,从计划经济向市场经济的转轨,从经济体制改革到政治体制改革,这些

---

[1] 江泽民:《在庆祝中国共产党成立八十周年大会上的讲话》,2001 年,人民出版社,第 9 ~ 10 页。

举措均是逐步推进的。

在实施改革开放政策的过程中,中国共产党遇到了许多新情况新问题:比如怎样认识非公有制经济?怎样看待计划和市场?怎样处理公平与效率?等等。面临新情况新问题,中国共产党不是囿于马列主义的个别结论,而是"以我国改革开放和现代化建设的实际问题、以我们正在做的事情为中心,着眼于马克思主义理论的运用,着眼于对实际问题的理论思考,着眼于新的实践和新的发展"①。从而得出新的结论。每一个理论的提出都是一次思想解放,都将改革开放事业向前推进了一大步。同时,中国共产党还尊重人民群众的首创精神,对在改革开放中出现的新鲜事物给予热情鼓励和积极引导。而广大人民在改革开放中的实践是理论得以产生的源泉。正是人民群众在改革开放中的鲜活经验,正是中国共产党对改革开放中所遇到的问题的理性思考,才促进了"三个代表"重要思想的产生。

综上所述,"三个代表"重要思想是在和平与发展成为时代主题的背景下,在改革开放的历史条件下,总结国内外党建经验,对马克思主义继承和发展的基础上产生的。

第二节　中国共产党执政合法性的超越

对"合法性"的政治学的概念解析,是分析执政党合法性的基础;中国共产党作为执政党,如何坚持何巩固自己的执政地位是时代赋予的一大课题,而江泽民的"三个代表"重要思想,回答了 21 世纪"建设一个什么样的党和怎样建党"这一重大问题。坚持、贯彻"三个代表"重要思想,对于增强党的

---

① 江泽民:《论党的建设》,中央文献出版社,2001 年,第 254 页。

执政能力,提高领导水平,强化执政的合法性提供了理论和现实依据。落实"三个代表"重要思想,加强和改进党的执政能力,实现执政党的合法性的超越,必须处理好六大关系,这是一个长期曲折的历史过程。

江泽民在庆祝中国共产党成立 80 周年大会上的讲话中指出"我们党要继续站在时代前列,带领人民胜利前进,归结起来,就是必须始终代表中国先进生产力的发展要求,代表中国先进文化的前进方向,代表中国最广大人民的根本利益"①。江泽民在党的十六大报告中再次强调,"开创中国特色社会主义事业新局面,必须高举邓小平理论伟大旗帜,坚持贯彻'三个代表'重要思想"②。"三个代表"是"我们党的立党之本、执政之基、力量之源"③。党的十六大更是把"三个代表"写进了党章,"三个代表"重要思想和马克思列宁主义、毛泽东思想、邓小平理论一起确立为党的行动指南。

党的十六届四中全会通过了《中共中央关于加强党的执政能力建设的决定》。《决定》指出:"党的执政地位不是与生俱来的,也不是一劳永逸的。"这句话涉及党的执政地位合法性问题的两个方面:一是党执政的合法性地位来之不易,是中国共产党在发展历程中用鲜血和汗水艰苦奋斗换来的;二是党执政的合法性地位并非一劳永逸。正如胡锦涛指出,党的先进性是一个永恒的时代课题,"过去先进不代表现在先进,现在先进不代表永远先进"。在新时代新阶段,党执政的合法性地位面临新的形势和问题。本书从政治学的"合法性"入手,从执政党的执政合法性来解读和论述"三个代表",坚持和贯彻"三个代表",对于增强党的执政基础、执政能力、巩固合法地位,惩治当前的腐败问题,有重大的指导意义。

---

① 江泽民:《在庆祝中国共产党成立八十周年大会上的讲话》,人民出版社,2001 年,第 12 页。
② 江泽民:《全面建设小康社会 开创中国特色社会主义事业新局面——在中国共产党第十六次代表大会上的报告》,人民出版社,2002 年,第 11 页。
③ 江泽民:《全面建设小康社会 开创中国特色社会主义事业新局面——在中国共产党第十六次代表大会上的报告》,人民出版社,2002 年,第 11 页。

一、对"合法性"的政治学的概念解析,是我们分析执政党合法性的基础

"合法性"的概念来源于英文"legitimacy",最早由法国著名学者马克斯·韦伯提出,并为学术界,尤其是政治学界广泛使用,从合法性角度研究政治统治问题越来越普遍。"政治学上的合法性就是指一种政治统治或政治权利能够被统治的客体证明是正当的和符合道义的,从而自愿服从或认可的能力与属性。"①韦伯认为,任何统治都企图唤起并维持对它的"合法性"信仰。"构成一个统治可靠的基础,除了风俗、利害关系如同纯粹情绪的动机或纯粹价值合乎理性的动机一样,一般还要加上一个因素,即对合法性的信仰。"②而李普塞特则进一步认为,某些情况下统治者的有效性与合法性之间存在某种联系,认为"有效性"主要是指持续不断的经济发展,"长期有效性,也可以给予某个政治系统以合法性"③。

而马克思主义政治观认为,所有政党都毫无例外是阶级的政治组织,但这并不意味着所有国家中的每个政党都只能是一个阶级的唯一代表。特殊情况下,在一定的基础上,不同的阶级可能互相联合。政党既可以代表一定的阶级或阶层,也可以代表不同的阶级或阶级所组成的联盟。马克思主义经典作家尽管没有明确使用"合法性"这一概念,但同样也注意到了政治统治中的非强制性因素。从政治合法性角度看,单纯的暴力职能并不能完全建立一个阶级的有效统治,还必须借助于意识形态的教化。马克思在论及意识形态的功能时说,"统治阶级为了反对被压迫阶级个人,往往把统治阶

① [美]杰克·普拉诺等:《政治学分析词典》,胡杰译,中国社会科学出版社,1986年。
② [法]马克斯·韦伯:《经济与社会》(上卷),商务印书馆,1998年。
③ [美]李普塞特:《政治人:政治的社会基础》,商务印书馆,1993年。

级的思想观念抬出来作为生活原则,一则是作为对自己统治的粉饰,一则是作为这种统治的道德手段",而新阶级为了取代旧阶级的统治地位,"不得不把自己的利益说成是社会全体成员的共同利益,就是说,这在观念上的表达就是:赋予自己的思想以普遍性的形式,把它们描绘成唯一合乎理性的、有普遍意义的思想"①。

可见,无论是西方资产阶级政治学家还是马克思主义经典作家,都认识到了政治合法性的存在,对于任何一个执政党而言,合法性是一个无法回避而且必须给予明确回答的课题。

二、中国共产党作为执政党,如何坚持和巩固自己的执政地位是时代赋予的一大课题

第一,马克思主义经典作家虽然在其著作中没有论述共产党人在革命胜利后,如何解决合法性问题,但是当前任何一个执政党要想继续巩固自己的统治地位,都会自觉或不自觉的加强合法性。

中国共产党在领导人民取得新民主主义革命的伟大胜利后,取得执政地位,这种执政地位的合法性是在长期的革命斗争中及在人民的信任基础上建立起来的,而在今天,这种合法性的维系或者说超越,则主要来自执政党的业绩。

近代中国现代化从鸦片战争起,经历了漫长的一个半世纪左右。各个阶段、阶层都受到帝国主义、封建主义的剥削和压迫,而无论是农民阶级,资产阶级维新派,还是资产阶级革命派,他们救亡图存的努力,由于受到阶级和时代的局限都以失败告终。中国共产党认识到单凭无产阶级一个阶级的

---

① 《马克思恩格斯选集》(第一卷),人民出版社,1995年,第100页。

力量,无法推翻三座大山,提出了彻底的革命纲领,代表了当时最广大人民的根本利益,才团结起一切可能革命的阶级和阶层,形成了共产党领导的革命统一战线。并且"能够领导农民、城市小资产阶级和资产阶级,克服农民和小资产阶级的狭隘性,克服失业者群的破坏性",以及"克服资产阶级的动摇和不彻底性"①。经过艰巨卓绝的斗争,中国共产党领导中国人民最终取得了革命胜利。

第二,合法性的本质是公众对于政权和价值观的内心认同。"一场革命最有意义的成就便是政治价值观和这种态度方面的迅速变化","革命为所有获得政治意识的新团体带来新的团体感和认同感"。② 中国共产党通过革命夺取政权,成为新生的国家的执政党,其新中国成立之初崭新而普遍的合法性来源在新中国成立之后涌现出来。由于新生的社会主义制度的先进性,加上中国半殖民地半封建社会的特殊国情,在现代化道路的探索上,以毛泽东同志为核心的党的第一代中央领导集体在通过社会主义改造,使社会主义制度确立下来后,由于执政经验的不足,在取得可贵探索的同时不幸陷入了"文化大革命"的泥沼。以邓小平同志为核心的党的第二代中央领导集体,在总结历史经验的基础上,拨乱反正,实现工作重心转移,确立改革开放的现代化思路,使建设有中国特色的社会主义事业取得巨大成就。在以江泽民同志为核心的党的第三代中央领导集体领导下,随着改革开放的进一步深入,由经济体制改革渗透到政治体制改革,随着市场经济的进一步发展,尤其是中国加入世界贸易组织,面对全球化的历史潮流之下,中国共产党在其执政地位的合法性加强的同时,一些相关的复杂的社会问题也随之出现。三农问题,城市下岗职工问题,党内存在的少数腐败问题,社会公德

---

① 《毛泽东选集》(第一卷),人民出版社,1991年,第184页。

② [美]亨廷顿:《变化社会中的政治秩序》(中译本),生活·读书·新知三联书店,1989年,第283页。

失范,道德滑坡等。在严峻形势下,如何加强党的执政地位,维护和超越其合法性,日益严峻并且凸现出来。

第三,党的十六大报告中提出了全面建设小康社会的目标,而我们当前的小康是基本的小康,主要体现为"不平衡、低水平、不全面"。在全面建设小康社会过程中,如何扩大阶级和社会基础,是每个执政党面临的紧迫问题。

世界上一些国家市场经济发展的经验也表明,在人均国内生产总值从1000美元到3000美元的阶段,是社会结构发生剧烈变化,阶级利益矛盾不断加剧的关键时期。20世纪90年代以来,中国社会全面转型,大量深层次的改革问题开始出现并迅速积累。随着转型的加速,社会结构和阶层分化出现新的趋向,在市场化过程中,以民营企业创业人员、外资企业员工和自由职业者等为代表的新社会阶层不断出现,他们不断要求政治权益,以保障其经济利益。如何适应他们的政治诉求是执政党无法回避的问题。此外,在改革过程中,政府的职能开始转变,党政分开,政企分开,执政党所能够掌握的经济、组织和文化资源逐渐向民间社会流散,处于公民个体与国家政权之间的第三组织或第三部门占据了更多的社会资源,分化了中国共产党在执政资源方面的垄断优势。

事实上,腐败严重破坏执政党的阶级和社会基础,是任何一个执政党自掘坟墓的行为。正如杰拉尔德·E.蔡登在国际政治学会第14届世界大会的交流论文中所言,"所有的腐败都是一种为小利而牺牲公共利益的欺骗,一种谎言。……它不仅给社会指出错误的方向,而且使政府的合法性丧失殆尽"。"基础不牢,地动山摇。"在新的历史时期,如何应对社会结构出现的变化,努力拓展和巩固执政的阶级和社会基础,这是摆在中国共产党面前的一个新的挑战。

三、"三个代表"重要思想,进一步深刻回答了21世纪"建设一个什么样的党和如何建党"这一重大问题

在我国社会主义事业发展的新时期,世界社会主义运动处于低潮,西方发达国家推行新的霸权主义和强权政治的复杂国际背景下,我国实行对外开放,对内改革进入新阶段,在市场经济和经济全球化、信息网络化不断发展的新的历史条件下,江泽民与时俱进,围绕怎样把党建设好,始终保持党的先进性和强大的战斗力、创造力,提出了"三个代表"重要思想。坚持贯彻"三个代表"重要思想,为增强党的执政能力,提高党的领导水平,强化党的执政的合法性提供了理论和现实依据。

德国政治学家尤尔根·哈贝马斯认为一种统治至少满足两个条件才可以说是合法的:"一是必须从正面建立规范秩序,二是人们必须相信规范秩序的正当性。"①随着中国共产党角色的转变,其执政党的合法性认同的重要基础乃是执政党及其政府的政策行为是否真正代表了广大人民的利益,是否推动国家的经济发展,是否提高了人民群众的生活水平。正如李普塞特说:"长期保持效率的政治制度可以得到合法性。在现代世界,这种效率主要意味着不断的经济发展。"②而且现代国家的稳定,不仅要求经济的发展,而且要求贫富分化不能过分悬殊。"从政治的角度看,如果政府能够成功地维持更公平的财富分配,那么我觉得民主政府的长期合法性将会得到加强。"③

因而对于执政党而言,保持先进性,保持其执政的合法性,关系到党的

① [德]尤尔根·哈贝马斯:《合法性危机》(中译本),上海人民出版社,2000年,第128页。
② [美]李普塞特:《政治人:政治的社会基础》,商务印书馆,1993年,第57页。
③ [美]约瑟夫·E.斯蒂格利茨:《社会主义向何处去——经济体制转型的理论与证据》(中译本),吉林人民出版社,1998年,第302页。

事业的前途和命运。江泽民审时度势,提出"三个代表"重要思想,回答了党在执政条件下如何保持先进性,如何保持执政党的合法性问题,具有重大的现实意义和深远的战略考虑。"三个代表"重要思想是中国共产党的立党之本,执政之基,力量之源,也是中国共产党作为执政党的合法性的超越。

其一,因为对于执政党而言,保持先进性是其能够长期执政的基本条件。一个政党能够执政,从根本上说就是要能得到绝大多数人民群众的衷心拥护,"得民心者得天下",只有在领导人民迈向现代化,在使国家繁荣富强的同时,执政党的地位才能牢固并长期维持。而坚持党的先进性,对于执政党而言,必然要直接同人民群众的利益相联系。党的政绩就在于是否能为人民办实事,不断满足人民日益增长的物质文化生活需要。从国际背景下,苏联解体、东欧剧变的一个重要原因就在于执政党落后于先进生产力的发展要求,落后于先进文化的前进方向,落后于人民的根本利益,因而其垮台是必然的。

其二,"三个代表"重要思想是对马克思主义建党学说的重大发展,也是新时期党的建设的重要指南。要全面加强党的建设,进一步提高党的执政水平和领导水平,增强拒腐防变和抵御风险的能力,必须在党员、干部中贯彻"三个代表"重要思想。从总体上说,党是有战斗力的,党的组织和党员干部队伍绝大部分是好的。但是不容忽视的是总有少数党员干部贪污腐败,假公济私,骑在人民头上作威作福,其行为严重损害了中国共产党在人民群众中的形象。因此必须用"三个代表"重要思想从思想上对党员干部进行再教育,提高素质,增强党性,这是使党始终保持党的工人阶级先锋队性质,永远立足不败之地的需要,也是维持执政党的行政合法性的需要。

四、落实"三个代表"重要思想,实现执政党的合法性超越,必须处理好六大关系,这是一个长期曲折的历史过程

"三个代表"重要思想是对邓小平的"三个有利于"标准的进一步继承与发展,是马克思主义中国化的理论成果,也是新时期实现党的执政合法性的超越,是评价党的建设工作成败得失的根本标准,落实"三个代表"重要思想,必须至少处理好以下关系。

其一,保持党的工人阶级先锋队性质与巩固扩大党的执政基础的关系,维护最广大人民的根本利益,彰显国家正义,努力拓展执政合法性的阶级和社会基础。在市场经济社会里,对执政党的权力有两种期待,一是既得利益集团影响政府政策的努力;二是一般民众吁求国家权力提供正义。既得利益集团的吁求能力一般很强,而分散的、缺乏组织的普通民众的利益诉求,则较为弱小。从维护社会稳定,促进社会发展的角度来看,执政党必须审慎运用国家权力,彰显国家正义,权衡处理一般民众与其他利益集团之间的博弈。

党作为执政党,要保持工人阶级先锋队的性质这是毫无疑问的,同时在中国,作为唯一的执政党,进行建设中国特色社会主义伟大事业,只有动员广大人民群众才能完成。而党有责任把社会上各阶层中优秀分子吸纳到党内来,这既是党及时更换新鲜血液保持先进性的需要,也是党维持执政合法性,避免大规模的社会动荡的政治需要。因而必须把党的领导、人民民主与依法治国三者有机结合起来。广大农民和工人是基础,这个根本不能丢;由市场新兴主体和自由职业者构成的中间阶层是重点,要高度重视这个新兴的利益群体的诉求;那么,执政党就会逐渐失去以往的执政基础———一般民众的支持和认同。《决定》更是明确提出:"坚持把最广大人民的根本利益作

为制定政策、开展工作的出发点和落脚点。……高度重视和维护人民群众最现实、最关心、最直接的利益,坚决纠正各种损害群众利益的行为。"

其二,党的权利正确运用及人民认可的关系。党掌握执政权力,同时也面临权力"异化"的危险。"绝对的权力产生绝对的腐败",当前执政党如何正确运用手中的权力是能否得到人民群众认可的关键。因为"代表最广大人民的根本利益"不是一句空话,人民群众更会考察执政党政府的相关政策、路线、方针及官员的个人行为,党能否成为人民利益的代表,也是党合法性能否维持的关键。

其三,思想建设与制度建设的关系。"三个代表"重要思想在思想上为党的建设提出了新要求,但是一个真正现代化意义上的政党,还必须把相关的制度确立并完善,尤其是体制的健全。"文革"的反面教训告诉我们,没有科学的制度、体系,党与人民的关系将会形成隔阂,党的执政合法性也面临挑战。

其四,处理好继承中国传统文化与借鉴人类文明成果的关系。党要代表先进生产力的发展要求,代表先进文化的前进方向,代表最广大人民的根本利益,必须立足国情,当前我国正处于并长期处于社会主义初级阶段这是我们最大的国情,也是我们贯彻落实"三个代表"重要思想的落脚点和出发点。党要一方面继承中国优势传统文化的精华,另一方面也要与时俱进,开拓创新,与世界接轨,吸收一切有益于发展我国生产力的技术,经验和人类一切优秀文明成果。做到"洋为中用,古为今用,去粗取精,去伪存真"的统一。

其五,处理好党的建设与经济建设的关系。努力促进物质生产力和文化生产力的发展,强化以发展来获取民心,拓展执政合法性的功利性资源。

为解决意识形态困境,并以加快发展物质生产力和文化生产力来拓展执政的功利性合法资源,《决定》中提出了一系列重要指导原则和具体措施:首先,要牢牢抓住发展社会生产力这一根本任务,始终"把发展作为党执政兴国的第一要务";其次,在理论上要破除各种形式的教条主义,反对故步自封,不断推进理论创新,"反对主观主义和形而上学,破除对马克思主义的错误的和教条式的理解";同时,反对意识形态虚无化,抵制各种否定马克思主义的错误观点,坚持马克思主义在意识形态领域的指导地位,并"实施马克思主义理论研究和建设工程,繁荣发展哲学社会科学"。

第三节　江泽民对马克思主义中国化的独创性贡献

党的十三届四中全会以来,以江泽民同志为核心的党的第三代中央领导集体,面对新的社会历史条件,在继续回答"什么是社会主义""怎样建设社会主义"这一基本问题,科学地回答了在新的历史条件下"建设一个什么样的党,怎样建设党"这一重大历史课题,在实践中不断开拓马克思主义中国化的新境界,把马克思主义中国化作为党中央领导集体和全党的历史任务,形成了"三个代表"重要思想这一马克思主义中国化的最新理论成果,对马克思主义中国化起到了承上启下、继往开来的伟大作用。

一、与时俱进:开拓马克思主义中国化的新境界

任何先进思想都是在认识历史规律、吸收借鉴世界文明优秀成果的基础上与时俱进,不断发展的结果。一个政党要发展,一个民族要复兴,首先就必须在理论上与时俱进。马克思列宁主义、毛泽东思想、邓小平理论是中国共产党领导人民探索社会主义建设道路、进行新的历史创造的科学指南,是我们民族振兴和发展的强大精神支柱。深刻揭示马克思主义与时俱进的理论品质,确立与时俱进的马克思主义观,是以江泽民同志为核心的第三代

中央领导集体在继续推进马克思主义中国化方面独特而最重要的创造。

从毛泽东的"实事求是"到邓小平的"解放思想、实事求是"再到以江泽民同志为核心的第三代中央领导集体的"解放思想、实事求是、与时俱进"的发展,其理论的指归是马克思主义中国化,目的是使马克思主义在中国社会主义道路实践中不断创新发展,不断开辟新境界,不断获得和保持旺盛的生命活力。因此,"解放思想,实事求是,与时俱进"既进一步丰富了党的思想路线,又为理论创新提供方法和武器。

1. 与时俱进是马克思主义的理论品质

中国共产党要实现社会主义初级阶段的奋斗目标,就必须认清马克思主义的理论品质,做到与时俱进,切实使马克思主义理论随着时代的步伐不断取得突破和长足进步。

一是与时俱进是马克思主义的本质特征。顺应时代,应运而生,应运而变,这既是马克思主义的本质特征,也是马克思主义强大生命力之根本所在。与时俱进的"时",就是时代的变化和时代的特点,以及在时代变化条件下社会实践面临的新的问题。因此,坚持与时俱进,"就一定要看到《共产党宣言》发表一百五十多年来世界政治、经济、文化、科技等发生的重大变化,一定要看到我国社会主义建设发生的重大变化,一定要看到广大党员干部和人民群众工作、生活条件和社会环境发生的重大变化,一定要充分估计这些变化对我们党执政提出的严峻挑战和崭新课题"①。这就是坚持马克思主义的基本原理和科学精神,善于把握客观情况的变化,善于总结人民群众在实践中创造的新鲜经验,不断推进马克思主义中国化,用发展着的马克思主义来指导新的实践。坚决反对丢掉老祖宗和用本本框定实践的错误倾向。

---

① 《江泽民论加强和改进执政党建设(专题摘编)》,中央文献出版社、研究出版社,2004年,第125页。

正如江泽民所说:"马克思主义具有与时俱进的理论品质。如果不顾历史条件和现实情况的变化,拘泥于马克思主义经典作家在特定历史条件下、针对具体情况作出的某些个别论断和具体行动纲领,我们就会因为思想脱离实际而不能顺利前进,甚至发生失误。这就是我们为什么必须始终反对以教条主义的态度对待马克思主义理论的道理所在。"[①]

二是坚持理论上的创新是与时俱进最重要的体现。没有理论创新,马克思主义的力量就会丧失,马克思主义中国化的生命就会完结。因此,要做到与时俱进必须在以下两个方面下功夫:其一我们必须坚持紧紧抓住"解放思想、实事求是、与时俱进"这一马克思主义的精髓,在新的形势下推进马克思主义中国化;其二必须自觉做到"三个解放":一切从实际出发,自觉地把思想认识从那些不符合时宜的观念、做法和体制中解放出来,从对马克思主义的教条式理解中解放出来,从主观主义和形而上学的桎梏中解放出来。

三是要做到与时俱进必须确立科学的马克思主义观。中国特色社会主义建设事业必须以马克思主义作为根本指导思想,这是一条毋庸置疑的基本原则。但这里有一个以什么样的态度对待马克思主义和进行理论创新的严肃问题。党的十三届四中全会以来建设中国特色社会主义所以能够开拓新的局面,根本点就在于以江泽民同志为核心的党的第三代中央领导集体确立了科学的马克思主义观,并引导全党和全国人民以科学态度对待马克思主义这个重大问题,提出了许多新思想、新观点,展示了深邃的理论风格和精神境界。因此,"我们不仅要掌握和坚持马克思主义的基本原理,而且要对新的实践经验进行理论的研究和概括,丰富和发展马克思主义"[②]。理

① 《江泽民论加强和改进执政党建设(专题摘编)》,中央文献出版社、研究出版社,2004年,第120页。
② 《江泽民论加强和改进执政党建设(专题摘编)》,中央文献出版社、研究出版社,2004年,第147页。

论创新必须坚持马克思主义基本原理为前提,否则就会迷失方向,就会走上歧途,而坚持马克思主义又要以根据实践的发展不断推进理论创新为条件,否则马克思主义就会丧失活力。我们说"三个代表"重要思想是与邓小平理论一脉相承,这个"脉",就是科学的马克思主义观,从邓小平南方谈话到江泽民高州讲话,从"三个有利于"到"三个代表",展示了一条与时俱进的理论创新轨迹,展示了中国共产党人推进马克思主义中国化的非凡能力和无穷魅力。

2. 坚持与时俱进的思想路线

所谓思想路线在哲学上讲就是认识路线。以江泽民同志为核心的党的第三代中央领导集体在解放思想、实事求是的基础上又加上与时俱进这四个字,这是一条马克思主义的认识路线。要做到与时俱进就是要使我们的工作和理论体现时代性,把握规律性,富于创造性。在这个经济社会快速发展,社会急剧转型时期,用发展着的理论指导发展着的实践,才能发展而不停顿,前进而不滞步。

一是开拓创新是与时俱进思想路线的必然要求。只要实践在发展,社会在进步,创新就永无止境。把建设中国特色社会主义伟大事业不断推向前进,就必须要在党的基本理论指导下,用马克思主义的宽广眼界观察世界,用当代最新的科学知识丰富自己,站在时代前列,站在实践前沿,解放思想、实事求是、与时俱进。

二是端正学风是与时俱进思想路线最迫切最核心的问题。端正学风就是树立科学学风,做到"一个中心,三个着眼于",即坚持以现实问题为中心,着眼于马克思主义理论的运用,着眼于对实际问题的理论思考,着眼于新的实践和新的发展。以江泽民同志为核心的党的第三代中央领导集体把端正学风视为与时俱进思想路线第一个重要的问题,视为理论创新、开拓进取的思想保证。"三个代表"重要思想之所以能把党的建设和建设中国特色社会主义统一起来,把发展生产力和代表先进生产力的要求统一起来,把经济建设和文化建设结合起来,把先进文化建设中民族的科学的大众的方向和"三个面向"结合起来,把全心全意为人民服务的宗旨和"代表中国最广大人民的根本利益"统一起来,其关节点就在于党坚持科学学风,坚持解放思想、实事求是、与时俱进。

3. 自觉把握与时俱进的辩证思维方式

与时俱进既是思想路线,也表现为一种思维方式。所谓思维方式,是人们理性地观察和处理问题的根本原则,是理论内在的立场、观点和方法。思维方式包含着历史性原则、创新性原则、实践性原则三个相互联系的思维原则。历史性原则就是承认事物存在的暂时性和实际生活永恒的变动性,承认理论必须随着时代条件的变化而发展。创新性原则就是承认一切都是发展的进步的。实践性原则是从实践的角度思考理论发展的问题,在实践中坚持和发展理论。党在思想理论上的成熟,不仅要有一条科学的思想路线,还要确立一种与时俱进的思维方式。建设中国特色社会主义是前无古人的伟大事业,以江泽民同志为核心的党的第三代中央领导集体,在领导中国特色社会主义现代化事业的过程中,带领全党树立与时俱进的思维方式,坚持和发展马克思主义,凸显了马克思主义强大的生命力和战斗力。

二、马克思主义中国化:党中央领导集体和全党的历史责任

党的十三届四中全会之后,以江泽民同志为核心的党的第三代中央领导集体担起了继续推进马克思主义中国化的重任,带领全党和全国人民高举邓小平理论伟大旗帜,继续研究新情况、解决新问题,不断总结经验,开拓进取,全面地创造性地推进中国特色社会主义的伟大事业。马克思主义中国化是一项长期而艰巨的任务,是一项必须有全党共同努力才能完成的历

史任务和庄严的历史责任,这是以江泽民同志为核心的党的第三代中央领导集体在继续推进马克思主义中国化方面又一个重要特点。

1. 强调推进马克思主义中国化是全党的庄严历史责任

一是党的十五大报告明确指出:"坚持邓小平理论,在实践中继续丰富和创造性地发展这个理论,这是党中央领导集体和全党同志的庄严历史责任。"①马克思主义中国化是要解决马克思主义基本原理和中国革命和建设的具体实践相结合的问题。在党的历史发展中,马克思主义中国化实际都是党和人民智慧的积淀和结晶。新民主主义革命中,在与党内的"洋教条"和"本本主义"的斗争中,中国共产党人智慧的结晶产生了毛泽东思想,引领中国人民取得了革命的胜利。20世纪70年代末,中国共产党人智慧和结晶开始形成了第二个重大理论成果——邓小平理论,引领中国人民取得了里程碑式的发展成就。随着世情、国情、党情的变化,面对新事物、新情况、新问题大量涌现的新的历史条件,推进马克思主义中国化又历史地摆在全党的面前,只有动员起全党的力量,发挥全党的智慧,才能更好地推进马克思主义中国化。因此,在1998年江泽民又向全党提出坚持和发展马克思主义的历史任务。"再一次希望全党同志,特别是党的中央委员会成员、党中央领导集体,一定要高度自觉地把学习邓小平理论,坚持和发展邓小平理论,作为自己神圣的职责。"②1999年再次把"继续丰富和发展邓小平理论"作为"全党同志的庄严历史责任"。③ 党中央连续三年号召由全党推进马克思主义中国化进程,这在新中国党的建设史上是第一次。表明以江泽民同志为核心的党的第三代中央领导集体对当代社会历史条件下如何推进马克思主

---

① 《江泽民论加强和改进执政党建设(专题摘编)》,中央文献出版社、研究出版社,2004年,第161页。

② 《深入学习邓小平理论》(1998年1月26日),《求是》,1998年第4期。

③ 《思想理论素质是领导素质的灵魂》,《论党的建设》,1999年1月11日。

义中国化极端的重视及科学的理论思维和决策。

二是推进马克思主义中国化是一项伟大而艰巨的系统工程,必须要集中全党的集体智慧,启动全党的积极性。如果失却了全党的努力,马克思主义中国化的推进,就会成为空谈。因此,为了"继续丰富和发展邓小平理论",全党同志必须"高举邓小平理论伟大旗帜,继续研究新情况、解决新问题","全面地创造性地推进建设有中国特色社会主义的伟大事业。在新的历史时期,坚持马克思列宁主义、毛泽东思想,关键要坚持用邓小平理论去观察当今世界、观察当代中国,不断总结实践经验,不断作出新的理论概括,不断开拓前进"①。

2. 集中全党智慧对邓小平理论作出了全面、科学、深刻的概括

一是提出"邓小平理论"这一概念,而且对这一理论形态产生的历史背景与时代条件,基本内涵、内容、体系,理论特色和理论价值与意义,特别是它在马克思主义中国化以至整个马克思主义发展进程中的历史地位,都作了深刻的阐发。

二是阐明了邓小平理论在马克思主义中国化中的历史地位和作用。明确指出:邓小平理论是当代中国的马克思主义,是毛泽东思想的继承和发展,是马克思主义与当代中国实践和时代特征相结合的产物。它与马列主义、毛泽东思想是一脉相承的科学体系。

三是深刻总结中国共产党与马克思主义的关系,对党成立以来致力于马克思主义中国化的历史经验、基本规律和方法、途径,以及马克思主义中国化在中国现代史上产生的巨大能量和划时代历史作用,都进行了理论上的阐述和归纳。

---

① 江泽民:《论"三个代表"》,中央文献出版社,2001 年,第 151 页。

3.高度自觉地继续推进马克思主义中国化

"马克思主义是发展的科学,它认为自然界、社会和人的思维始终处在不断的运动、变化和发展之中,不承认世界上有任何终极状态和终极真理。这就要求我们必须把马克思主义的基本原理同社会主义现代化建设和改革开放的实际紧密结合起来,同时代和世界形势的新发展、新变化紧密结合起来,在坚持马克思主义的实践中丰富和发展马克思主义。十一年来,我们党正是采取了这种正确态度,不断总结实践经验,提出了建设有中国特色的社会主义理论,坚持和发展了马克思主义。"①

可以说,党的第三代中央领导集体带领全党既是对邓小平理论的完善和深化,也是产生新成果的新的起点。

三、"三个代表"重要思想:马克思主义中国化的新的理论成果

党有创立和发展毛泽东思想、邓小平理论的伟大实践,有国内外发展社会主义事业正反两方面的历史经验,只要我们站在时代前列,立足新的实践,把握住时代特点,运用马克思主义基本理论研究现实中的重大问题,不断深化对共产党执政规律、社会主义建设规律和人类社会发展规律的认识,不断吸取一切科学的新经验、新思想、新成果,我们就能够对丰富和发展马克思主义作出新的贡献。② 最突出的就是提出了"三个代表"重要思想。"三个代表"重要思想在建设中国特色社会主义的思想路线、发展道路、发展阶段和发展战略、根本任务、发展动力、依靠力量、国际战略、领导力量和根本目的等重大问题上取得了丰硕成果,用一系列紧密联系、相互贯通的新思

---

① 中共中央文献研究室编:《十三大以来重要文献选编》(中),中央文献出版社,1991年,第526页。

② 中共中央文献研究室编:《十三大以来重要文献选编》(中),中央文献出版社,1991年。

想、新观点、新论断，进一步回答了"什么是社会主义，怎样建设社会主义"的问题，创造性地回答了"建设什么样党，怎么建设党"的问题。表明党对执政规律、社会主义建设规律和人类社会发展规律的认识，达到了新的理论高度，开辟了马克思主义发展的新境界，体现着鲜明的时代精神。

1. "三个代表"重要思想是对马克思主义中国化的重大贡献

"三个代表"重要思想是对马克思列宁主义、毛泽东思想、邓小平理论的丰富和发展，是马克思主义理论的创新，是马克思主义在中国发展的新成果，是面向 21 世纪的中国化的马克思主义。

一是"三个代表"重要思想，面对 21 世纪深刻变化的国际、国内形势，发展了马克思主义关于党与社会主义关系的学说，全面体现了社会主义的本质和党的先进性的辩证统一，体现了时代发展和社会主义进程对永葆党的先进性的深刻要求。是对邓小平理论的主题"什么是社会主义，如何建设社会主义"这一根本问题的新的继续回答和重大发展。

二是科学回答"建设一个什么样的党、怎样建设党"的问题。这一问题不仅关系党的兴衰成败，而且也关系到社会主义事业的前途命运。江泽民从 21 世纪社会主义的前途命运出发，从新世纪、新的历史条件和共产党面临的新挑战与新考验出发，指出："要把中国的事情办好，关键取决于我们党。"提出"把我们的事业推向二十一世纪，关键在于坚持、加强和改善党的领导"，而党在社会主义建设中这种关键地位和作用的发挥，又取决于我们党的领导水平和执政能力，取决于党自身的各方面建设。因此，"治国必先治党、治党务必从严"。这是因为"党要管党""从严治党"，是保持党的先进性和纯洁性，巩固党的执政地位的重要保证。

2. "三个代表"重要思想着眼于新的实践，揭示新的规律

江泽民深刻指出："只要我们站在时代前列，立足于新的实践，把握住时代特点，运用马克思主义基本理论研究现实中的重大问题，不断深化对共产

党执政的规律、对社会主义建设的规律、对人类社会发展的规律的认识，不断吸取一切科学的新经验、新思想、新成果，我们就能够对丰富和发展马克思主义作出新的贡献。"①党的十三届四中全会以来，以江泽民同志为核心的党的第三代中央领导集体，着眼于建设中国特色社会主义新的实践，特别是着眼于经济全球化日趋发展和国内市场化取向改革深入进行的条件下，党如何代表先进生产力的发展要求，如何代表先进文化的前进方向，如何代表最广大人民的根本利益。在改革开放和经济社会快速发展中如何正确认识新社会阶层的地位和作用，如何处理好改革、发展、稳定的关系。在社会主义初级阶段如何科学地认识和坚持最高纲领和最低纲领的统一，如何看待初级阶段中经济社会发展的阶段性特点。对诸如此类问题的回答和认识，实际就是对社会主义现代化建设规律的探索与揭示。搞清楚"在新的历史条件下我们要建设一个什么样的党，怎样建设党"的问题，实际是对共产党执政规律认识的深化。党要承担起推动中国社会发展的历史使命，就必须始终抓住发展这个执政兴国的第一要务，把保持党的先进性和发展社会主义制度的优越性，落实到发展先进生产力、发展先进文化、维护和实现最广大人民的根本利益上来。

3."三个代表"重要思想探索和构筑中国社会主义发展战略

"三个代表"重要思想从中国特色社会主义全面发展的规律出发，既遵循人类文明进步的一般规律，处理好人与人、人与社会、人与自然的关系；又积极探索社会主义的物质文明、精神文明、政治文明的协调发展，为推动社会全面进步，促进人的全面发展，提供了行动指南。

事实上，"三个代表"重要思想的提出为党的理论创新树立了榜样，为马

---

① 《江泽民论加强和改进执政党建设（专题摘编）》，中央文献出版社、研究出版社，2004年，第166页。

克思主义中国化在21世纪的全面推进提供了有力的保证。创新是一个民族进步的灵魂,是一个国家兴旺发达的不竭动力,也是一个政党永葆生机的源泉。以江泽民同志为核心的党的第三代中央领导集体创造性地继承和运用马克思主义、毛泽东思想和邓小平理论,以其与时俱进、开拓创新的理论品格,从事关党和国家命运前途的高度,努力探索和实践马克思主义的中国化,对马克思主义中国化赋予了新的活力,起到了承上启下、继往开来的伟大作用。

第四节　21世纪中国政治体制改革的新指针

　　"三个代表"重要思想已成为实现中国现代化必须高举的新旗帜,它也是中国政治体制改革的新指针。① 溯源于政治与经济的良性互动,"代表中国先进生产力的发展要求"的创新话语必将以巨大的原创力开启政治体制改革的新篇章;以"先进文化"为核心的政治文明必将对中国政治文化,特别是对中国共产党的行政伦理建设起到重要的规范和指引作用,从而为我国的政治体制改革提供良好的社会氛围、精神支持和组织保证;而"代表中国最广大人民的根本利益"的阐释则从政治社会化和政治合法性层面为改革的成效提供了科学的检验标准和评价依据。

　　综观中国共产党的光辉历史和中国社会现代化的百年历程,不难发现中国共产党以其独创精神有力地推动了中国社会的现代化,而中国社会的现代化又赋予中国共产党以现代特性,使其成为一个现代意义上的社会主

---

　　① 管新华、陶林:《"三个代表"重要思想:新世纪中国政治体制改革的新指针》,《探索》,2003年第1期。

义执政党,即中国社会与中国共产党已经融为一体。^① 与民族复兴在内涵上的完全一致,使"三个代表"重要思想"关系到能否在 21 世纪中基本实现社会主义现代化,关系到能否实现中华民族的伟大复兴"^②,从而成为 21 世纪中国政治发展,特别是中国政治现代化和政治体制改革的新旗帜,这集中体现在其对中国政治体制改革的动力、社会氛围、精神支持和组织保证、检验标准和评价依据的创新与规范上。

一、"代表中国先进生产力的发展要求":中国政治体制改革的动力创新

"三个代表"重要思想用"代表中国先进生产力的发展要求"的科学论断创新了中国政治现代化的动力系统,必然使中国的政治体制改革走上加速度的健康快车道。

首先,在时代主题和历史任务使得发展和现代化特别是政治现代化成为实现民族复兴的重中之重。

和平与发展作为当今时代主题已经是当今世人的共识,而"和平与发展"两大问题,核心问题还是发展问题^③,对于中国这样的发展中大国来说,发展的基本轨迹和主要形式就是实现现代化,而政治现代化是这一时期潮流的先导和持续发展的保证,因为政治现代化是一个国家的政治体制、政治生活由传统向现代转型的过程,它既是社会进步的重要动力,更是社会进步的重要内容。^④ 因而就其本质而言,政治发展指的是人类政治生活体系在结

---

① 管新华:《现代化的中国共产党和中国社会的现代化》,《常州工学院学报》,2001 年第 3 期。
② 江泽民:《论"三个代表"》,中央文献出版社,2001 年,第 39 ~ 32 页。
③ 《邓小平文选》(第三卷),人民出版社,1993 年,第 105 页。
④ 吴克昌:《政治发展与政治稳定:理论与实践》,《求索》,2002 年第 2 期。

构上日趋合理、在功能上日趋完善的由低级到高级的前进上升过程。① 马克思主义认为,矛盾是事物发展的终极根源和内在动因。这一原理同样适用于政治体系的发展与现代化,即现行政治体制的弊端、面临的困难是其再发展的新契机,也就是说"当政治体系现存的结构非经过进一步的分化就不能对所面临的问题或挑战时,发展就会来临了"②。中国社会主义政治发展是与现代化事业联系在一起的。中国政治体制的改革不但要使"领导层有活力,克服了官僚主义,提高了效率,调动了基层和人民的积极性,四个现代化才真正有希望"③,更重要的是"我们进行的社会主义现代化建设——在政治上创造比资本主义国家的民主更高更切实的民主"④。

其次,马克思主义历来重视从生产力层面探讨政治发展的动因。

尽管现代化的每一方面因其代表着探索同一现象的不同角度,渴望在某种程度上反映其他各个方面,但能为一个社会提供组织基础的却是政治。⑤ 因而必须重视包括政治发展的规律、阶段、前途、标准等一系列问题,其中作为推进剂的动力问题更为突出。"一切社会变迁和政治变革的终极原因,不应当到人们的头脑中,到人们对永恒的真理和正义的日益增进的认识中去寻找,而应当到生产方式和交换方式的变更中去寻找。"⑥也就是说,生产力是衡量社会进步、经济发展的主轴,现代生产力是现代社会(现代化或"世界历史")进步的基本动力⑦。而矛盾的内在冲突性和事物居于发展的质和量的阶段差异,使得在一种社会经济制度下,生产力与生产关系的相对稳定是暂时的,而不稳定和需要不时调整则是经常的,即两者处于长期相互

---

① 严强:《宏观政治学》,南京大学出版社,1999 年。
② [美]阿尔蒙德:《比较政治学:体系、过程和政策》,曹沛霖译,商务出版社,1993 年,第 26 页。
③ 邓小平:《建设有中国特色的社会主义》(增订本),人民出版社,1987 年,第 147 页。
④ 《邓小平文选》(第二卷),人民出版社,1994 年,第 282 页。
⑤ [美]布莱克:《现代化的动力》,段小光译,四川人民出版社,1988 年,第 87 页。
⑥ 《马克思恩格斯选集》(第三卷),人民出版社,1995 年,第 617~618 页。
⑦ 罗荣渠:《现代化新论》,北京大学出版社,1993 年,第 100 页。

促进的发展过程之中。"生产力方面的革命也是革命,而且是很重要的革命,从历史来讲是最根本的革命"①这样的论述体现了生产力是社会变革的最终决定力量的思想。

最后,立足时代形势的发展和自身地位的变迁在系统总结理论的同时,江泽民以"代表中国先进生产力的发展要求"的科学话语创新了社会主义中国政治体制改革的动力源。

生产力的发展状况和性质这两大维度上的差异造成了解决方法的多样性,作为同一性质、不同层次和水平的生产力,其需要和依赖的生产关系和社会制度在质上是相同的。那时,发展生产力、赶超先进水平,采取的主要方法应该是改革生产关系,调整生产力系统的内部要素及其运行机制。生产力的发展状况,还面临着性质先进而发展阶段较低,与性质并不先进而发展阶段较高等不同情况。简而言之,即存在生产力水平与性质不相一致的种种情况,面对这种发展水平的差异,恰如对待"新旧事物"一样,必须辩证而慎重。关键是解决"生产力的发展水平"与"生产力的发展要求"两大范畴的关系及解决途径等认识问题。通常说来,所谓生产力的发展水平是指生产力的发展程度,主要用经济指标来衡量,其既有量上的差异,也有质的区别。至于先进生产力的发展要求,并不仅是就生产力系统本身而言的。它更多的是牵涉到生产力发展的外部条件和环境,主要是强调在社会主要矛盾中,其他范畴对生产力发展的影响和作用。从这个意义上说,先进社会生产力的发展要求,最根本的是,生产力对生产关系和上层建筑提出的各种要求的总和与合力。

而"三个代表"重要思想,正是在这个层次上阐述的:反映政治上的关注点和重心是先进生产力的发展要求。所谓"要求"就是适应于先进生产力发

①　《邓小平文选》(第二卷),人民出版社,1994 年,第 311 页。

展的一切前提条件,其中最主要的就是生产关系的变革。"我们必须始终成为中国先进社会生产力的发展要求的代表",它实际上是要求,党能够敏锐地把握我国社会生产力的发展要求和趋势,坚持以经济建设为中心,通过制定和实施正确的路线、方针和政策,通过采取切实的工作步骤,不断促进先进生产力的发展。

那为什么在当代中国,只有中国共产党才能代表中国先进生产力的发展要求呢? 社会发展的历史轨迹和主要矛盾共同揭示,私有制没有也不可能解决社会发展的根本问题。而"共产党人可以把自己的理论概括为一句话:消灭私有制"①的纲领旗帜、理论定位和实践活动都奠定了共产党人的社会地位和历史使命。

总之,改革的动力问题在某种程度上决定着政治体制改革的进程、前途和命运。"三个代表"重要思想以生产力对经济基础和上层建筑变革的决定性作用为出发点,不但揭示了政治发展的经济动力源,并以面向未来和与时俱进的精神面貌,站在时代发展的高度,要求我们从生产力发展的本质要求出发,立足实际而不是主观拔高或任意矮化政治体制改革的迫切性和重要性。

二、以"代表中国先进文化的前进方向"为核心的政治文化:中国政治体制改革的文化支持

作为政治的观念形态,政治文化是处于特定的社会经济、政治形态中的人们在一定历史时期对现实政治系统的各个组成部分的态度、情感(政治心理)、价值标准(政治价值观)和思想观念(政治思想)的总和。"如果个人就

---

① 《马克思恩格斯选集》(第一卷),人民出版社,1995 年,第286 页。

某个政治对象获得了一组前后连贯的信息,特别是当这些信息涉及他们自己的活动时,他们就可能地该政治对象形成一套坚定不移的信念。"①也就是说,"政治文化一词代表着特定的政治取向对于政治制度及各个部分的态度,对于自己在这种政治制度中的作用的态度"②。因为特定的政治文化"在某种意义上是保持民主政体有效运行的一般动力来源"③。

与任何其他事物一样,政治文化也存在性质的区分与功效上的差别。在社会发展和政治体制改革的过程中,我们必须旗帜鲜明地坚持先进政治文化,反对落后文化。"三个代表"重要思想对中国政治体制改革的作用集中体现在其对先进政治文化,尤其是新时期行政伦理建设,即政府官员道德建设的引导和规范上。

首先,由于政府官员和行政人员特殊的社会角色,使其在社会生活的各个方面,尤其是在道德上,具有极强的规范和导向作用,从这个意义上看,以德治国首先是以德行政。在当代中国,它集中表现为对党员领导干部的思想道德素质的教育和建设,因为社会主义现代化和民族复兴的客观需求,使得中国共产党成为行政系统的主体和生力军,因此政治体制"改革的内容,首先是党政要分开,解决党如何善于领导的问题,这是关键,要放在第一位"④。而"三个代表"重要思想以其新时期"建设什么样的党、如何建设党"时代课题的理论创新的集中成果,成为当代中国以德治国,特别是行政伦理建设的新旗帜和指南。

"没有共产党就没有新中国"已经成为所有了解中国近现代历史的人的共识,同样"没有中国共产党人做中国人民的中流砥柱,中国的独立和解放

---

① [美]阿尔蒙德:《比较政治学:体系、过程和政策》,曹沛霖译,商务印书馆,1993 年,第 93 页。
② [美]阿尔蒙德:《公民文化》,张明澍译,浙江人民出版社,1989 年,第 15 页。
③ [美]阿尔蒙德:《公民文化》,张明澍译,浙江人民出版社,1989 年,第 518 页。
④ 《邓小平文选》(第三卷),人民出版社,1993 年,第 177 页。

是不可能的,中国的工业化和农业近代化也是不可能的"①,因为我国改革开放和现代化建设取得举世瞩目的成就,同广大党员为党和人民的事业发挥忘我奋斗和无私奉献的先锋模范作用是密不可分的。② 也就是说,党应该成为在应对国内外各种风险的历史进程中始终成为全国人民的主心骨、在建设有中国特色社会主义的历史进程中始终成为坚强的领导核心;因为其先进性和历史地位决定了"共产党员应该具有最伟大、最高尚的一切道德"。简言之,代表人民"治国"的党的各级领导干部和国家机构的广大公职人员对实施治国方略起关键作用,因此"以德治国"的"德"首先要求党政干部有高尚的道德;同样,"只有领导骨干的积极性,而无广大人民群众的积极性相结合,便成为少数人的空忙"③,即解决道德问题的关键在于官德建设先行基础上的两者的良性互动,但首先"共产党员要带头身体力行社会主义、共产主义道德,为在人民中倡导这些道德真正起到表率作用"④。

其次,从行政伦理建设的价值立场、内容组成、目标体系、评价标准等方面看,以立党为公、执政为民为指针、以"始终代表中国先进生产力的发展要求、始终代表中国先进文化的前进方向、始终代表中国最广大人民的根本利益"为主体内容的"三个代表"重要思想,必将成为当代中国行政官员道德建设的新旗帜和新指南,尤其体现在对"为何执政、为谁执政"这一行政伦理体系的根本问题的科学回答上。

第一,当代中国行政道德建设的理论焦点集中在干部的选拔标准上,其精髓是领导干部与人民群众的关系,即能否始终保持人民公仆的形象,归根到底就是要做到立党为公、执政为民,彻底解决"为谁执政、为什么执政"这

① 《毛泽东选集》(第三卷),人民出版社,1991年,第1098页。
② 《中共中央关于加强和改进党的作风建设的决定》,人民出版社,2001年,第2~3页。
③ 《毛泽东选集》(第三卷),人民出版社,1991年,第898页。
④ 《毛泽东、邓小平、江泽民论思想政治工作》,人民出版社,2000年,第166页。

个问题,"三个代表"重要思想以其"始终代表最广大人民的根本利益"的豪迈宣言和毫不动摇的科学立场为当代中国的行政伦理建设指明了方向。第二,中国共产党的执政地位、性质和宗旨决定了其必然把廉政放在第一位,而廉政的实质就是全心全意为人民服务。作为立党为公、执政为民这一根本立场及其具体化的创新成果,"三个代表"重要思想从根本上解决了包括"为可执政、为谁执政"在内的当代中国行政伦理建设的一系列难题,要科学地贯彻以德治国方略,提高行政人员的道德素质,必须科学地认识和处理"三个代表"重要思想的重要地位和作用。第三,"始终代表中国先进文化的前进方向"的要求科学回答了"以什么德"行政这一重要问题。一个政党特别是执政党的建设与发展与否、一个国家治理得好坏,是与拥有或代表的文化的先进与否紧密连在一起的。优秀的民族文化是中国先进文化的组成部分之一,要发展有中国特色社会主义文化(尤其是确立与社会主义市场经济相适应的新型道德体系),就离不开对中国民族文化传统尤其是道德传统的扬弃,离不开长期的官德教育,而这也正是官德建设中的重要方面。以德治国的关键问题是以什么德去治? 这需要人们提供的道德指向必须符合当代最先进文化、当代先进生产力和最广大人民根本利益的发展方向。社会主义市场经济基础体制的建立和完善,要求我们建设既适应市场经济健康发展,又符合社会主义基本制度和价值目标的道德体系;社会主义市场经济的建立与完善,呼唤与之相适应的市场经济道德新秩序;德治也是弘扬中华优秀传统文化、建设当代中国先进文化的现实需要。①

　　简言之,"始终代表中国先进文化的前进方向"所体现的政治观,揭示了在当代社会的进程中,文化的思想引导和智力支持已经成为现代化健康发展的生命线这样一个重要特征,必然开启中国政治体制改革进程中政治文

---

① 李莉:《论行政伦理建设》,《精神文明导刊》,2002 年第 5 期。

化建设的新篇章,从而为 21 世纪中国政治体制改革提供文化支持。

三、"代表中国最广大人民的根本利益":中国政治体制改革的 归依

第一,政治合法性和政治社会化的程度、进程及效果是评价政治发展,尤其是政治体制改革的主要标准。

作为由农业文明向工业文明的整体转型过程,现代化特别是后发外生型的国家必须以政治稳定为前提,而政治合法性是政治稳定的测量指数,政治社会化则是政治合法化的实现途径。即一般说来,政治制度的合法性评价标准就是公众对政治制度的认同与忠诚的程度,合法性是一个政治体制存在并持续发展的基础。"一个合法性信仰对于维持支持来说是必不可少的,至少对于那些历史非常悠久的政治系统来说是必不可少的。"①政治社会化既是人们通过学习而接受和掌握社会的政治文化从而成为政治人的过程,也是政治文化传播、维持、代际传递和变适的过程。在中国这样一个处在后发外型现代化进程中的国家,适当的权威是现代化所需要的政治稳定的重要条件,要实现中国的现代化,必须保证政治稳定,必须克服目前已经萌芽并且有可能扩大的合法性危机。"在我们这样一个多民族的发展中大国,要把十二亿多人的力量凝聚起来,向着社会主义现代化的目标前进,必须有中国共产党的坚强领导。"②因而在现代化过程中,必须认真"贯彻'三个代表'要求,……不断增强党的阶级基础和扩大党的群众基础,不断提高党的社会影响力"③。

---

① [美]伊斯顿:《政治生活的系统分析》,王浦劬译,华夏出版社,1989 年,第 311 页。
② 江泽民:《论"三个代表"》,中央文献出版社,2001 年,第 163 ~ 164 页。
③ 江泽民:《在庆祝中国共产党成立八十周年大会上的讲话》,人民出版社,2001 年,第 29 页。

现代化的过程,是动员、组织社会各方力量共同参与、融合、释放的过程,新的社会阶层不应长期排斥在我国的政治体制之外,他们在我国的政治结构中应该有立足之地,这是更深一层的力量整合,应当从组织体制、机制上包容这一部分社会成员。以"三个代表"重要思想为基础得出的对人民范畴的新认识、对私营企业主入党的新规定等理论创新,都是当前中国政治社会化的新要求和新指针。

第二,"始终代表中国最广大人民的根本利益"的要求是中国政治发展,特别是21世纪政治体制改革的方向。

当代中国政治的主题是什么,这就是旗帜鲜明地代表和维护"中国最广大人民的根本利益",江泽民指出,"因为我们党是代表最广大人民群众的利益的,所以全党同志的一切工作都是全心全意为人民服务的,都是为了实现好、发展好和维护好人民的利益"①。这已经为国外资产阶级政党的教训和马克思主义经典作家的论述所印证,即西方的政党主要是议会政党,代表特权的利益,具有虚伪性,没有真正代表人民的利益。而我们党能够始终认识到,"我们的权力是谁给的? 是工人阶级给的,是贫下中农给的,是占人口百分之九十九以上的广大劳动群众给的,我们代表了人民群众,打倒了人民的敌人,人民就会拥护我们,共产党基本的一条,就是直接依靠广大革命人民群众",因而"确切地说,党的优势不仅在于政权中的适当数量,主要在于群众的拥护"②。所以"我们评价一个国家的政治体制、政治结构和政策是否正确,关键看三条:第一是看国家的政局是否稳定;第二是看能否增进人民的团结,改善人民的生活;第三是看生产力能否得到持续发展"③。

当然也需要指出,我们所说的广大人民群众的根本利益,不仅是指狭隘

---

① 《全面加强党的建设的伟大纲领》,人民出版社,2000年,第6页。
② 《邓小平文选》(第一卷),人民出版社,1994年,第9页。
③ 《邓小平文选》(第三卷),人民出版社,1993年,第213页。

的物质利益,还包括政治利益和精神文化利益,它是三者的有机构成,是一个完整的利益结构,它表明人民群众的各种利益在协调中得到实现的,揭示了广大人民群众向往不断优化的生活质量和追求高质量的生活方式,在现阶段,人民群众的根本利益是实现社会主义现代化。

而这里的代表和维护,从国内政治的角度讲,就是指通过合法、有效的政党政治途径、政权力量和政府行为推动国家的现代化进程,增强国家的综合国力,调整好社会成员之间的利益关系,并在此基础上尽可能使人民群众过上日益富裕、安定、祥和而又充满活力的生活。因此,代表中国最广大人民的根本利益,需要通过正确的路线、方针和政策以及先进的制度、有效的机制、充分的参与、有序地将人民群众的根本利益融合起来,将人民群众的力量和智慧凝聚起来,动员和组织他们为自己的根本利益进行有效的斗争;代表最广大人民的根本利益,及时准确地反映最广大人民群众的利益、愿望和要求,扩大人民群众的政治参与,把改革进程中产生的各种阶层和利益集团吸纳到政治体系中来,实现最大程度的社会整合,从而夯实以党为核心的政治体系的合法性基础。

总之,"三个代表"重要思想将政治合法性建立在对人民群众的物质需求的满足上,从而成为21世纪中国政治体制改革的归依。

第五节　21世纪思想政治教育创新的新境界

思想政治工作是党的"传家宝",三代中央领导核心对于思想政治工作始终非常重视。江泽民的"三个代表"重要思想,开辟了思想政治工作的新境界,指明了新方向。以"三个代表"重要思想为指导,推进思想政治工作,必须坚持正确的方针原则,落实重点任务,探索新途径,必须处理好十大关系,这是一个长期曲折的历史过程。

思想政治工作与党的创立、发展、成熟、壮大紧密相连,始终贯穿于革命、建设和改革的整个过程,可以在一定意义上说,思想政治工作作为我们党的优良传统和政治优势,一直贯穿于党的伟大历史。而江泽民在庆祝中国共产党成立80周年大会上讲话的基础上,在党的十六大会议上再次强调了"三个代表"重要思想,从而开辟了思想政治工作的新境界,为我们探索21世纪思想政治工作创新指明了方向。

一、新时期加强与改进思想政治工作的重大意义

1. 党的三代中央领导核心关于思想政治工作的重要论述是我们加强与改进思想政治的理论指南

在领导中国人民进行了革命、建设和改革的实践中,党的三代中央领导核心毛泽东、邓小平、江泽民,根据不同历史时期党面临的时代任务,对思想政治工作的地位、作用、内容、指导方针、实现途径等作了一系列重要阐述。但是其核心的思想是不变的,即牢牢把握时代特点,适应新形势的要求,发挥党的思想政治工作优势,从而推进党的事业发展。

1981年6月党的十一届六中全会通过《关于建国以来党的若干历史问题的决议》,重申了"党的思想政治工作是经济工作和其他一切工作生命线"的论断,并把思想政治工作确立为毛泽东思想的一个重要组成部分。1985年9月,在中国共产党全国代表会议上,针对忽视思想政治工作和精神文明建设的倾向,邓小平指出,"思想政治工作和思想政治工作队伍都必须大大加强,决不能削弱"。党的十三届四中全会以来,党的第三代中央领导核心江泽民依然一直关注重视思想政治工作,他指出,在抓紧社会主义物质文明建设的同时,必须抓紧社会主义精神文明,坚决纠正"一手硬,一手软"的状

况。1992 年党的十四大上,江泽民强调在建立和发展社会主义市场经济的情况下,要高度重视社会主义精神文明建设,大力加强和改进党的思想政治工作。1999 年 9 月,中共中央发出《关于加强和改进思想政治工作的若干意见》,对做好新形势下思想政治工作提出了重要指导意义。党的十六大报告中再次强调,特别要加强青少年的思想道德建设,引导人们在遵守基本行为准则的基础上,追求更高的思想道德目标。加强和改进思想政治工作,广泛开展群众性精神文明创建活动。特别是党的十六大报告中,把"三个代表"重要思想写进了党章,与马克思主义、毛泽东思想、邓小平理论,确立为党的指导思想。

可见毛泽东、邓小平关于思想政治工作的论述,是毛泽东思想、邓小平理论的重要组成部分。而江泽民关于思想政治工作的论述,是对第一代、第二代党的中央领导核心关于思政工作理论的继承、丰富和发展。三代中央领导核心关于思想政治工作的论述,是党的宝贵财富,是对党的思想政治工作理论和实践的科学概括,是指导党加强改进新时期思想政治工作的强大思想武器。

2. 思想政治工作面临新的情况,新的形势,需要不断地加强和改进

邓小平曾就改革开放前的十年"文革"的教训说过:"十年最大的失误是教育,这里我主要是讲思想政治教育,不单纯是对学校、青年学生,是泛指对人民的教育。"①这是总结改革开放和现代化建设的历史经验得出的结论,却未能真正的引起一些部门和地方的重视。从现实来看,改革开放以来,我国取得了举世瞩目的伟大成就,但是社会情况也发生了深刻而复杂的变化。特别是经济成分和利益主体的多样化,生活方式多样化,社会组织多样化,就业形式多样化,给思想政治工作带来了许多新情况、新问题。深刻认识和

---

① 《邓小平文选》(第三卷),人民出版社,1993 年,第 306 页。

思考加强、改进思想政治工作的艰巨性、紧迫性,增强责任感、使命感,是当前时代赋予全党同志的一大课题。

在全球化的背景下,加强思想政治工作至少有五大意义:

其一,是坚持"两手抓,两手都要硬"这一方针的客观要求。党的十一届三中全会以来,邓小平反复强调,要一手抓改革开放,一手抓惩治腐败;一手抓经济建设,一手抓社会治安;一手抓物质文明,一手抓精神文明,做到两手抓,两手都要硬。而当前作为精神文明重要内容之一的思想政治教育在一些地区,一些领导心目中的地位仍然未能得到重视和加强,"一手硬,一手软"的现象依然存在。而沿海一些地区伴随经济繁荣而贪污腐败产生的犯罪,道德失范等一系列问题从反面为我们必须重视在物质文明建设的同时,加强思想政治工作敲响了警钟。

其二,是实现跨世纪宏伟蓝图的体现和需要。党的十五大报告提出了把建设中国特色社会主义事业全面推向21世纪的伟大历史任务。对邓小平的"三步走",作了新的具体规划,为了实现这一目标,同时处理好国际上霸权主义,强权政治,企图分化、西化我国及国内的国有企业改革及下岗工人的安置,促进社会政治稳定和经济增长这两大急迫的问题,必须加强思想政治工作。我们要实现党的十六大指出的"全面建设小康社会"的目标,面临严峻的形势,党要实现中华民族的伟大复兴,必须以"三个代表"重要思想为指导,推进和加强思想政治工作。

其三,是健全完善社会主义市场经济体制的要求。我们的市场经济不是资本主义的市场经济,能够正确处理好市场与国家宏观调控的关系,能够克服单纯的市场经济的缺陷。而其中一个重要的思想保障就是思政教育。因为思想政治工作为社会主义市场经济把握了社会主义方向,不会丢失社会主义性质,同时坚持效率优先,兼顾公平,合理拉开收入差距。思想政治工作能够帮助人们转变封闭、保守、落后的观念。解放思想,能够化解矛盾,协调好人际关系。随着改革的深入,必然涉及各个公民的切身利益,为了消除改革的阻力,必须在实施物质手段,行政干预等"硬"措施的同时,加强思想政治工作,这一"软"措施,用宣传、说服、教育、疏导等方式,消除人们之间的矛盾,使改革的相关政策真心得到人民的拥护、理解和支持。此外思想政治工作和法制措施一起对于打击犯罪活动,抵制消除"黄、赌、毒"现象,抵制西方资本主义腐蚀、思想观念的侵蚀,也有积极的作用。

其四,思想政治工作自身发展的客观要求。当前学科发展出现"边缘化""交叉化"的趋势,思想政治教育作为一门应用性很强的学科也有必要吸收管理学、心理学、政治学、公共关系学等相关学科的成果。此外,思想政治工作在实践中也暴露出了一些问题:一些党员信念动摇、意志薄弱,容易被错误思想俘虏;社会公德领域失范,拜金主义,享乐主义,个人主义滋生,封建迷信活动及"黄、赌、毒"等丑恶现象又死灰复燃,部分领导干部经济犯罪严重,官僚主义、贪污腐败,严重损害了党在人民群众心中的形象。因此要适应变化了的现实形势,必须加强思想政治工作,改变过时的老方式、老方法、老观念。

其五,在对外开放,发展社会主义市场经济,中国加入世界贸易组织的背景下,加强改进思想政治工作是全党面临的重大课题。江泽民指出,"党的思想政治工作,是经济工作和其他一切工作的生命线,是团结全党全国各族人民实现党和国家各项任务的中心环节,是我们党和社会主义国家的重要政治优势"[①]。面对全球化的各种思潮的冲击,江泽民强调,"越是变革时期,越要警惕各种错误思想观念的发生及其给人们带来的消极影响,我们党的思想政治工作越要加强和改进"[②]。

---

① 《江泽民文选》(第三卷),人民出版社,2006年,第74页。
② 《江泽民文选》(第三卷),人民出版社,2006年,第82页。

二、"三个代表"重要思想:思想政治工作创新的新境界

江泽民与时俱进,提出了"三个代表"重要思想,为我们改进和加强思想政治工作指明了方向。围绕新时期思想政治工作这一主题,我们要用开阔的视野分析思想政治工作的新形势、新情况、新问题,要用创新精神探索思想政治工作的内容、观念、方法和手段,机制的改进措施。

1. 新时期中国社会发生了新变化,是思想政治工作面临的新情况

主要表现为四个方面:其一是生产方式的新变化。人类进入 21 世纪,迈入了知识经济时代。生产的知识化、信息的网络化及伴随着的生产方式的小型分散化。其二是生活方式的新变化,生活节奏加快,个性化,及教育的终身化。其三是人们的思维方式新变化,由原来封闭、僵化、一元思维转向开放、灵活的多元化思维。尤其是创新思维将日益成为人们的主导型思维方式。其四是管理方式的新变化,硬性的管理已为软性的管理取代,同时传统的专断的管理也随着人们文化素质的提高日趋民主化。

2. 充分认识和宣传贯彻"三个代表"重要思想,是思想政治工作的新内容

其一,"三个代表"重要思想是代表先进生产力的发展要求,代表先进文化的前进方向和代表最广大人民根本利益三者的辩证统一。"三个代表"重要思想是中国共产党的立党之本、执政之基和力量之源,是党的历史经验的科学总结。其二,要从巩固中国共产党的执政地位的高度来认识和宣传"三个代表"重要思想。"三个代表"重要思想是党维持和巩固执政党的合法性,实现现代化的新旗帜。"三个代表"重要思想进一步明确回答了把党建设成为一个什么样的党、怎样建设党这样一个重大历史课题。其三,要从"三个代表"重要思想与马克思主义理论体系的关系来认识。"三个代表"重要思

想是马克思主义理论体系的重要组成部分,是概括了江泽民的一贯思想,集中体现了党的第三代中央领导集体的理论新成果,是对邓小平"三个有利于"标准的新发展。江泽民关于高举邓小平理论伟大旗帜的思想,关于坚持发展是硬道理同时又强调社会主义社会全面发展的思想,关于探索推进新时期党的建设的思想,关于社会主义精神文明及加强思想政治工作的思想,关于依法治国,加强社会主义民主法制建设的思想,关于实现、维护、发展好人民群众根本利益的思想等,都始终贯穿"三个代表"重要思想这一主线。

3."三个代表"重要思想是新时期思想政治工作的新指南

"三个代表"重要思想是新时期思想政治工作的新指南。我们用"三个代表"重要思想为武器,推进思想大解放,以全心全意服务群众为根本宗旨,用创新精神推动思想政治工作的新发展,必须始终坚持全心全意服务群众为根本宗旨,在思想政治工作的内容、观念、方法、手段和机制上加以改进。

首先,在内容上,体系上要现代化。一定要围绕改革开放、市场经济、知识经济这一主题宣传"三个代表"重要思想,密切联系群众的思想实际,系统地而不是零星的调整、改革、创新思想政治工作内容,尤其要注意群众普遍关心的热点、疑点、难点问题。要充分估量科学技术特别是高科技发展对综合国力、社会的经济结构和人民生活的巨大影响,从而充实思想政治教育的内容。

其次,要用"三个代表"重要思想为标准,努力实现思想政治工作观念的现代化。人的思想观念的现代化是社会主义现代化进程中的一项重要目标和任务。人的思想观念必须不断地及时更新、发展、完善才能跟上日新月异的社会进程。如果人们头脑中被落后、保守、僵化的观念盘踞,那么就难以跟上形势,接受新鲜的,合乎时宜的东西。我们的思想政治工作就会缺乏活力与生机。以"三个代表"重要思想为主旋律,人们要通过解放思想,更新观念,形成与市场经济相适应的改革意识、竞争意识、时效意识、创新意识、风险意识、信息意识、人才意识、科技意识、民主法制观念等,从而激发人们振奋精神,积极投身于社会大变革中,努力实现"全面小康社会"的目标。

再次,思想政治工作的方法手段要现代化。以往的一般的灌输,做说教式的大报告是行不通了。我们必须结合群众的心理态势、生存需要、利益驱使,结合我们的业务知识,文化知识来开展思想教育,寓教于乐,寓教于学,寓教于管理之中。

在九届全国人大一次会议期间,江泽民曾说过,他看电影《泰坦尼克号》的感受:"这部片子把金钱与爱情的关系、贫与富的关系,在危难之中每一个人的表现描绘得淋漓尽致……切不可以为我们才会做思想工作。这既说明了思想政治工作既可以借鉴外国的成果,也提出了思想政治工作的说服力、感染力、吸引力的问题。"[①]我们要针对性地采用多样化、多渠道、多载体的方法,从广度和深度上增强思想工作的效果。在手段上,增加经费,运用科技,实现质的飞跃,如加入信息网,利用多媒体,采用软科学、信息科学、管理科学等。只用因势利导、以情感人、以理服人,讲求艺术,本着尊重人、理解人、关心人的原则,才能提高思想政治工作的最佳效益。

最后,要努力实现思想政治工作管理机制,组织结构的现代化。实现"精简、高效、透明"的组织目标,除了我们党要加强对思想政治工作的领导之外,重要的是企业的经营者要坚持两个文明一起抓,从而使思想政治工作与建立现代企业制度同步发展,彻底解决"两张皮"的问题。此外,要努力加强政工队伍的建设,要选择科技人员到专职或兼职政工队伍中来,优化组合,改变政工队伍老龄化,观念陈旧,学历低的局面,建立人才招聘,竞争上岗机制,补充新鲜血液。同时组织一批业余积极分子和志愿者队伍,使思想

---

① 刘和武:《试论思想政治工作的现代化》,《安庆师范学院学报》(社会科学版),1999年第2期。

政治工作群众化,让人们自觉关注,参与这项活动,充分相信群众的自我教育、互相帮助的能力和首创精神,才能保持和发挥思想政治工作的旺盛生命力。

三、走向21世纪的有中国特色的思想政治工作之路:必须始终坚持处理好十大关系,这是一个长期曲折的历史过程

以"三个代表"重要思想为指导,从执政党的高度和改革开放的全局考虑,思想政治工作必须坚持处理好以下十大关系,实现21世纪思想政治工作创新,这是一个长期的曲折历史过程。

第一,必须处理好政治与经济的关系。进行思想政治工作必须围绕经济建设这一中心,要服务、服从于这个大局。江泽民强调,"我们搞现代化建设,中心任务是发展经济,但是必须有政治保证"①。思想政治工作要及时把党的基本理论、路线、方针、政策贯穿到经济建设的各项工作中去,从而为经济建设提供精神动力、智力支持和思想保证。

第二,必须处理好解放思想与坚持四项基本原则的关系。思想政治工作要创新,适应改革开放尤其是加入世界贸易组织后的复杂国际国内形势,必须解放思想,但必须坚持四项基本原则不动摇,这是改革开放的历史经验证明的正确原则。既防"左",又防右,具体问题具体分析是关键。

第三,必须处理好讲求物质利益与精神激励的有机统一的关系。思想政治工作要做到务实、高效,离不开物质利益为基础。邓小平在总结革命战争年代党取得胜利的经验时说,"过去我们党无论怎样弱小,无论遇到什么

---

① 中共中央宣传部:《讲学习、讲政治、讲正气》,人民出版社,1996年,第384页。

困难,一直有强大的战斗力,因为我们有马克思主义和共产主义的信念"①。在强调了精神激励的同时,邓小平还强调,革命是在物质利益的基础上产生的,如果只讲物质精神,不讲物质利益,那就是唯心论。对少数党员可以,对广大人民群众不行,短期可以,长期不行。我们不否认社会成员都有个人利益、抱负和追求,但是必须遵循个人利益服从于国家利益,局部利益服从于整体利益,眼前利益服从于长远利益的原则。

第四,必须处理好弘扬主旋律与倡导多样化的关系。随着社会的发展,人们的生活方式,社会的经济成分多元化,反映到意识形态领域,各种复杂的思想文化互相冲突、碰撞是难免的。让思想多元化不行,放弃马克思主义的指导更不行。而片面强调一元化的理想主义教育损害多样化也不行。为了适应人民思想道德需求的多样化、多层次、多方面的要求,在操作中要坚持主旋律与多样化的统一,当多样化发展与社会主义文化主旋律相矛盾时,必须坚定的服从于马克思主义指导的社会主义文化主旋律。

第五,必须处理好批判继承中国传统文化与借鉴外国先进文化的关系。中华民族五千年的文明源远流长,是我们的宝贵遗产,其中许多思想文化至今仍具有现实借鉴意义。我们对其精华要继承下来,同时结合新时期思想政治工作的新情况加以完善,赋予其新的时代内涵。而国外的优秀文化,是世界人民创造的文明成果,同样可以为我所用。在建设有中国特色的社会主义伟大实践中,我们既要把继承传统文化精华和借鉴外国先进文化相结合,又要把革命战争时期我们党的优良作风和传统继承和发扬光大,在21世纪不断创新、发展,努力建设面向世界、面向未来、面向现代化的民族的、科学的、大众的有中国特色的社会主义文化。

第六,必须处理好硬件建设与软件建设的关系。硬件建设,主要指为思

① 《邓小平文选》(第三卷),人民出版社,1993年,第144页。

想政治工作创造良好的物质条件。要大力加强城乡的公共影院、文化馆、博物馆、体育馆及基层文化站等场所建设,鼓励引导广大干部群众学习党的方针政策,邓小平理论及"三个代表"重要思想,学习各门科学文化,组织并参加各项文体活动。软件建设,最主要的是建立和完善思想政治工作的运行机制,包括强有力的领导机制、管理机制和完善的约束机制和敏锐的监控机制。从而及时把握社会的思想动态,针对典型问题,及时疏导,从而把不良的思想解决在萌芽状态。

第七,必须处理好市场经济与思想政治工作的关系。社会主义市场经济是法制经济,然而同样离不开思想政治工作为之提供保障。在对人们的思想、生活、生产方式带来巨大冲击的同时,作为一把双刃剑,市场经济也不可避免地给思想政治工作带来了负面效应。例如体制接轨过程中造成的部分社会成员心理失衡,道德滑坡,社会公德低下,市场经济的竞争趋利性使全局观、集体观淡化,而个人拜金主义、享乐主义及西方的腐蚀的生活方式却滋生出来。因而江泽民多次强调,搞市场经济,有一个克服负面作用的问题,而行之有效的办法就是大力加强思想政治工作,培育适应市场经济需求的新型文化。

第八,必须处理好正面教育与主体教育,教育与自我教育的关系。社会主义市场经济的进一步发展,使人们的人际关系、社会联系不断加深,互联网、信息高速公路,使得国外的各种思潮无时无刻不在影响人们的思想。这就要求党的思想政治工作做好正面教育工作,以坚持团结、稳定、鼓励为方针,以培育"四有"新人为根本目标,以人为本。同时把正面教育与全方位全过程的立体教育相结合。把思想政治工作贯穿于人生的全过程,实行家庭、学校、社会教育的互动。要使思想政治工作涵盖人们社会生活的各个方面,各个领域,从而形成立体的网络,达到最佳的效果。

而人既是思想政治教育的主体,又是客体。思想的灌输,舆论的引导,优秀作品的鼓舞,是人们接受教育的重要途径,但这又归根到底通过人们积极的自我消化吸收,升华和积淀,才能真正灌输到头脑中去,进而改变其行为。而且当前信息社会及网络化的兴起,客观上为人们进行自我教育提供了便利条件,人们可以通过上网,获取大量的最权威的信息,同时进行自我教育本身也是教育的应有之义,是教育实现自我知识更新的客观要求和必然趋势。

第九,必须处理好"摆事实"与"讲道理"之间的关系。思想政治工作在重视理论灌输的同时,必须重视用事实说话。我们在"以科学的理论武装人,以正确的舆论引导人,以高尚的精神塑造人,以优秀的作品鼓舞人"的同时,还要让事实说话。为人民办实事,以事实服人,允许观望,不搞强迫。实践证明,不仅改革开放的评价要靠事实说话,而且人们对党对社会主义的理想与信念也最终决定于"让事实说话"。这同样是"三个代表"重要思想中,关于代表最广大人民的根本利益的客观要求和体现。

第十,必须处理好党风廉政建设与思想政治工作的关系。"己身正,不令而行,己身不正,虽令不从。"我们党的思想政治工作历来重视言传与身教的统一,党风是民风的表率。邓小平也强调思想政治工作"要做得有针对性、细致深入和为群众所乐于接受。最重要的条件,就是凡是需要动员群众做的,每个党员,特别是担负领导职务的党员,必须首先从自己做起"①。

江泽民也提出"讲正气",领导干部要"正人正己",思想政治工作必须结合党的反腐败斗争,才能做到切实有效,增加可信度。当前少数党员干部腐败,严重损害了党风,影响了党在人民群众中的威信,必须严惩不贷。因为"群众对领导干部是要听其言,察其行的,你说的是一套,做的又是一套,台

---

① 《邓小平文选》(第二卷),人民出版社,1994年,第342页。

上讲反腐败,台下搞不正之风,群众怎么会信任你呢?"①

　　总之,综合回顾党的三代中央领导核心关于加强思想政治工作的重要思想,认清 21 世纪思想政治工作面临的新情况、新机遇和新挑战,我们坚信:在"三个代表"重要思想的指导下,我们的思想政治工作一定会跨入一个新境界。

---

　　①　中共中央宣传部:《讲学习、讲政治、讲正气》,人民出版社,1996 年,第 312～313 页。

第四章　科学发展观专题研究

2003 年胡锦涛提出科学发展观的重大论断,这是马克思主义中国化的又一重大成果。学界也掀起了研究热潮。本章尝试从科学发展观、和谐社会和和谐世界三个角度进行探讨。

第一节　科学发展观对马克思主义发展观的重大贡献

党的十六届三中全会明确提出"坚持以人为本,树立全面、协调、可持续的发展观,促进经济社会和人的全面发展"的科学发展观,是党对社会主义现代化建设指导思想的新发展。牢固树立和全面落实科学发展观,对于全面建设小康社会进而实现现代化的宏伟目标,具有重大而深远的意义。

一、科学发展观的理论渊源

发展是人类社会永恒的主题。发展观是关于发展的本质、目的、内涵和要求的总体看法和根本观点。有什么样的发展观,就会有什么样的发展道路、发展模式和发展战略。马克思主义发展观是科学发展观的理论渊源。

首先,唯物史观关于社会历史主体的理论是科学发展观以人为本的理论依据。

唯物史观认为,社会生活在本质上是实践的,人类社会是在人们的实践活动中形成和发展的。马克思指出:"人的本质并不是单个人所固有的抽象物。在其现实性上,它是一切社会关系的总和。"[①]整个历史过程是由活生生的人民群众本身的发展所决定的。在阶级社会中,人民群众是社会历史的创造者,任何阶级和个人,只有融入人民群众之中并代表他们的利益,才能成为历史发展的动力。所谓以人为本,就是以人民群众为本,就是承认人民群众的社会历史主体地位,就是承认国家的权力来自人民。马克思的劳动价值论为我们在市场经济条件下保障劳动者的根本权益提供了根本立场。正如胡锦涛所说,坚持以人为本,必须始终把最广大人民的根本利益放在第一位。"把实现好、维护好、发展好最广大人民的根本利益,作为我们推进改革开放和现代化建设的出发点和落脚点。坚持立党为公、执政为民,坚持权为民所用、情为民所系、利为民所谋,不断满足人民群众的经济、政治和文化利益。"[②]

其次,唯物史观关于社会有机体思想和社会结构理论是科学发展观全

---

① 《马克思恩格斯选集》(第一卷),人民出版社,1972年,第18页。

② 本书编写组:《全面落实科学发展观大参考》,红旗出版社,2005年,第13页。

面协调发展的理论依据。

唯物史观认为,社会的本质是人与人之间以一定物质利益联系起来的经济关系。人类社会发展是受内在一般规律支配的自然历史过程。人类社会的历史首先是一部生产方式发展的历史,是创造物质资料的生产者的历史。在《费尔巴哈论》中,恩格斯在揭示了生产方式的内部矛盾运动之后,进一步以社会的生产关系作为经济基础,揭示了经济基础和上层建筑的矛盾运动规律,提出了经济基础决定上层建筑的基本原理。

社会结构是由生产力、生产关系(经济基础)、上层建筑三个层次因素组成。社会系统的整体性和有机性要求社会发展的全面性和协调性。唯物史观关于生产力和生产关系构成一个社会的经济基础的理论,是我们实行以经济建设为中心的理论依据;唯物史观关于物质生产和精神生产、社会存在和社会意识、社会的所有制结构和分工结构之间、个人利益和群体利益及国家利益之间所存在的辩证关系,是我们实现协调发展的理论依据。

最后,唯物史观关于人类对于自然界的依赖性是科学发展观可持续发展的理论依据。

唯物史观强调人对自然界的依赖性,认为自然界早在人类产生以前就已存在,人是自然界长期发展的产物,自然是人类生存生产的物质前提,人和自然是紧密相连的有机整体。自然对于人类具有优先地位,劳动首先是人和自然之间的过程。人类的活动对环境所产生的影响还会对下一代乃至人类更长远的未来发展产生影响。马克思揭露了资本主义工业化过程中对土地的滥用和对森林等自然资源的破坏,探讨了正确处理和解决人与社会及自然之间关系的理论和途径。

马克思、恩格斯首先揭示了人类社会历史发展的规律,他们认为:人类创造性的物质生产活动是人类社会存在的基础,生产力和生产关系、经济基础和上层建筑的矛盾运动是人类历史发展的根本动力,生产力的发展是人类社会发展的最终决定力量;人类社会的发展也是一个自然历史过程,有其内在的客观规律性;人民群众是历史发展的主体,是人类社会物质财富和精神财富的创造者,人类社会的历史首先是物质资料生产者——人民群众的历史;生产发展必须正确处理人与人、人与社会、人与自然的关系;人类社会发展要逐步消灭阶级之间、城乡之间、脑力劳动和体力劳动之间的对立和差别,使物质财富极大丰富,人民精神境界极大提高,实现每个人自由而全面的发展。可见,唯物史观是科学发展观的理论基础,而科学发展观则是唯物史观在当代中国的运用和发展。

马克思和恩格斯逝世后,列宁全面分析了 19 世纪末 20 世纪初资本主义发展的新特点,并根据资本主义各国政治经济发展不平衡的日益加剧及帝国主义内部矛盾冲突不断加深的实际情况,提出了个别国家的无产阶级可以首先突破资本主义链条中的薄弱环节,取得社会主义革命的胜利,并领导俄国人民经过十月革命,建立了世界上第一个社会主义国家,使社会主义由科学理论变为现实。

针对在俄国这样一个经济文化比较落后的国家建设社会主义应该遵循怎样的发展规律,列宁进行了认真的探索和研究,提出了在经济文化比较落后的国家建设社会主义,必须大力发展社会生产力,把发展社会生产力作为社会主义的基本发展理念,提出了"苏维埃政权＋全国电气化"的著名口号。

列宁逝世后,斯大林领导苏联人民进行了社会主义工业化和农业集体化,并建立了政治上高度中央集权、经济上高度计划经济的社会主义发展模式。这种模式对包括中国在内的二次世界大战后新建立的社会主义国家,一度产生过重大的影响。

综上,科学发展观是对马克思主义发展观的继承和创新,是马克思主义中国化的最新成果。

二、科学发展观是马克思主义中国化最新理论成果

1. 科学发展观的提出

中国共产党人历来十分重视发展问题,为了国家的发展和民族的富强,党的几代领导集体殚精竭虑、艰辛探索,有成功经验,也有曲折教训。新中国成立以来的半个多世纪,特别是改革开放40多年来,社会主义现代化建设波澜壮阔的实践历程,实际上就是党对发展规律进行探索的过程。早在20世纪50年代,毛泽东就提出,社会主义建设要坚持统筹兼顾的原则,并写出了《论十大关系》和《关于正确处理人民内部矛盾的问题》等光辉著作。改革开放后,以邓小平同志为核心的党的第二代中央领导集体,从社会主义初级阶段这个最大的实际出发,制定了"一个中心、两个基本点"的基本路线和一系列方针政策,高举"发展是硬道理"的时代大旗。以江泽民同志为核心的党的第三代中央领导集体,提出了"三个代表"重要思想,强调中国特色社会主义是经济、政治、文化协调发展和社会全面进步的社会,进一步告诫全党:"要把发展作为党执政兴国的第一要务。"党的十六大以来,以胡锦涛同志为总书记的党中央,顺应全面建设小康社会伟大实践的要求,从党和国家事业发展的全局出发,强调全党要牢固树立和认真落实以人为本、全面协调可持续的发展观,"以科学发展观统领经济社会发展全局",推进社会主义经济、政治、文化和社会"四位一体"的建设。不言而喻,从"发展是硬道理"到"发展是第一要务",再到"以科学发展观统领经济社会发展全局",形成了一条关于当代中国发展问题的清晰的历史线索和思想脉络。

21世纪前二十年,是我国经济社会发展的重要战略机遇期。进入21世纪,在人均国内生产总值突破1000美元之后,我国已经从总体上进入了全面建设小康社会的新的发展阶段。这既是发展的一个黄金期,也是一个矛盾

凸现期。当前,我国经济运行和社会运行中,呈现了一系列重要的阶段性特征和矛盾。比如,城乡区域发展不平衡,地区经济发展不平衡,经济社会发展不平衡,经济结构不够合理,粗放型经济增长方式没有根本转变,自主创新能力不强,能源、资源、环境、技术的瓶颈制约日益突出,农业基础薄弱的状况尚未根本改变,解决"三农"问题的任务相当艰巨,等等。解决这些问题,迫切需要我们牢牢把握新的发展阶段的特征,切实抓住用好重要战略机遇期,制定正确的发展目标任务和方针政策,转变发展观念,创新发展模式,提高发展质量,努力实现又快又好的发展。科学发展观的提出,是积极妥善地应对发展中的突出矛盾和问题的必然选择,是全面建设小康社会的必然要求。

科学发展观的形成,不仅立足国内,而且放眼世界,是正确借鉴各国发展的经验教训,全面吸收了当代人类文明发展的最新成果。人类历史上传统的发展观,普遍偏重于物质财富的增长,忽视人的全面发展和社会的全面进步,忽视人文的、资源的、环境的指标,忽视自然界首先是人类赖以生存和发展的基础。在传统发展观的影响下,尽管积累了丰富的物质财富,也为此付出了巨大的代价,资源浪费、环境污染和生态破坏的现象屡见不鲜,人们的生活水平和质量往往不能随经济增长而相应提高,甚至出现严重的两极分化和社会动荡。自20世纪中叶开始,不少国家开始反思人类的发展历史,越来越认识到遵循协调性、综合性、持续性是人类发展的唯一正确选择。从1960年美国人罗斯托的《经济成长的阶段》一书问世,1972年罗马俱乐部发表《增长的极限》,到1987年挪威首相布伦特兰夫人主持的报告《我们共同的未来》的发表,逐步完成了人类思想史上新发展观的根本性转变,以其广泛而深刻的影响力载入人类文明史册。我们党的科学发展观,正是包容了近代以来工业化国家的一切优点,特别是在吸纳了当今世界文明成果的基础上提出来的,具有鲜明的时代特征。

总之,科学发展观的形成绝不是一朝一夕的事情,而是凝结了几代中国共产党人的心血和艰辛探索,集中了全党的智慧,并经过了实践的检验,反映了党对共产党执政规律、社会主义建设规律、人类社会发展规律认识的不断深化,标志着党的社会主义现代化建设指导思想,与时俱进到了一个新高度。正如胡锦涛指出的:"科学发展观总结了20多年来我国改革开放和现代化建设的成功经验,吸取了世界其他国家在发展进程中的经验教训,概括了战胜非典疫情给我们的重要启示,揭示了经济社会发展的客观规律,反映了我们党对发展问题的新认识。"

2003年10月,党的十六届三中全会通过的《中共中央关于完善社会主义市场经济体制若干问题的决定》指出:"坚持以人为本,树立全面、协调、可持续的发展观,促进经济社会和人的全面发展。"这是党的文件中第一次提出科学发展观。

2. 科学发展观的科学内涵

第一,科学发展观的内涵就是坚持以人为本,树立全面、协调、可持续的发展观,促进经济社会和人的全面发展。科学发展观的本质和核心是坚持以人为本。科学发展观是在坚持毛泽东、邓小平和江泽民关于发展的重要思想,充分肯定新时期特别是党的十三届四中全会以来我国取得举世瞩目成就的基础上,从新世纪新阶段的实际出发,适应现代化建设,努力把握发展规律、汲取人类关于发展的有益成果,着眼于丰富发展内涵、创新发展观念、开拓发展思路、解决发展难题的基础上提出来的。科学发展观的内涵极为丰富,涉及经济、政治、文化、社会发展各个领域,既有生产力和生产关系问题,又有经济基础和上层建筑问题;既是重大的理论问题,又是重大的实践问题。坚持以人为本,全面、协调、可持续发展;促进经济社会和人的全面发展。统筹城乡发展、统筹区域发展、统筹经济社会发展、统筹人与自然和谐发展、统筹国内发展对外开放。

第二,坚持发展是硬道理,发展是人类社会永恒的主题。作为世界上最大的发展中国家,我国的经济基础和综合国力都比较落后,社会主要矛盾仍然是人民群众日益增长的物质文化需求同落后的生产力之间的矛盾,因此我们必须仍然坚持以经济建设为中心,大力解放和发展生产力,为实现经济社会进步和人的全面发展奠定基础。

坚持抓好发展这个党执政兴国的第一要务,坚持以经济建设为中心,坚持用发展和改革的办法解决前进中的问题。要坚定不移地以科学发展观统领经济社会发展全局,坚持以人为本,转变发展观念、创新发展模式、提高发展质量,落实"五个统筹",把经济社会发展切实转入全面协调可持续发展的轨道。全面贯彻落实科学发展观,必须保持经济平稳较快发展,必须加快转变经济增长方式,必须提高自主创新能力,必须促进城乡区域协调发展,必须加强和谐社会建设,必须不断深化改革开放。

第三,发展必须是可持续的发展。我国土地、淡水、能源、矿产资源和环境状况对经济发展已构成严重制约。要把节约资源作为基本国策,发展循环经济,保护生态环境,加快建设资源节约型、环境友好型社会,促进经济发展与人口、资源、环境相协调。推进国民经济和社会信息化,切实走新型工业化道路,坚持节约发展、清洁发展、安全发展,实现可持续发展。

三、以人为本是科学发展观的核心

科学发展观坚持以人为本的崇高理想,集中体现了马克思主义的价值观。不管是全面发展、协调发展,还是可持续发展,归根结底都是为了人。否则,所谓的发展就失去了意义。因此,从目的范畴来看,科学发展观的基本价值取向,是以人为本、以人的全面发展为核心的。"以人为本"是科学发展观的本质属性。"以人为本"就是把人作为社会主体和中心,一切以人为目的,摒弃传统的把人作为工具和手段的物本主义倾向。"以人为本"的要义有两个方面,一是"以实现人的全面发展为目标"。人的全面发展,是马克思和恩格斯设想的未来共产主义社会的一个本质特征。我国现在处于并将长期处于社会主义初级阶段,距离那样的理想境界还很遥远,人的全面发展的目标在现阶段还不可能完全实现。但是即使如此,中央还是站在面向未来发展的高度把问题提了出来,这不但表明党坚定的政治信念和对远大目标的执着追求,更表明从现在起,我们就要脚踏实地地朝着这样的方向去努力。这对于把未来社会的理想和初级阶段的现实有机结合起来,减少历史进程中的盲目性,增强发展的自觉性,具有十分重大的现实指导意义。二是"让发展的成果惠及全体人民"。党所主张的发展,不是为了少数人或某些集团的利益,而是为了全体人民的利益,经济社会发展的成果,必须让广大人民群众都能够平等地分享到。科学发展观开宗明义地提出坚持"以人为本",是对人的主体地位的高扬和提升,充分体现了马克思主义深切的人文关怀,体现了中国共产党人的价值观和立党为公、执政为民的政治本色。

总之,以人为本是以最广大人民的根本利益为本。以人为本体现了立党为公、执政为民的本质要求。坚持发展为了人民、发展依靠人民、发展成果由人民分享,把促进经济社会发展与促进人的全面发展统一起来。

四、全面协调可持续发展是科学发展观的基本要求

第一,科学发展观强调全面发展。全面发展,就是以经济建设为中心,全面推进经济建设、政治建设、文化建设和社会建设,实现经济发展和社会全面进步。经济社会进步和人的全面发展——科学发展观的价值目标取向。科学发展观的最终目标和根本价值取向在于实现人的全面发展,而经济社会的全面进步是实现这一价值取向的前提。

第二,科学发展观要求协调发展。协调发展,就是要努力做到"五个统筹",即统筹城乡发展、统筹区域发展、统筹经济社会发展、统筹人与自然和谐发展、统筹国内发展和对外开放。推进生产力和生产关系、经济基础和上层建筑相协调;推进经济、政治、文化建设的各个环节、各个方面相协调;实现速度与结构、质量、效益的有机统一,促进发展的良性循环。

第三,科学发展观主张可持续发展。可持续发展,就是要促进人与自然的和谐,实现经济发展和人口、资源、环境相协调,坚持走生产发展、生活富裕、生态良好的文明发展道路,保证一代接着一代地持续发展。

五、历史地位

科学发展观是推进社会主义现代化建设必须长期坚持的重要指导思想。是马克思主义中国化的最新理论成果,党的十七大把科学发展观写入党章,党的十八大将其确立为党的指导思想。

第一,科学发展观是对马列主义、毛泽东思想、邓小平理论和"三个代表"重要思想关于发展思想的继承和发展。

科学发展观是我国经济社会发展的重要指导方针,是建设中国特色社会主义必须坚持和贯彻的重大战略思想。科学发展观进一步回答了什么是发展、为什么发展、怎样发展等重大问题,在发展道路、发展模式、发展战略、发展动力、发展目的和发展要求等方面提出了一些新的思想观点,赋予了马克思主义关于发展的理论的新时代内涵和实践要求,从而形成了与马克思主义、毛泽东思想、邓小平理论和"三个代表"重要思想关于发展的思想既一脉相承又与时俱进的科学理论体系。

第二,科学发展观是在准确把握世界发展趋势,认真总结我国发展经验、深入分析我国发展阶段性特征的基础上提出来的。

和平与发展是当今世界的主题。综观世界各国的历史,各个国家及每个国家在不同的历史时期都在探索和选择自己的发展道路,既有很多成功的例证,也有不少失败的教训。科学发展观不仅系统总结了我国历史上关于经济与社会发展的实践,而且是在全面地分析和借鉴了世界各国发展的经验和教训基础上提出的新的发展观。

在人类历史上,资本主义的发展曾经给人类带来了巨大的进步,它创造的生产力比过去创造的全部生产力总和还要多。但是资本主义的发展史,就是资本剥削劳动、列强掠夺弱国的历史,资本积累的历史,就是一部残酷的剥削史、掠夺史,资本一来到世界,从头到脚都是肮脏的东西,每个毛孔都滴着血。"这种剥夺的历史是用血和火的文字载入人类编年史的"①,没有也不可能给世界带来普遍繁荣和共同富裕。恰恰相反,今天我们看到的西方发达资本主义国家的繁荣稳定,是依靠不平等、不合理的国际分工和交换体系,依靠发展中国家提供的广大市场、廉价资源和廉价劳动力而实现的。

第二次世界大战后,西方国家对发展中国家的现代化问题进行了比较系统的研究,以罗斯托和塞缪尔·亨廷顿为代表的美国学者提出了以"经济增长"为核心的发展观。这种理论认为,国内生产总值是一个国家经济社会是否进步的最重要的指标,只要经济搞上去了,一个国家的现代化就实现了。以经济增长为核心的发展观,对促进经济发展、迅速积累财富起了积极作用,但是由于经济增长并不能体现收入分配的改善和社会结构的完善,并没有给人类带来所期望的福祉。相反,却出现了高增长下的分配不公、两极分化、社会腐败、政治动荡、环境污染和生态破坏,导致社会发展的严重失衡。由于这种理论布满了"陷阱"和不足,致使一些拉美国家虽然在战后获得了政治上的独立,建立了拥有独立主权的民族国家,但这些国家往往在经

---

① 马克思:《资本论》(第一卷),人民出版社,2004 年,第 822 页。

济上仍然非常落后,且大多依附于西方发达国家,受西方国家的制约,经济自主权较少,进而造成经济发展起伏不定,金融动荡持续不断,社会问题层出不穷。这就是著名的"拉美模式"给我们的警示。

20世纪70年代初,基于以"经济增长"为核心的发展观的弊端,美国著名经济学家梅多斯等人提出了"增长极限理论",认为经济发展不能过度消耗资源、破坏环境、人类要注意经济增长与资源环境的协调。70年代以后,人们对发展有了新的认识,即增长不等于发展。但其明显局限性在于强调了当代发展的综合协调,而忽略了后代的发展空间问题。90年代,人类对发展的认识又上升到一个新阶段,提出了面向后代与未来的发展观——可持续发展观,联合国世界环境与发展委员会在《我们共同的未来》研究报告中,首次清晰地表达了可持续发展观,即强调发展成为今天是现实的、合理的,同时又能使明天的发展获得可能的空间和条件。世界各国经济和社会发展中的经验教训及人们对发展问题的探索,为科学发展观的形成提供了重要的借鉴,科学发展观正是在吸收世界各国对发展探索的理论和经验教训基础上提出来的。

六、重要意义

科学发展观是对经济社会发展一般规律性认识的深化,是马克思主义关于发展的世界观和方法论的集中体现。新时期贯彻落实科学发展观具有重要的时代意义。

第一,树立和落实科学发展观是全面建设小康社会的必然要求。党的十六大提出全面建设惠及十几亿人口的更高水平的小康社会,是经济更加发展、民主更加健全、科教更加进步、文化更加繁荣、社会更加和谐、人民生活更加殷实的社会。这是一个经济、政治、文化、社会、生态文明和人的全面发展的系统的目标体系。只有牢固树立和认真落实科学发展观,才能求真务实地全面建设小康社会。

第二,树立和落实科学发展观是提高党的执政能力和执政水平的迫切需要。发展是执政兴国的第一要务。就要按客观规律科学地领导中国特色社会主义事业的全面推进,切实抓好党执政兴国的第一要务。深入体察人民群众的意愿,切实把维护和实现最广大人民的根本利益体现在党领导发展的大政方针和各项部署中,落实到经济社会发展的各个方面。把推进经济建设同推进政治建设、文化建设统一起来,促进社会全面进步和人的全面发展。推动建立统筹城乡发展、统筹区域发展、统筹经济社会发展、统筹人与自然和谐发展、统筹国内发展和对外开放的有效体制机制。建立体现科学发展观要求的经济社会发展的综合评价体系。

第三,树立和落实科学发展观是建设和谐社会的要求。促进社会和谐是我国发展的重要目标和必要条件。要按照以人为本的要求,从解决关系人民群众切身利益的现实问题入手,更加注重经济社会协调发展,加快发展社会事业,促进人的全面发展;更加注重社会公平,使全体人民共享改革发展成果;更加注重民主法制建设,正确处理改革发展稳定的关系,保持社会安定团结。

第四,树立和落实科学发展观是应对我国经济社会发展中各种风险和挑战的必然要求。我国经济社会发展进入新阶段,经济发展中取得的成就为经济社会持续发展创造了有利条件。同时必须清醒地认识到,我国正处于并长期处于社会主义初级阶段,生产力还不发达,城乡区域发展不平衡;粗放型经济增长方式没有根本转变,经济结构不够合理,自主创新能力不强,经济社会发展与资源环境的矛盾日益突出;解决"三农"问题的任务相当艰巨;就业压力依然较大,收入分配中的矛盾较多;影响发展的体制机制问题亟待解决,处理好社会利益关系的难度加大。我们在前进道路上还面临不少困难和问题。我们一定要立足科学发展,着力自主创新,完善体制机制,促进社会和谐,全面提高我国的综合国力、国际竞争力和抗风险能力,奋力把中国特色社会主义事业推向前进。

总之,认真贯彻落实科学发展观,对于全党、全国人民在新时期全面建设小康社会、开创中国特色社会主义事业的新局面,具有重大的现实意义和深远的历史意义。

第二节 和谐社会与执政党利益协调机制的构建

利益和谐是社会主义和谐社会的核心。当前社会存在利益失衡的主要表现为:行业收入失衡、贫富失衡、城乡失衡、地区失衡、经济与社会发展失衡、人与自然失衡。中国共产党作为执政党,应当重视和解决利益失衡,努力构建利益协调机制,包括利益分配机制、利益表达机制、利益疏导机制、利益补偿机制、利益约束机制。

社会主义和谐社会是以胡锦涛同志为总书记的党中央提出的重大理论创新,也是新时期中国特色社会主义建设的重要战略任务。面对当前中国社会面临的各种利益矛盾,应当重视利益协调机制的构建,本书拟对此问题进行探讨。

一、利益和谐是社会主义和谐社会的核心

社会主义和谐社会的价值目标是什么? 当前学术界还没有形成共识,存在不同的争论。综合 2006—2011 年学术界的研究,笔者概括为五种主要观点:第一,以人为本说。有学者认为,以人为本是社会主义和谐社会的基

础和原则。^① 有学者进一步拓展认为,以人为本是社会主义和谐社会的核心价值取向;维护公平正义是社会主义和谐社会的基础价值取向;社会主义荣辱观是社会主义和谐社会的基本价值准则。^② 这一论断认为科学发展观与社会主义和谐社会的关系是统一的。科学发展观的本质是以人为本,因此也是社会主义和谐社会的价值目标。第二,公平正义说。有学者认为公平正义是和谐社会的价值目标^③,维护公平正义是社会和谐的强大基石^④,社会公平是和谐社会的基石^⑤,这一论断主要依据社会主义和谐社会的六个特征,而公平正义是首要方面。第三,综合说。有学者认为从社会价值层面来讲,构建社会主义和谐社会必须对社会价值取向进行协调。并且从求利价值取向与求义价值取向的双向制衡、个体价值取向与集体价值取向的合理兼顾、一元价值取向与多元价值取向的和谐统一三个方面进行社会价值取向协调的探讨。^⑥ 这一论断主要是认为和谐社会的价值取向也应该是和谐的多样性的统一。第四,官民和谐说。有学者认为官民和谐是建设和谐社会的关键。^⑦ 这一论断主要依据和谐社会的主要领导是政府,政府是主体。如何处理政府和公民的关系成为构建社会主义和谐社会的关键。第五,利益和谐说。有学者认为利益和谐是和谐社会的核心。没有利益的和谐,就不会有人与人之间的和谐,更不会有和谐社会。^⑧ 也有学者认为在构建社会主义和谐社会的过程中,把利益兼顾作为根本道德原则,是我国社会利益关系变化发展的客观要求,是马克思主义道德理论的内在要求,也是人类道德

---

① 司马俊莲:《以人为本与和谐社会关系论纲》,《河北法学》,2007 年第 12 期。
② 王晶:《论社会主义和谐社会的价值取向》,《前沿》,2010 年第 8 期。
③ 林英:《公平正义是和谐社会的逻辑起点》,《理论导刊》,2007 年第 12 期。
④ 杨海峰、王菲菲:《维护公平正义:社会和谐的强大基石》,《长白学刊》,2007 年第 6 期。
⑤ 雷应春:《社会公平是和谐社会的基石》,《人民论坛》,2011 年第 4 期。
⑥ 钟添生:《和谐社会的构建与社会价值取向的协调》,《江西社会科学》,2007 年第 2 期。
⑦ 郑黎芳:《官民和谐是建设和谐社会的关键》,《上海海洋大学学报》,2011 年第 1 期。
⑧ 龚先庆、沈晖:《利益和谐是和谐社会的核心》,《河南师范大学学报》,2010 年第 6 期。

文明进步的必然要求。①

应当说,上述五种观点,从各自的视角和学科领域出发,都有一定的合理性。综合学术界的研究,笔者更倾向于第五种观点,即利益和谐是和谐社会的核心。要达到利益和谐,就要对现有的利益格局进行利益均衡。因此利益和谐是社会主义核心社会的根本价值取向。

1. 追求利益是人类社会活动的动因

马克思主义认为:"思想一旦离开'利益',就一定会使自己出丑。"②利益是社会的基础,也是人与人之间关系的基础。利益关系是社会关系中普遍存在的一种根本关系,是维系社会存在的本质的、经常的、必然的因素。对利益的追求是人类社会活动最深刻的根源和动力,要构建社会主义和谐社会,就必须首先解决人们的利益问题,协调好人们之间的利益关系,这是社会和谐的首要前提和基础。

2. 利益和谐是解决现阶段社会各种利益矛盾的现实要求

改革开放 40 多年来,我国社会主义现代化建设取得了世人瞩目的成就,人民生活总体上达到小康水平。目前,我国社会总体上是和谐的。但仍存在不少影响社会和谐的矛盾和问题,主要有:城乡、区域、经济社会发展很不平衡,人口资源环境压力加大;就业、社会保障、收入分配、教育、医疗、住房、安全生产、社会治安等关系群众切身利益的问题比较突出。我们应清醒地看到因迅速而深刻的社会变革导致日益凸现的种种问题和矛盾。这些矛盾的存在,其实质都与利益的分配不公和利益的不协调有关。要想从根本上彻底解决以上这些矛盾和问题,就必须依靠利益的协调和均衡,"如果这些问

---

① 王正平、刘玉:《利益兼顾:构建社会主义和谐社会的根本道德原则》,《上海师范大学学报》,2010 年第 5 期。

② 《马克思恩格斯全集》(第 2 卷),人民出版社,1957 年,第 103 页。

题长期得不到彻底地解决,构建社会主义和谐社会只能是一句空话"①。构建社会主义和谐社会是一个不断化解社会利益矛盾的过程。我们要始终保持清醒的头脑,居安思危,深刻认识我国发展的阶段性特征,科学分析影响社会和谐的矛盾和问题及其产生的原因,才能从根本上不断促进社会和谐。

3. 利益均衡与社会主义和谐社会息息相关

社会主义和谐社会的总体要求是民主法治、公平正义、诚信友爱、充满活力、安定有序、人与自然和谐相处,这几个方面无一不与利益均衡相关。民主法治、公平正义是基础与保证,以社会主义民主和依法治国的基本方略来维护利益关系均衡,公平正义才能使社会各方面的利益关系得到利益均衡;诚信友爱是条件,没有诚信友爱的社会氛围,利益和谐就失去了环境支持;社会组织机制健全,社会管理完善而充满活力,既是利益均衡的要求,也是利益均衡的结果;只有人与自然和谐,利益和谐才可持续。"由于利益在社会发展中的根本作用,利益和谐在各种和谐关系中具有的根本作用,它决定了实现利益和谐是构建社会主义和谐社会的核心和基础条件。"②我们可以认为,利益均衡是保障和谐社会实现的重要途径。

二、转型时期社会利益失衡的主要表现③

党的十六届六中全会通过的《中共中央关于构建社会主义和谐社会若干重大问题的决定》指出,社会主义和谐社会是以解决人民群众最关心、最直接、最现实的利益问题为重点,全体人民共同建设、共同享有的社会。构

---

① 范铁中:《利益协调:构建和谐社会的关系与路径》,《求索》,2007 年第 6 期。
② 龚先庆、沈晖:《利益和谐是和谐社会的核心》,《河南师范大学学报》,2010 年第 6 期。
③ 关于和谐社会的相关论文写作是在 2010 年前后,相关数据也是当时的统计,此处保留原文。党的十八大以来,我国经济社会发展已经取得显著成就,城乡差距、区域差距、收入差距等在缩小。

建社会主义和谐社会实质上就是构建和谐的利益关系,这里所说的和谐,本质就利益角度而言,是指不同社会成员和群体在利益分配和占有过程中总体上形成了相对均衡、合理的利益关系和格局,使得不同社会成员和群体的利益分歧、矛盾在整体上保持在社会秩序范围之内。当前,我国的国内形势较为严峻,仍然存在很多利益矛盾,主要表现在以下方面:

1. 行业收入失衡

我国不同行业收入差距明显拉大。一些垄断部门和垄断行业工资收入普遍较高,这已经成为影响居民收入差距的一个重要原因。例如我国烟草、电力、石油、电信、航空、金融等行业都属于垄断行业。根据国家统计局公布的数据,目前,国有垄断行业职工的平均工资是其他行业的 2～3 倍。根据国家统计局相关数据统计,改革开放以来,在大行业中,农业、批零贸易和餐饮业的工资水平"始终落后";电力、燃气和水的生产供应业,交通运输、仓储邮电业,科研和技术业的平均工资"始终领先"。①

2. 贫富失衡

按照国际通行惯例,衡量一个社会全体成员总体上的贫富差距状况,最直接的方法就是采取基尼系数。联合国开发计划署公布的数据显示,2007年我国的基尼系数是 0.45(基尼系数在 0.4 到 0.5 之间表示收入差距过大)。中国居民基尼系数在 2000 年为 0.4116,到 2007 年增长为 0.4563,增长了 0.0447。②

3. 城乡失衡

城乡失衡主要体现在城乡居民收入和消费状况上。改革开放以来,农

---

① 郭娜、祁怀锦:《我国行业收入差距的影响因素及实证分析》,《价格理论与实践》,2009 年第12 期。
② 郭娜、祁怀锦:《我国行业收入差距的影响因素及实证分析》,《价格理论与实践》,2009 年第12 期。

民人均收入和消费增加了不少,但与城镇居民的收入和消费相比,速度要慢得多,收入和消费差距仍然存在。以 2006 年为例,东部区域 11 个省、市的平均泰尔指数为 0.101,中部区域 8 个省的平均泰尔指数为 0.134,西部区域的城乡收入差距最大,其平均的泰尔指数为 0.216。因此,中部区域平均的城乡收入差距略高于东部区域,西部区域平均的城乡收入差距则远高于东部、中部区域。[①]

4.区域失衡

虽然邓小平曾经提出"两个大局"的思想,但是因为资源禀赋、历史因素、交通、地理位置等多种因素差异,目前,中国形成了南、东、北分布的珠三角、长三角和环渤海三大经济区,它们已经构成中国经济发展最活跃的地域,与之形成鲜明对比的是中西部地区发展落后。这可从收入分布上得以印证:"2006 年各省市人均可支配收入,居前 5 位的是上海 20668 元、北京 19978 元、浙江 18265 元,广东 16016 元、天津 14283 元;后 5 位是宁夏 9177 元、贵州 9117 元、青海 9000 元、甘肃 8921 元、新疆 8871 元。"[②]

三、执政党利益协调机制的构建

利益协调是构建社会主义和谐社会的根本要求,是推进社会主义和谐社会建设进程的重中之重。构建社会主义和谐社会,必须建立健全利益调整和协调机制,主要包括以下几方面:

1.利益分配机制

改革开放 40 多年来,在经济建设取得伟大成就的同时,"利益分配的不

---

① 欧阳志刚:《我国城乡收入差距的变化特征及其地区差异》,《生产力研究》,2009 年第 19 期。
② 彭劲松:《当代中国利益关系分析》,人民出版社,2007 年,第 72 页。

公正已经严重影响到社会的稳定和安全"①。因此,构建合理的利益分配机制对在社会经济活动运行中实现分配公平正义意义重大。利益分配机制的主要措施就是调节过高收入,保护合法收入,打击和取缔非法收入,保障最低收入。

党的十六届六中全会通过的《中共中央关于构建社会主义和谐社会若干重大问题的决定》指出:"完善收入分配制度,规范收入分配秩序。坚持按劳分配为主体、多种分配方式并存的分配制度,加强收入分配宏观调节,在经济发展的基础上,更加注重社会公平,着力提高低收入者收入水平,逐步扩大中等收入者比重,有效调节过高收入,坚决取缔非法收入,促进共同富裕。通过扩大就业、建立农民增收减负长效机制、健全最低工资制度、完善工资正常增长机制、逐步提高社会保障标准等举措,提高低收入者收入水平。"②同时,"完善社会保障制度,保障群众基本生活。适应人口老龄化、城镇化、就业方式多样化,逐步建立社会保险、社会救助、社会福利、慈善事业相衔接的覆盖城乡居民的社会保障体系"③。

2. 利益表达机制

利益表达,就是公民和利益群体向政府有关部门反映自己的愿望和利益诉求,并希望得到有力的保护和实现的过程。畅通有效的利益表达机制,对和谐社会的构建极为重要。一方面,它有利于执政党和政府及时了解公众的利益要求,在错综复杂的利益关系中妥善处理各种利益矛盾和摩擦,完善社会政策体系,促进社会公平和正义,从而实现社会和谐发展。另一方面,它也是一种社会安全阀机制,有利于促进社会的稳定。党的十六届四中

---

① 何建华:《分配正义论》,人民出版社,2007年,第3页。

② 《中共中央关于构建社会主义和谐社会若干重大问题的决定》,《人民日报》,2006年10月19日。

③ 《中共中央关于构建社会主义和谐社会若干重大问题的决定》,《人民日报》,2006年10月19日。

全会指出,要"引导群众以理性的形式表达利益要求"。胡锦涛在讲话中也多次强调这一点。通过通畅的渠道使各利益主体能够及时表达其利益需求,参与科学决策,是形成相对均衡利益格局的重要前提。因此,需要坚持和完善利益表达机制,拓展公民和利益群体利益表达的渠道。笔者认为,可以从以下制度和机制着手,拓展和完善利益表达机制。

第一,完善人民代表大会制度,强化各级人民代表的利益表达功能。其一,扩大代表的覆盖范围,让不同利益群休和社会阶层的代表都有机会参与国家社会政治生活,特别是要赋予弱势群体代表充分表达自己意愿的机会;其二,改变城乡人大代表比例不平衡的局面,逐步扩大农民、农民工、工人代表在全国人大代表中的比重。其三,尝试基层人大代表直接选举制度,有条件的扩大到市一级。其四,完善人大代表和选民沟通交流机制。其五,"设立人大代表常任制,充分发挥人大的职能。对于人大代表的资格和要求规定上,选举政治参与能力强的学历文化程度高的代表"①。

第二,完善政治协商制度,加强多党合作与政治协商制度的制度化与程序化建设。在具体的制度和机制设计上,应该"鼓励、支持各民主党派的发展,扩大其自身的代表性;建立规范的民主党派负责人在国家机关的任职制度,拓展民主党派的参政空间;完善政治协商机制,加强党委、政府与人民政协的互动"②。此外,还需要尽快加强立法,制定中国特色的《政党法》,使中国共产党领导下的多党合作和政治协商制度法律化和规范化。

第三,大力发展基层民主,保障人民享有更多更切实的民主权利。人民依法直接行使民主权利,管理基层公共事务和公益事业,实行自我管理、自

---

① 李涛、刘雪焕:《扩大公民有序政治参与,完善权力监督制约机制》,《政治学研究》,2008 年第 3 期。

② 李涛、刘雪焕:《扩大公民有序政治参与,完善权力监督制约机制》,《政治学研究》,2008 年第 3 期。

我服务、自我教育,是公民参与权力监督的最有效途径。当前需要进一步完善村民自治制度,城市的社区自治和企业的职工代表大会制度,需要实行差额选举,减少政府的行政干预,加强选民和代表的沟通。

第四,健全和完善听证制度。听证制度是一种直接民主的制度,也是公民有序地直接参与政治的一种较好的活动方式。听证制度可以渗透在立法、行政、司法等诸多活动之中。凡是与公民利益相关的直接和间接的行政决策,都应该举行听证会,直接听取公民的意见,使决策做到民主化、科学化、公开化,有利于政府的决策符合民意和接近民意,有利于政府决策的实施。例如,目前我国在价格调整(如铁路票价、自来水价格等)方面的听证制度,就是相当有益的探索。公民可以通过这样的方式参与政府决策,促进行政决策的科学化和民主化。

第五,健全和完善公民批评制度、建议制度、申诉制度、控告制度、检举制度、信访制度、监督制度等。要使这些公民意见表达的方式成为公民有序地参与政治的法律机制,发挥其应有的作用。

3. 利益疏导机制

社会中的利益矛盾是常在的,回避矛盾、掩盖矛盾都是不可取的。当自发的、零散的、轻微的矛盾得不到及时解决时,就可能会演变为自觉的、有组织的、严重的群体性对抗,会使矛盾摩擦上升为矛盾冲突。因此,要对利益矛盾进行及时疏导。首先,当前各级政府应当转变职能,转变思想观念,从思想上重视解决利益矛盾的重要性。改变原来的隐瞒、轻视、掩盖利益矛盾等现象,把重视解决好社会利益矛盾上升为影响社会主义和谐社会稳定的头等大事来抓。其次,建立社会利益矛盾预警机制,关键是要建立健全社会矛盾信息收集和分析机制。最后,建立健全社会利益矛盾疏导制度,如政府和民众的对话机制、信访机制、劳动仲裁制度、群众组织的调解制度、司法仲裁制度等。

4.利益补偿机制

健全社会利益补偿机制,是维系和谐社会稳定的重要基石。在经济转型、社会变迁过程中难免会引发部分个人和群体利益的损失。对弱势群体实行及时救助是必要的。通过建立合理的利益补偿机制,给利益受损的个人或群体提供适当的补偿,对缓解利益分化、提高社会公平、促进社会和谐发展起着减震缓冲的作用。弱势群体由于缺少资源优势,在经济政治社会各个领域缺少话语权,缺少与强势群体博弈的能力。如果放弃甚至忽视对弱势群体的利益补偿,势必会影响到和谐社会的稳定。邓小平曾深刻指出:"中国的问题,压倒一切的是需要稳定。没有稳定的环境,什么都搞不成,已经取得的成果也会失掉。"[1]"只有稳定,才能有发展。"[2]因此,建立合理的利益补偿机制是维护社会稳定的客观要求。政府应当加大社会的公共产品的供给,对于社会的弱势群体的主要组成部分下岗工人和农民利益群体进行利益补偿,需要建立健全社会保障制度。"在城市要以完善失业保险和最低生活保障机制、城镇职工基本养老保险、城镇职工基本医疗保险制度为突破口,建立城市多层次全方位的社会保障体系;而在农村则要以社会救助为突破口,以完善新型医疗制度为重点,逐步推进养老保险制度,健全农村社会保障机制。"[3]

在利益补偿机制的建设上,其利益补偿要与社会经济发展相一致,以维护最广大人民群众的根本利益为出发点,以社会的稳定和发展为导向,最大限度地实现经济发展和社会公平的统一。利益补偿机制的原则应该包括:第一,适度原则。即利益补偿必须适度,不能超出社会经济的发展水平,也不能造成弱势利益群体的心理懒惰。第二,造血原则。利益补偿不是单纯

---

① 《邓小平文选》(第三卷),人民出版社,1993年,第284页。

② 《邓小平文选》(第三卷),人民出版社,1993年,第357页。

③ 李钟麟:《论和谐社会构建中的利益协调原则与运行机制》,《学术交流》,2007年第5期。

的输血,其目的不是保护落后,而是造血,让其自身发展起来。例如,对失地农民,我们除了需要经济补偿外,还要加大以职业技术、岗位技能为重点的就业培训,提高失地农民再就业能力。第三,循序渐进原则。利益补偿应当随着社会经济的发展,国家综合国力的增强,循序渐进,逐步提高补偿标准。

5.利益约束机制

社会主义市场经济是法治经济。经济运行的活动、经济活动的主体、商品的买卖以及质量问题都需要法律的规范和调节。但是市场经济条件下,法治还不健全,过度的强调利益竞争使得市场经济中往往出现见利忘义,甚至出现违法犯罪的行为。比如,频繁出现的食品卫生事件、环境恶化事件、强制拆迁事件等,有些事件严重挑战社会的道德底线,给社会稳定带来严重的危害。因此必须建立利益约束机制,约束市场活动的主体,包括地方政府、企业和公民个人。对于利益约束一般而言主要包括道德和法律的手段。因此,在市场经济条件下,一方面需要重新塑造以诚信、和谐为基础的社会伦理规范。构建诚信政府,探讨社会主义和谐社会中的企业社会责任尤为必要。另一方面需要法律的权威性,切实规范市场经济主体及其行为,规范市场秩序,确保利益主体通过合法途径获取利益,打击和取缔非法收入,以法规约束各种利益群体和个人的行为。实施依法治国,建设社会主义法治国家,这是维护社会和谐的制度保证。

第三节　关于和谐世界理论的研究述评

胡锦涛在 2005 年庆祝联合国成立 60 周年首脑会议上首次提出了和谐世界的重要思想,对于指导新中国在 21 世纪的外交,建设和谐世界,更进一步发挥我国在经济全球化背景下更大的积极作用具有重要理论和现实价值,但同时也面临许多新问题。在此大背景下,学术界、理论界对和谐世界理论进行了各方面多学科、多视角的研究。笔者抓住了其中研究的较多的典型的六大问题,包括:一是关于和谐世界的提出背景;二是和谐世界的科学内涵和基本特征;三是和谐世界的理论渊源;四是和谐世界的理论和现实意义;五是和谐世界的实现途径;六是和谐世界的其他相关问题研究。对其做一综述,以求进一步深化和推进该理论的研究。

一、和谐世界的提出背景

关于和谐世界的提出背景,有学者认为有两方面:一方面是当今世界的现状是中国提出和谐世界主张的主要考虑。另一方面是和谐世界主张的提出,是中国建设和谐社会思想的发展和延伸。[1] 有学者提出了构建和谐世界的五点依据:倡导建设和谐世界,是建设中国和谐社会主张的必要延伸和必要前提;是我国独立自主外交政策的集中体现;是对中国历史文化传统的发扬光大。它符合中国共产党理想的社会模式,顺应了世界谋和平、求发展的大潮流。[2] 有学者认为,胡锦涛构建和谐世界的理念,系统阐述了中国走和平发展之路的必然性:第一,中国走和平发展之路,是基于中国国情的必然选择;第二,中国走和平发展之路,是基于中国历史文化传统的必然选择;第三,中国走和平发展之路,是基于当今世界发展潮流的必然选择。[3]

① 汝勇:《简论和谐世界》,《渤海大学学报》,2006 年第 2 期。
② 萨本望:《对于建设和谐世界的几点认识》,《和平与发展》,2006 年第 1 期。
③ 顾瑞:《构建和谐世界的理论诠释》,《扬州大学学报》,2006 年第 1 期。

二、和谐世界的科学内涵和基本特征

关于和谐世界理念的科学内涵,有学者认为包括五方面内容:第一,它是我国宝贵外交遗产的继承,是中国、印度等国在 20 世纪 50 年代倡导的著名的和平共处五项原则在新时期的发扬光大;第二,它是 20 世纪 90 年代后期以来中国"新安全观"等重大理念的延续,是对话求安全、合作谋发展之类共赢思路的深化;第三,针对目前的国际形势和重大矛盾,它强调了不同文化、地域、民族和国家之间进行对话和加深理解的紧迫性,特别看重保持全球社会的政治和文明形态之多样性的必要性;第四,它充分注意到南北世界差距拉大的严重后果,要求建立更加公平合理的国际经贸安排;第五,需要"有理""有利""有节"地抵制少数国家的霸权主义,推动国际关系的民主化进程。①

有学者认为和谐世界的内涵有四方面:第一,坚持多边主义,实现共同安全与和平,是胡锦涛"和谐世界"思想的基础;第二,坚持互利合作和发展,实现共同繁荣是核心;第三,坚持包容精神,共建和谐世界是最终目标;第四,坚持积极稳妥方针,推进联合国改革,建立合理的国际政治经济新秩序,是根本途径。② 也有学者认为和谐世界的内涵包括:共同发展与繁荣、相互包容、永久和平、共同安全。③

关于和谐世界的主要特征,有学者认为中国的和谐世界理想有四大特征:第一,和谐世界是持久和平的世界。用中国古语说,就是天下太平。第二,和谐世界是共同繁荣的世界。第三,和谐世界是丰富多彩的世界。第四,和谐世界是交流合作的世界。

---

① 肖晞、于海洋:《试论和谐世界理念》,《理论探索》,2006 年第 3 期。
② 朱西周:《略论胡锦涛的"和谐世界"思想》,《攀登》,2006 年第 1 期。
③ 冯来兴:《中国传统"和合"文化与构建和谐世界》,《江汉论坛》,2006 年第 5 期。

三、和谐世界的理论渊源

关于和谐世界的理论基础,有学者认为,胡锦涛"和谐世界"思想,是对中国老一辈无产阶级革命家外交遗产的继承和发展。胡锦涛的"和谐世界"思想,是对以毛泽东同志为核心的党的第一代中央领导集体关于和平共处五项原则地发扬光大,是对以邓小平同志为核心的党的第二代中央领导集体和平与发展思想的继承与发展,也是对以江泽民同志为核心的党的第三代中央领导集体新的外交思想的进一步阐发。[①]

有学者从马克思主义中国化的角度,论述了从邓小平、江泽民再到胡锦涛的和谐世界思想。他认为,邓小平为中国确立了和平发展的道路,并提出了与各国实现和平共处的思想,启动了中国的和平发展。江泽民提出了促进和而不同的思想,巩固了中国的和平发展。面对新的时代要求,胡锦涛提出了建设和谐世界的思想,这必将使中国的和平发展得到提升。[②]

有学者探讨了邓小平和平与发展两大主题理论对于构建和谐世界的重大价值。他认为:第一,邓小平关于和平和发展是当今世界的两大主题的科学论断,充分反映了他对和谐世界的热切期盼。第二,建立国际政治、经济新秩序是建立和谐世界的根本保障;第三,各国文明的多样性建设是建设和谐世界的强大动力。

关于和谐世界的传统文化渊源。有学者认为:中国关于和谐世界的外交思想是对国际关系理论的重大贡献,这种贡献已经打上了"中国特色"的烙印。主要有四方面:第一,因为关于和谐社会、和谐世界的思想在中国传

---

① 朱西周:《略论胡锦涛的"和谐世界"思想》,《攀登》,2006年第1期。
② 陈华杰:《和平发展:和平共处,和而不同,和谐世界》,《毛泽东邓小平理论研究》,2006年第3期。

统文化中是有精神和实践基础的。第二,"和实生物,同则不继"。中国人把
"和谐"理解为万物生长的基础,是世界起源的根据。第三,从思维方式看,
中国传统哲学特别注重和谐统一。第四,中国关于和谐世界的理念根源还
在于中国是一个大陆国家,农业是中华民族生存之本。从而逐渐形成了"天
人合一"的哲学思想。①

也有学者就中国传统文化与构建和谐世界展开了研究。认为"和谐世
界"理论的提出,与中国传统的"和合"文化具有密切的联系。中国传统的
"和合"文化具有丰富的内涵:一是天人合一的宇宙观,二是和而不同、求同
存异的价值观,三是厚德载物的包容精神和"兼相爱"的仁爱精神,四是以和
为贵的处世哲学。② 有学者就"普遍和谐"思想与国际关系提出了探讨。"普
遍和谐"是儒家文化的重要内容,具有丰富的思想内涵。"普遍和谐"思想内
涵包括"自然的和谐""人与自然的和谐""人与人的和谐""人自我身心内外
的和谐"。将其引申到国际关系领域,倡导"普遍和谐"思想对于促进全球可
持续发展,推动世界各国共存共赢,共建和谐世界,创造中国伟大复兴的平
台,将有理念上的积极意义。

四、和谐世界的理论和现实意义

关于和谐世界构想的理论和现实意义,有学者认为,"和谐崛起"是中国
的战略选择,建设和谐世界是崛起的中国处理对外关系的一个新理念。③ 有
学者认为有两大意义:一是建设和谐世界是我国构建和谐社会思想的国际
延伸。和谐世界构想的最大国际意义就是保证了我国治国理念与外交思维

---

① 杨发喜:《传统文化与中国的新安全观》,《太平洋学报》,2006 年第 1 期。
② 冯来兴:《中国传统"和合"文化与构建和谐世界》,《江汉论坛》,2006 年第 5 期。
③ 刘建飞:《和平崛起是中国的战略选择》,《世界经济与政治》,2006 年第 2 期。

的统一，防止了外部事务与国内建设可能出现的矛盾；二是和谐世界构想延续并深化了我国一贯的外交思想。①

有学者认为，科学发展观、和谐社会、和谐世界是进入21世纪以来中国战略观念创新的集中表现，也是实现中国崛起的宏观战略设计。它们集中表明了，中国在设计一条和平发展的新道路，一条不同于西方的现代化道路，一种不同于西方的发展模式。这些战略思想是对1978年以来中国改革开放战略的总结和升华。代表着中国战略思想的重大创新，在一定意义上也成为中国战略由内向性转为外向性的标志。② 也有学者认为："和谐世界"思想是新的中央领导集体关于中国外交思想的重大理论创新，具有重要的理论和现实意义：一是继承和发展了我国已有的外交思想。二是首开国际之先河，把"和谐世界"作为一种理想，一种奋斗目标，摆在了国际社会面前。三是代表中国人民对国际关系民主化的期望，也是对"中国威胁论"的积极回应，它将进一步巩固中国负责任、可预期、建设性的国际形象。四是向全世界各国发表的一份共同的宣言，体现了全世界各国人民的共同心声，具有很强的国际意义。③

五、和谐世界的实现途径

关于实现和谐世界的理想途径，有学者认为有四方面：一是求和平、稳定——坚持和平共处五项原则，坚持多边主义，倡导新安全观。二是求发展、繁荣——消除发展障碍，建立国际政治、经济新秩序，重视南北差距，实现普遍、协调、均衡的发展。三是求合作、共赢——树立合作共赢的安全观、

---

① 肖晞、于海洋：《试论和谐世界理念》，《理论探索》，2006年第3期。
② 门洪华：《中国国际战略思想的创新》，《外交评论》，2006年第1期。
③ 朱西周：《略论胡锦涛的"和谐世界"思想》，《攀登》，2006年第1期。

发展观,以合作求和平,以合作求发展。四是求多样、包容——尊重文明多样性,互相包容,共建和谐世界。①

关于构建和谐世界的战略方针和措施,也有学者认为有三方面:一是摒弃冷战思维,树立互信、互利、平等、协作的新安全观。二是坚持互利合作,实现共同繁荣。三是文明多样性是构建和谐世界的基石。②

有学者认为,"和谐世界"的新理念,是和平共处五项原则在新千年的延续,也是中国对国际新秩序的具体描述。首先,建设和谐世界的理念,是在正确分析国际战略环境的基础上提出来的。其次,外交是内政的延续,和谐世界新理念的提出,是中国国内构建和谐社会的执政理念在外交领域的延伸。最后,为建设和谐世界,胡锦涛在联合国成立 60 周年首脑会议上的讲话提出了四点基本主张:第一,树立"互信、互利、平等、协作"的新安全观,建立公平有效的集体安全机制,共同防止冲突和战争,维护世界和平与安全。第二,建立更加公平合理的国际经济贸易体制,包括完善国际金融机制,加强全球能源对话和合作,以及建立一个"人人享有平等追求全面发展的机会和权利"的新秩序。第三,尊重各国自主选择社会制度和发展道路的权利,协力构建各种文明兼容并蓄的和谐世界。第四,通过合理、必要的改革,维护联合国的权威,提高联合国的效率,增强联合国应对新威胁新挑战的能力。

也有学者认为构建和谐世界的对策有:一是建立公正、合理的国际政治、经济新秩序;二是支持和促进广大发展中国家加快发展,努力减少和消除贫困;三是树立新安全观,建立集体安全机制;四是维护文明的多样性,推动各种文明和平共处。③

---

① 汝勇:《简论和谐世界》,《渤海大学学报》,2006 年第 2 期。
② 顾瑞:《构建和谐世界的理论诠释》,《扬州大学学报》,2006 年第 1 期。
③ 冯来兴:《中国传统"和合"文化与构建和谐世界》,《江汉论坛》,2006 年第 5 期。

六、和谐世界的其他相关问题研究

关于文明的多样性问题与和谐世界的构建问题。有学者认为：和谐世界是多样性文明和谐共存的世界；和谐世界是多样性文明对话沟通的世界，和谐世界是多样性文明互利合作、共同发展的世界。①

关于构建和谐世界与现实世界的关系，有学者认为：和谐世界理念作为这样一个对国际社会发展方向的战略思考，在价值上区别于权力政治的自利特性，在实践上立足当前不完善的国际关系现状。在现实国际关系中构建和谐世界的两个基本条件是：一方面，冷战后国际局势的整体趋向缓和为和谐世界的实现提供了一个基本的环境。另一方面，全球化催生了大量非权力性的新全球问题。和谐世界构想倡导的包容、协商、合作原则为全球问题的解决提供了新思路。②

关于和谐世界理论和中国的外交关系问题。有学者认为，中国在和平、发展、合作旗帜的指引下，坚持"和谐世界"新理念。2005 年中国的外交关系取得了重大成就。一是大国关系是重点；二是睦邻友好外交硕果累累；三是多边外交全面开花。

关于经济全球化与构建和谐世界的关系问题。有学者认为：创建共同繁荣的和谐世界，才能促进经济全球化的合理与公正。构建共同繁荣的和谐世界，要求经济全球化的推进，必须朝着均衡、普惠、共赢的和谐方向发展，也就是要实现以尽可能广泛的国家和地区的人为主体，能够让更多的人分享参与国际分工利益的全球化。为此，需要创造以下五个条件：

---

① 方世南：《文明多样性与和谐世界的构建》，《学习论坛》，2006 年第 2 期。
② 肖晞、于海洋：《试论和谐世界理念》，《理论探索》，2006 年第 3 期。

第一,国际规则的公平,是和谐推进全球化的基础;第二,以人为中心,维护人的尊严,尊重和保护人权,是和谐推进全球化的尺度;第三,不断提高各国参与全球化的能力,是和谐推进全球化的要求;第四,创造各国平等发展,充分发挥各自优势的国际环境是和谐推进全球化的保证;第五,使最大多数人成为全球化的主体和利益获得者,是和谐推进全球化的目的。①

关于世界的多样性与和谐世界的关系问题。有学者认为:多样性是世界的基本特征。中国应当坚持和平与发展的时代主题,努力打造多种力量共存共赢的和谐世界。一是坚定遵循"维护世界和平,促进共同发展"的外交宗旨。二是主张顺应历史潮流,维护全人类共同利益。三是强调各种文明和社会制度在求同存异中共同发展,达到和谐共存与共赢。和谐世界应以世界多样性为基础:首先,世界多样性产生互补性和国际关系的相互依存,为和谐世界的建立打下基础。其次,建立国际新秩序旨在抑制强权,是通向和谐世界的必要条件。

关于国际关系民主化与构建和谐世界的关系。有学者认为,实现国际关系民主化的途径是构建和谐世界的关键。国际关系民主化与构建和谐世界具有内在的统一性,两者都体现了民主、平等、正义的价值标准,体现中国追求和平、发展和合作的外交旗帜。探讨国际关系民主化的实现途径可以为和谐世界的构建提供程序和体制前提。构建和谐世界,实现国际关系民主化的途径有四方面:一是要加强以联合国为代表的国际组织的积极作用;二是坚决抵制霸权主义和强权政治;三是推动国际政治经济新秩序的建立;四是尊重国际法和国际关系的基本准则。②

---

① 王传荣、宋忠泽:《构建和谐世界,促进共同发展——关于经济全球化进程的反思》,《中国石油大学学报》(社会科学版),2006年第2期。
② 郭志俊:《实现国际关系民主化的途径——构建和谐世界的关键》,《兰州学刊》,2006年第5期。

第五章 习近平新时代中国特色社会主义思想专题研究

党的十八大以来,以习近平同志为核心的党中央与时俱进,不断推进马克思主义中国化,在实践中创立了习近平新时代中国特色社会主义思想,这是马克思主义中国化的最新理论成果。深化学习研究习近平新时代中国特色社会主义思想具有重要的理论价值和现实意义。

第一节 论改革开放40多年来解放思想的历程与基本经验

40多年来,改革开放取得了举世公认的伟大成就,也积累了很多宝贵的基本经验。从马克思主义中国化的视角看,最重要的一条经验就是坚持解放思想,实事求是,不断推进理论创新。

一、改革开放 40 多年是不断解放思想，推进理论创新的辉煌 历程

解放思想、实事求是，是党的思想路线，也是马克思主义的精髓。在中国共产党领导下，中国人民把马克思主义基本原理和中国具体实际相结合，坚持解放思想，不断推进理论创新。回顾改革开放 40 多年的历程，我们可以总结出七次思想大讨论、思想大争论。[①]

第一次是 1978 年关于真理标准问题的大讨论，是"两个凡是"和实践是检验真理的唯一标准的争论。

"两个凡是"实际上是僵化的教条的理解马克思主义，理解毛泽东思想。其本质是"左"的思潮，就是要继续坚持所谓无产阶级专政下继续革命的理论，继续维护"文化大革命"的"左"的错误。邓小平多次强调，"两个凡是"不是马克思主义的观点。《实践是检验真理的唯一标准》一文在《光明日报》发表后，一石激起千层浪，在全国范围内引起重大争论。党的十一届三中全会的召开，标志着中国改革开放拉开了序幕。邓小平所作的《解放思想实事求是，团结一致向前看》讲话，被誉为改革开放、思想解放的第一个宣言书。"关于真理标准问题的讨论，是一场大是大非之争，它关系到中国向何处去，中国的马克思主义向何处去，关系到国家的兴衰存亡。"[②]邓小平在思想解放的大讨论中提出了党的思想路线即解放思想、实事求是。"解放思想、实事求是既是邓小平哲学思想的逻辑起点，也是其历史起点。"[③]邓小平也高度评

---

① 关于改革开放以来中国的思想大解放和争论，一般学者认为有两次，即 1978 年真理标准问题大讨论，1992 年关于姓资姓社的争论。笔者不是完全赞同这一主张，实际上，在改革开放历史进程中，始终存在思想的争论。笔者将改革开放 40 多年的思想大解放和争论概括为七次。

② 邢贲思、林建公：《革命领袖的与时俱进》，四川人民出版社，2002 年，第 7 页。

③ 宋景堂：《邓小平哲学思想新论》，中国社会科学出版社，2002 年，第 35 页。

价这一次思想大解放,强调需要解放思想,反对僵化。"一个党,一个国家,一个民族,如果一切从本本出发,思想僵化,迷信盛行,那它就不能前进,它的生机就停止了,就要亡党亡国。"①

第二次是1992年前后围绕姓资姓社的争论。在改革开放过程中,一些人对改革开放的新事物新思想提出怀疑。他们的争论实际上涉及要不要坚持党在社会主义初级阶段的党的基本路线,中国究竟应该走什么样的发展道路,关于如何对待马克思主义、什么是社会主义、怎样建设社会主义这一重大问题。面对这一重大历史时刻,1992年,88岁高龄的邓小平发表了南方谈话。邓小平坚持解放思想、实事求是,提出了一系列重大理论创新成果:提出计划和市场都是经济手段,资本主义也有计划,社会主义也有市场;社会主义的本质,就是解放生产力,发展生产力,消灭剥削,消除两极分化,最终实现共同富裕;判断改革开放一切工作成败得失的根本标准,就是"三个有利于"标准。因此,1992年邓小平的南方谈话被誉为,"是在国际国内政治风波严峻考验的重大历史关头,坚持十一届三中全会以来的理论和路线,深刻回答长期束缚人们思想的许多重大认识问题"②,破除思想僵化、解放思想、深化改革的第二个宣言书。南方谈话破除了思想僵化,解放人们的思想,推动中国特色社会主义继续发展,顺利前进。"这一次思想解放,与1978年的思想解放的不同之处在于:1978年的斗争是从哲学上突破的,1992年的斗争主要表现在经济领域,突破点和动力源也在经济领域。"③1992年党的十四大吸收了南方谈话的精神,明确我国经济体制改革的目标是建立社会主义市场经济体制。

第三次是1997年关于公有制和私有制的争论。针对当时社会上"什么

---

① 《邓小平文选》(第二卷),人民出版社,1994年,第143页。
② 《中国共产党第十五次全国代表大会文件汇编》,人民出版社,1997年,第11页。
③ 新华音像中心学习部:《思想解放史录》,海南出版社,2003年,第203页。

是公有制,什么是私有制"的争论,1997年在党的十五大报告中,江泽民强调解放思想、实事求是、与时俱进,鲜明提出公有制和公有制的实现形式应该而且可以多样化,公有制的实现形式包括原来的国有经济、集体经济,也包括混合所有制经济中的集体经济成分和国有经济成分。党的十五大之后,中国国有企业改革进一步加快,取得明显成效。公有制的实现形式多样化,逐步形成了以公有制为主体,多种所有制经济共同发展的基本经济制度。

第四次是关于私营企业主是否可以入党的问题。在2000年前后,面对新形势的变化,私营企业主是否可以入党成为一个争论的话题。按照传统的马克思主义认知,共产党是工人阶级的先锋队,代表的是工农阶级的利益,因此私营企业主不应该入党。在2002年党的十六大报告中,江泽民全面阐释"三个代表"重要思想。他指出,随着改革开放的深入和经济文化的发展,我国工人阶级队伍不断壮大,素质不断提高,包括知识分子在内的工人阶级和广大农民,始终是推动我国先进生产力发展和社会全面进步的根本力量。在社会变革中出现的民营科技企业创业人员和技术人员、受聘于外资企业的管理技术人员、个体户、私营企业主、中介组织的从业人员、自由职业人员等社会阶层,都是中国特色社会主义事业的建设者。一切合法的劳动收入和合法的非劳动收入,都应该得到保护。"不能简单地把有没有财产、有多少财产当作判断人们政治上先进与落后的标准,而主要应该看他们的思想政治状况和现实表现,看他们的财产是怎么得来的以及对财产怎么支配和使用,看他们以自己的劳动对建设有中国特色社会主义事业所作的贡献。"①这两大论断,具有重要的理论意义和实践意义。一是党的十六大报告对于新的社会阶层做了正确的评价,认为在社会变革中出现的民营科技企业的创业人员和技术人员、受聘于外资企业的管理技术人员、个体户、私

---

① 《江泽民文选》(第三卷),人民出版社,2006年,第287页。

营企业主、中介组织的从业人员、自由职业人员等社会阶层,都是中国特色社会主义事业的建设者。二是允许私营企业主可以入党,扩大了中国共产党的群众基础和阶级基础,有利于加强党的领导。

第五次是 2004 年郎咸平和顾雏军关于国进民退的争论。2004 年 8 月 9 日,郎咸平在复旦大学发表了题为"格林科尔:在国退民进的盛宴中狂欢"的演说,认为顾雏军以 7 种手法侵吞国有资产,在收购活动中卷走国家财富。随后二人掀起了激烈论战,引起人们对于国企改革中重大问题的反思和讨论。"郎顾之争"迅速演变成了一场关于国有企业改革的大论战。"郎顾之争"演化为公共事件。国内的经济学家也参与其中,展开了国企产权改革的大讨论,形成了以左大培、杨帆、胡星斗等为代表的新左派和吴敬琏、张维迎、周其仁、张文魁为代表的新自由主义流派。这一论战涉及国企改革的大方向,涉及中央对于民企的态度问题。2005 年国务院正式出台了"非公经济三十六条",鼓励打破垄断行业壁垒,支持非公有制经济发展。

第六次是 2013 年前后关于改革开放前后两个 30 年的关系问题的争论。一些历史虚无主义的观点,主张将改革开放前后 30 年的历史割裂开来。2013 年 1 月 5 日,习近平在新进中央委员会的委员、候补委员学习贯彻党的十八大精神研讨班上发表重要讲话,明确提出:"不能用改革开放后的历史时期否定改革开放前的历史时期,也不能用改革开放前的历史时期否定改革开放后的历史时期。"①前者最根本的要求就是不能用改革开放前那种僵化的观点看改革开放后出现的新事物;后者要求我们站在历史的新高度、以历史唯物主义的观点充分认识改革开放前的历史时期在中国特色社会主义发展进程中的重要地位,坚守住党在这一历史时期对中国特色社会主义的探索成果和成就。用改革开放后的历史时期否定改革开放前的历史时期的

---

① 《习近平著作选读》(第一卷),人民出版社,2023 年,第 78~79 页。

倾向和观点,不仅抽掉了中国特色社会主义探索的基础,也必然导致对中国特色社会主义的否定。作为中国特色社会主义根本保证的社会主义制度,主要是在这一时期建立的,是这一时期党领导人民取得的根本成果。否定了这一时期,必然导致对社会主义制度的否定,就会得出我们不应该搞社会主义,甚至不应该搞革命的结论,那就谈不上还有中国特色社会主义的开创和发展。邓小平早在改革开放之初就指出,"我们实行改革开放,这是怎样搞社会主义的问题。作为制度来说,没有社会主义这个前提,改革开放就会走向资本主义,比如说两极分化"①。

第七次是 2018 年关于民营经济的地位问题。习近平多次强调两个"毫不动摇"的方针。发展社会主义市场经济,既要发挥政府的作用,也要发挥市场的作用。在民营经济发展困难的过程中,习近平强调支持民营经济发展,民营企业家是自己人。在社会主义初级阶段,一方面必须坚持公有制的主体地位毫不动摇,另一方面则是需要坚持发展非公有制经济,发展民营经济。民营经济对于拉动就业、吸引外资、经济增长和改善民生等方面都具有积极作用,当前需要坚持、规范和引导民营经济大力发展,在贷款、政策等方面提供支持。2018 年 11 月 1 日,习近平在民营企业座谈会上不仅再次重申了"三个没有变"政策,而且还第一次向社会公开指出:"民营经济是我国经济制度的内在要素,民营企业和民营企业家是我们自己人。"对长期以来社会上争议的民营经济和民营企业家到底是不是自己人的问题给出了明确回答。"民营企业和民营企业家是我们自己人"这个科学判断,是把马克思主义基本原理与中国实际相结合的又一次光辉范例,是党在坚持和发展社会主义基本经济制度上取得的又一次重大理论成果,应当旗帜鲜明地宣传这

---

① 中共中央文献研究室:《邓小平年谱(一九七五——一九九七)》(下),中央文献出版社,2004年,第 1317 页。

个科学论断,引导舆论、消除杂音,为民营经济健康发展创造更好的舆论氛围。民营企业家完全可以吃一颗定心丸,消除思想疑虑,坚定发展信心,把主要精力集中到谋发展上来。

在中国改革开放和社会主义现代化建设进程中,每一次思想大讨论都是一次思想大解放,在思想交锋中思想辩论、思想解放和思想僵化并存,需要我们凝聚改革共识,在理论与实践相结合中破解重大现实难题。40 多年伟大实践充分证明,改革开放是党和人民大踏步赶上时代的重要法宝,是坚持和发展中国特色社会主义的必由之路,是决定当代中国命运的关键一招,也是决定实现"两个一百年"奋斗目标、实现中华民族伟大复兴的关键一招。

二、基本经验

第一,坚持解放思想与实事求是的统一。回顾改革开放以来中国特色社会主义事业解放思想的历程,一个重要经验就是解放思想与实事求是的统一。解放思想是前提,要实事求是,必须先解放思想,需要我们打破习惯势力和主观偏见的束缚,需要我们面对改革中出现的各种争论,能够大胆理论创新,勇于探索。实事求是是解放思想的根本目的与价值归宿。解放思想不是胡思乱想,而是主观与客观相符合,理论与实践相结合。解放思想实事求是,是党的思想路线的精髓,也是改革开放取得胜利的重要法宝,需要我们长期坚持,毫不动摇。历史的看,每一次思想解放,都是社会重大变革的催化剂,都是社会变革的先导。每一次重大社会变革都需要解放思想,理论创新。在中国改革开放 40 多年的历程中,正是伴随着解放思想,才使得理论创新,引导改革开放不断走向深入。40 多年来改革的力度、深度和广度与思想领域的解放程度成正比关系。因此,党的十八大以来,习近平特别强调

"没有思想大解放,就不会有改革大突破"①的宝贵经验。

第二,坚持尊重客观经济规律与发挥群众的首创精神相结合。解放思想、实事求是要求我们坚持尊重客观规律与发挥主观能动性的统一。改革开放以来,我们强调解放思想,以经济建设为中心。1978 年安徽省凤阳县小岗村 18 户农民的分田到户,实际上也是思想解放和重大改革。经过一年实践,成效显著,极大地解放农村的生产力,这一模式被邓小平加以肯定,在全国推广。总之,中国特色社会主义建设正反两方面的教训证明,应该将尊重经济规律与发挥群众积极性、创造性有机结合起来。

第三,坚持以经济建设为中心,大力发展生产力的根本标准。解放思想理论创新,究竟是对是错?我们应该按照唯物史观的基本原理,即是否能够促进社会生产力的发展作为根本的评价标准。邓小平南方谈话更是明确将"是否有利于提高人民的生活水平"②确立为评判一切工作是非得失的一条主要判断标准。回顾中国改革开放 40 多年的历程,解放思想拨乱反正,一个重大转折,就是 1978 年党的十一届三中全会的召开,废除了以阶级斗争为纲,强调以经济建设为中心。1987 年党的十三大通过党在初级阶段的基本路线,确立以经济建设为中心不动摇。邓小平也强调,党的基本路线要管一百年,动摇不得。总结历史经验,我们认为,解放思想不能演变为政治运动,更不能演变为阶级斗争为纲。在改革开放的进程中有不同的争论,是正常的。应该将政治引导、思想争论,思想解放结合起来,在解放思想中统一思想,努力形成思想共识,共同致力于社会主义现代化建设。

第四,坚持马克思主义的指导地位,正确应对"左"和右的争论。马克思主义的方法论是解放思想的理论武器与指路明灯。马克思主义是中国特色

---

① 《在庆祝海南建省办经济特区 30 周年大会上的讲话》,《人民日报》,2018 年 4 月 14 日。
② 《邓小平文选》(第三卷),人民出版社,1993 年,第 372 页。

社会主义事业的根本指导思想,是指导改革开放的行动指南。解放思想,不是完全抛弃甚至放弃马克思主义的指导地位,而是以马克思主义的基本原理为指导,用马克思主义的方法、立场、观点分析中国社会主义事业中遇到的新问题与新情况。邓小平说:"解放思想决不能够偏离四项基本原则的轨道。"①

在改革开放40多年的历程中,我们面临"左"的、右的错误言论。邓小平强调,右可以葬送社会主义,"左"也可以葬送社会主义。中国要警惕右,但主要是防止"左"。要求我们要有一双慧眼,能够正确辨别这些言论的本质。马克思主义的方法论与基本立场为我们提供了有力的思想武器。从实际成效看,党的领导人能够正确坚持马克思主义的领导地位,运用马克思主义的立场与方法,坚持解放思想理论创新,先后提出了"三个有利于","三个代表"重要思想、科学发展观、新发展理念等。这些理论创新是我们改革开放中评价一切工作成败得失的根本标准,也是一个理论武器,是党对于马克思主义的理论创新。坚持马克思主义的指导地位是我们改革开放40多年思想解放理论创新的重要经验,必须长期坚持,毫不动摇。

第五,坚持党的领导,坚持中国特色社会主义的前进方向。习近平重视改革要坚守的方向、原则和立场:"我们说中国特色社会主义是社会主义,那就是不论怎么改革、怎么开放,我们都始终要坚持中国特色社会主义道路、中国特色社会主义理论体系、中国特色社会主义制度。"②在改革开放历程中,有多次思想争论与交锋,表面看是改革策略的争论,但背后有意识形态的较量,"左"与右的争论,都不能很好地发展社会主义。中国不走邪路,不走回头路,坚持走中国特色社会主义道路。当前流行的新自由主义,宪政民

①　《邓小平文选》(第二卷),人民出版社,1994年,第279页。
②　《习近平关于全面深化改革论述摘编》,中央文献出版社,2014年,第15页。

主,民主社会主义等思潮,其本质都是企图否定中国共产党是中国特色社会主义事业的领导核心。党的十九大提出,东南西北中,党是领导一切的,可以说坚持党的领导核心地位,坚持公有制,坚持马克思主义的指导地位,是解放思想的底线与红线,必须旗帜鲜明加以坚持与明确。解放思想必须坚持在党的领导之下,进行理论创新,才能坚持改革的社会主义前进方向。改革开放40多年的历程表明,中国共产党是领导中国特色社会主义事业的领导核心,党的坚强领导是改革开放事业顺利进展的定海神针。

三、新时代全面深化改革,需要我们继续坚持解放思想实事求是,不断推进理论创新

习近平在庆祝改革开放40年大会上的讲话中指出,"改革开放是我们党的历史上一次伟大觉醒,正是这个伟大觉醒孕育了新时期从理论到实践的伟大创造"[①]。1978年12月18日,在中华民族历史上,在中国共产党历史上,在中华人民共和国历史上,都必将是载入史册的重要日子。回顾改革开放40多年的光辉历程,总结改革开放的伟大成就和宝贵经验,全党全国各族人民在新时代继续把改革开放推向前进,为实现"两个一百年"奋斗目标、实现中华民族伟大复兴的中国梦不懈奋斗。

从马克思主义中国化的历程看,习近平的讲话是解放思想、推进改革开放的第三个宣言书。新时代全面深化改革,必须坚定不移地坚持解放思想,不断推进理论创新。习近平总结了九条基本经验,其中第三条经验就是,必须坚持马克思主义指导地位,不断推进实践基础上的理论创新。改革开放40多年的实践启示我们:创新是改革开放的生命。实践发展永无止境,解放

---

① 《习近平关于全面深化改革论述摘编》,中央文献出版社,2014年,第2页。

思想永无止境。我们总结经验,可以得出如下重要启示。

首先,新时代解放思想必须将马克思主义基本原理和中国的社会主义初级阶段的基本国情相结合,不要僵化教条地理解马克思主义原理和个别结论。马克思主义不是僵化的理论,"而是进一步研究的出发点和供这种研究使用的方法"。2018 年,习近平在纪念马克思诞辰 200 周年大会上的讲话中强调:"马克思一再告诫人们,马克思主义理论不是教条,而是行动指南,必须随着实践的变化而发展。一部马克思主义发展史就是马克思、恩格斯以及他们的后继者们不断根据时代、实践、认识发展而发展的历史,是不断吸收人类历史上一切优秀思想文化成果丰富自己的历史。"因此,新时代解放思想,破除思想僵化和迷信,就要以科学的态度对待马克思主义,着眼于马克思主义的基本原理在中国的具体运用,解决中国的实际问题。

其次,需要我们坚持中国共产党的领导,坚持用实现中华民族伟大复兴的中国梦来凝聚共识,实现中华民族的伟大复兴,全面建成小康社会是现阶段中国人的共同理想。

再次,需要我们大力弘扬和贯彻社会主义核心价值观,努力营造良好的社会氛围,大力宣传时代楷模,重视家庭美德、社会公德和公民职业道德建设。

最后,需要我们旗帜鲜明地坚持中国特色社会主义道路、坚持中国特色社会主义理论,反对历史虚无主义、民主社会主义、新自由主义、普世价值论等错误思潮。正确认清其本质,就是不让中国走邪路、走回头路,我们必须坚定中国特色社会主义的"四个自信"。

四、新时代全面深化改革,理论创新需要继续深入研究的问题

恩格斯指出:"所谓'社会主义社会'不是一种一成不变的东西,而应当

和任何其他社会制度一样,把它看成是经常变化和改革的社会。"①因此这就要求我们不断继续全面深化改革,解放思想,永远没有止境。新时代需要我们不断开拓中国特色社会主义新局面,进一步解放思想,不断研究改革开放中的新问题。目前看,以下五对关系是值得深入研究的。①民主与民生的关系。②中央与地方的关系。③经济建设与社会建设的关系。④政府与市场的关系。⑤政府与社会的关系。

第一,民主与民生的关系。中国特色社会主义进入新时代,需要继续推进改革,包括经济与政治体制改革,处理好民主与民生的关系。党的十九大报告强调,必须"在发展中补齐民生短板、促进社会公平正义"②。40多年改革实践证明,公平正义是改革的重要推动力。一方面我们需要采取渐进的政治发展战略,有序推进公民政治参与。另一方面,我们也要关注民生问题,民生问题就是最大的政治,需要重视。以民生促进民主,要求政府在制定公共决策时,关注教育、医疗、就业、收入、差距、交通等民生问题。不能把民主与民生的关系割裂开来,二者是辩证统一的。发展社会主义民主,要将民生作为重中之重,切实解决好就业、教育、分配、医疗等一系列问题。正如习近平指出的:"要把促进社会公平正义、增进人民福祉作为一面镜子,审视我们各方面体制机制和政策规定,哪里有不符合促进社会公平正义的问题,哪里就需要改革;哪个领域哪个环节问题突出,哪个领域哪个环节就是改革的重点。"③

第二,中央与地方关系,在中国政治发展与改革中,需要处理好中央与地方关系。中央要有权威,地方也要有活力。全面深化改革,要求我们在改革中正确理顺中央与地方的权责关系,财权与事权相对应,尽快制定《中央

---

① 《马克思恩格斯文集》(第一卷),人民出版社,2009年,第588页。
② 《中国共产党第十九次全国代表大会文件汇编》,人民出版社,2017年,第19页。
③ 《习近平谈治国理政》(第一卷),外文出版社,2018年,第97页。

与地方关系法》,在地方政府发展中,加强中央的宏观调控,促进公共服务均等化,加大不同地区财政转移支付力度,努力缩小地区差距,实现共同富裕。

第三,经济建设与社会建设的关系。在改革中,我们以经济建设为中心,大力推动服务型政府和法治政府建设,更加重视民主建设,重视社会建设与环境保护力度,使经济发展,社会有序,生态良好有机统一起来。要求我们加快服务型政府建设,转变政府职能,推进政府信息公开建设,重视公共服务与社会管理的职能,严格实行问责制,转变政府官员的考核机制。

第四,政府与市场的关系。党的十八届三中全会强调,发挥市场对资源的配置起决定性作用。"要使市场在资源配置中起决定作用",就意味着政府向社会放权,公权力要退出市场,企业家重新回到经济活动的中心。政府从经济领域退出,转而着力于制定规则,维护市场秩序,同时向社会提供公共服务。这一方面要求我们尽快建立统一,竞争有序,开放的市场体系,更好地发挥市场的作用。另一方面,要求我们重视发挥政府作用。将政府的宏观调控与市场的调节作用统一,将两只手统一起来,处理好政府与市场的权力边界。政府更多关注的应该是宏观调控、市场监管、公共服务、社会管理、法治保障、维护生态环境等职能。

第五,政府与社会的关系。从中国改革的历程看,中国的政府与社会的关系经历了从高度统一,到适度分离,再到二者良性互动的转变。全面深化改革,也要求政府在处理好政府与市场关系的同时,也要处理好政府与社会的关系,界定政府的权力边界。在中国语境下,中国政府和社会的关系,还涉及政府与社区和社会组织的关系。在社区治理创新中,政府需要转变理念,扶持和培育社区自治,提供相应的资金和政策,一方面加强社区基层党组织建设,另一方面需要重视社区自治。在政府和社会组织的关系上,政府需要尽快制定《社会组织法》,一方面需要政府简政放权,加强监管,简化程序,重视培育社会组织,另一方面需要政府解决好社会组织的资金、监管、发挥社会组织的社会治理职能。总之,需要我们努力构建政府和社会组织良性互动的协同治理体系。

总之,习近平强调:"改革开放是当代中国发展进步的必由之路,是实现中国梦的必由之路。"①"两个必由之路"的总结揭示和彰显了党对40多年改革开放地位和作用的深刻认识。经过改革开放40多年的伟大探索和实践,中国特色社会主义制度也逐步发展成为"具有鲜明中国特色、明显制度优势、强大自我完善能力的先进制度"②。邓小平曾掷地有声地说道:"如果现在再不实行改革,我们的现代化事业和社会主义事业就会被葬送。"③新时代全面深化改革,需要我们在思想上凝聚共识,在解放思想中统一思想,用习近平新时代中国特色社会主义思想武装全党,将社会主义核心价值观融入广大公民意识教育,为实现中华民族伟大复兴的中国梦,为全面建成小康社会而努力奋斗。

第二节　中国特色社会主义民主观的历史演进和基本经验

中国特色社会主义民主观是中国特色社会主义理论体系的重要组成部分,是在改革开放以来的社会政治实践中由邓小平、江泽民、胡锦涛、习近平几代中央领导人与时俱进,坚持马克思主义民主思想同时又结合中国社会主义初级阶段的基本国情提出来的,是马克思主义民主观中国化的最新理论成果。其基本的历史经验有:坚持党的领导,坚持人民当家作主,扩大公

---

① 《国家主席习近平发表2018年新年贺词》,《人民日报》,2018年1月1日。
② 《习近平谈治国理政》(第二卷),外文出版社,2017年,第36页。
③ 《邓小平文选》(第二卷),人民出版社,1994年,第150页。

民有序政治参与;坚持中国特色又合理借鉴人类优秀文明成果;坚持民主和法制两手抓两手都要硬;坚持积极稳妥地推进政治体制改革。系统梳理其形成发展的基本脉络和基本思想,得出有益的经验对于推进社会主义民主观的发展,坚定中国特色社会主义"四个自信"具有重要的理论意义和现实价值。

一、中国特色社会主义民主观的历史演进

中国特色社会主义民主观按照时间的先后,可以大体分为四个阶段:一是 1978 年党的十一届三中全会到 1992 年邓小平南方谈话,邓小平民主观的形成和发展。二是 1989 年党的十三届四中全会到 2002 年党的十六大,江泽民民主观的形成和发展。三是 2002 年党的十六大到 2012 年党的十八大,胡锦涛民主观的形成和发展。四是 2012 年党的十八大以来至今,习近平的民主观的形成和发展时期。

1. 邓小平的民主观

党的十一届三中全会以来,邓小平强调以经济建设为中心,围绕什么是社会主义,怎样建设社会主义,在实践中探索形成了建设中国特色的社会主义理论,邓小平理论。其中邓小平的民主观是邓小平理论的重要组成部分。邓小平民主观博大精深,主要包括以下方面:

第一,第一次提出没有民主就没有社会主义,没有社会主义的现代化。邓小平揭示了民主和社会主义现代化的关系,二者密不可分。民主是社会主义现代化的重要目标和内容,同时民主也是社会主义现代化的重要保证。社会主义现代化建设需要充分发挥广大人民群众的积极性和主动性,就需要发扬社会主义民主。不能损害人民群众的积极性和参与热情,否则就会葬送社会主义。

第二,社会主义民主的本质是人民当家作主。邓小平提出,"政治上,充分发扬人民民主"①。党的十三大上,邓小平明确指出,"社会主义民主政治的本质和核心是人民当家作主"。这是邓小平对于马克思主义民主观的重大贡献,第一次明确概括了社会主义民主的本质。

第三,论述了民主与法制的辩证统一关系。邓小平坚持了唯物辩证法,两手抓两手都要硬,既强调民主,更加强调法制。"使民主制度化、法律化,使这种制度和法律不因领导人的改变而改变,不因领导人的看法和注意力的改变而改变。"②他明确指出,"民主要坚持下去,法制要坚持下去。这好像两只手,任何一只手削弱都不行"③。

第四,邓小平提出了政治体制改革的系统思想。1980 年《关于党和国家领导制度的改革》是邓小平关于政治体制改革的纲领性文件,"是中国共产党决定进行政治体制改革的宣言书"④。邓小平系统回答了为什么和怎样进行政治体制改革的问题。政治体制改革是为了推动现代化建设适应党和国家政治生活民主化的需要。政治体制改革的弊端有五大现象,"官僚主义现象,权力过分集中的现象,家长制现象,干部领导职务终身制现象和形形色色的特权现象"⑤。政治体制改革的内容包括党政分开,权力下放,中央和地方的关系,精简机构,干部人事制度改革等。改革的总目标是"第一,巩固社会主义制度,第二,发展社会主义社会的生产力,第三,发扬社会主义民主,调动广大人民的积极性"⑥。

可见,邓小平高度重视民主,强调没有民主就没有社会主义的现代化,

---

① 《邓小平文选》(第二卷),人民出版社,1994 年,第 322 页。
② 《邓小平文选》(第二卷),人民出版社,1994 年,第 146 页。
③ 《邓小平文选》(第二卷),人民出版社,1994 年,第 189 页。
④ 俞可平:《中国政治发展 30 年》,重庆出版社,2009 年,第 240 页。
⑤ 《邓小平文选》(第二卷),人民出版社,1994 年,第 327 页。
⑥ 《邓小平文选》(第二卷),人民出版社,1994 年,第 175 页。

民主和法制的辩证统一,带头废除领导干部终身制,率先带头退休,提出政治体制改革的若干设想,强调民主是目的和手段的统一,发展生产力改善人民的生活水平,发展民主等。邓小平的民主观是在改革开放的新时期对于马克思主义的民主观和毛泽东的民主观的进一步继承和创新。

2. 江泽民的民主观

从党的十三届四中全会到 2002 年党的十六大,以江泽民同志为核心的党的第三代中央领导集体,高举邓小平理论伟大旗帜,进一步丰富和发展了邓小平的民主观。

第一,强调社会主义民主的本质是人民当家作主。江泽民与时俱进,结合国情、党情和世情的新变化,提出了"三个代表"重要思想,中国共产党始终代表中国先进生产力的发展要求,代表中国先进文化的前进方向,代表中国最广大人民的根本利益。"三个代表"重要思想最核心的是第三个,始终代表中国最广大人民的根本利益,揭示了社会主义民主的本质。在党的十五大报告中,江泽民明确指出,"社会主义民主的本质是人民当家作主"[①]。人民当家作主是两个方面的有机统一,一是强调人民的主体地位,国家的权力属于人民;二是强调人民依法享有管理国家一切事务的公民权利。

第二,第一次提出了建设高度发达的社会主义政治文明的重大理论。在党的十六大报告中,江泽民第一次明确提出,建设高度发达的社会主义政治文明是全面建设小康社会的重要目标和内容,使社会主义的战略布局从两个文明一起抓,到物质文明和精神文明、政治文明三个文明协调共进。他揭示了社会主义政治文明的根本特征是坚持党的领导、人民当家作主和依法治国的三者统一。没有中国共产党的领导就没有社会主义,社会主义民主的本质是人民当家作主,依法治国是党领导人民的治国方略。

---

① 《中国共产党第十五次代表大会文件汇编》,人民出版社,1997 年,第 31 页。

第三,完善社会主义民主制度,推进政治体制改革。江泽民继承了邓小平政治体制改革的思想,进一步明确了政治体制改革的重要性和目标任务。完善政治体制改革是进一步深化改革的需要。改革的目标是"以完善人民代表大会制度,共产党领导的多党合作和政治协商制度为主要内容"①。改革的任务,在党的十五大报告中,江泽民指出,"发展民主,加强法制,实行政企分开,精简机构,完善民主监督制度,维护安定团结"。

第四,党内民主带动人民民主的思想。江泽民认为党内民主和人民民主都是社会主义民主的重要内容。他指出,"通过发展党内民主,积极推动人民民主的发展"②。从而揭示了党内民主和人民民主的辩证关系,"党内民主是党的生命,对人民民主具有重要的示范和带动作用"③。发展党内民主是人民民主的前提和关键,人民民主是社会主义的本质。江泽民在党的十六大报告中还提出了发展党内民主的措施:保障党员的基本权利,坚持和完善党的代表大会制度和委员会制度,扩大市县的党代会常任制试点,改革和完善党内选举制度等。

总之,江泽民在世纪之交,继承了邓小平的民主观,同时结合中国的国情,提出了新论断,开创了中国特色社会主义民主观的新境界。他提出依法治国方略,强调社会主义的民主是人民当家作主,强调坚持中国特色社会主义的民主政治制度,不照搬西方的民主模式,强调建设高度发达的社会主义政治文明,提出"三个代表"重要思想,这些理论都是对中国特色社会主义民主观的发展和丰富。

---

① 《中国共产党第十四次全国代表大会文件汇编》,人民出版社,1992年,第13页。

② 江泽民:《论"三个代表"》,中央文献出版社,2001年,第171页。

③ 江泽民:《全面建设小康社会 开创中国特色社会主义事业新局面——在中国共产党第十六次全国代表大会上的报告》,人民出版社,2002年,第52页。

3.胡锦涛的民主观

党的十六大以来到党的十八大十年时间,胡锦涛坚持邓小平理论和"三个代表"重要思想,全面贯彻落实科学发展观,推进马克思主义民主思想的中国化,进一步丰富发展了中国特色社会主义的民主理论。

第一,人民民主是社会主义的生命,社会主义民主是人民当家作主。在党的十七大报告中,胡锦涛第一次提出,"人民民主是社会主义的生命",从而更加突出强调了党中央对于发展社会主义民主的高度重视,体现了中国共产党执政的使命感和责任感。胡锦涛进一步强调社会主义的民主是人民当家作主。他提出了科学发展观的重大战略思想,发展是第一要务,核心是以人为本,基本要求是全面协调可持续。以人为本与坚持人民的主体地位是高度一致的,体现了社会主义民主的本质和根本价值取向就是实现人民当家作主,维护和保障人权。

第二,进一步坚持和完善中国特色社会主义的民主政治制度。民主需要制度来保障。胡锦涛在党的十七大报告中提出,"坚持和完善人民代表大会制度,中国共产党领导的多党合作和政治协商制度,民族区域自治制度以及基层群众自治制度"①。这四大制度是对党的十六大报告提出的社会主义民主制度的完善和发展,构成了社会主义民主政治制度的基本框架,必须毫不动摇。党的十七大报告中,胡锦涛指出,发展基层民主必须"作为发展社会主义民主政治的基础性工程重点推进"②。胡锦涛将基层群众自治制度和其他三大制度相并列,这是马克思主义民主史上的第一次,对于发展人民当家作主,推进中国的民主政治建设具有重大现实意义,标志着党对于社会主义民主政治制度的认识提高到一个新水平。

---

① 《中国共产党章程》,2007 年 10 月 21 日通过。
② 胡锦涛:《高举中国特色社会主义伟大旗帜　为夺取全面建设小康社会新胜利而奋斗——在中国共产党第十七次全国代表大会上的报告》,人民出版社,2007 年,第 30 页。

第三,扩大党内民主带动人民民主。胡锦涛高度重视党内民主建设,把党内民主放到党的建设,落实科学发展观和建设和谐社会的战略高度加以认识。他多次强调党内民主,党的十六届四中全会提出发展党内民主是政治体制改革和政治文明建设的重要内容。党的十六届六中全会上再次强调,党内和谐促进社会和谐。2007 年胡锦涛在"6·25"讲话中强调,积极稳妥、扎实有效的推进党内民主建设。党的十七大报告强调,"要以扩大党内民主带动人民民主,以增进党内和谐促进社会和谐"①。党员在党内一律平等,共同享有党员的民主权利是党内民主的两大基石。党的十八大报告中进一步强调了党内民主的制度化。主要包括十大制度:坚持民主集中制;保障党员的主体地位;落实党员的知情权、参与权和选举权、监督权;完善党的代表大会制度,大会代表任期制;规范党内选举,实行差额选举;强化党委集体领导和决策;完善地方党委重大事项的集体决策和票决制;扩大党内基层民主;建立党员基层党委会议旁听制度,党代表列席相关会议制度;增加党内生活原则性和透明度。

第四,加强权力的监督和制约制度建设。党的十七大报告指出,"依法实行民主选举、民主决策、民主管理、民主监督"。党的十八大进一步对权力的监督和制约作了论述。"健全权力运行制约和监督体系。""确保决策权、执行权、监督权既相互制约又相互协调。"进一步"完善党务公开、政务公开、司法公开和各领域办事公开制度"。党的十八大提出了四大监督体系,党内监督、民主监督、法律监督和舆论监督。这是我国监督制度的新发展。

胡锦涛的民主思想继承了三代中共领导核心的民主思想,坚持社会主义民主的本质是人民当家作主,同时也提出了许多新观点。其民主理论的主要特征有:

---

① 《中国共产党第十七次全国代表大会文件汇编》,人民出版社,2007 年,第 49~50 页。

一是以人为本。在坚持社会主义民主的本质是人民当家作主的基础上,胡锦涛提出了科学发展观,强调以人为本,全面协调可持续的发展观。以人为本是科学发展观的核心和本质。二是法制保障。民主和法制是辩证统一的。党的十七大报告,胡锦涛强调了党的领导、人民当家作主和依法治国的有机统一。这是一个新论断。三是党内民主。发展民主的路径是什么? 胡锦涛第一次提出了党内民主是党的生命,以党内民主带动人民民主的思想。这是马克思主义民主思想的一个重大创新,也是新时期推进中国政治体制改革的一个重要逻辑思路。中国特色的社会主义事业应该坚持和加强党的领导。而发扬党内民主,健全党的民主集中制,加强对于权力的监督和制约,对于带动人民民主具有重要价值和意义。四是强调基层民主。党的民主政治制度在党的十七大和党的十八大报告中都强调了基层民主政治制度,包括村民自治、社区自治和企业的职工代表大会制度。社会主义的民主归根到底需要落实到制度中,贯彻到基层。这为新时期推进政治体制改革提供了基本思路和方向。

4.习近平关于民主的重要论述

党的十八大以来,以习近平同志为核心的党中央深刻回答了新形势下党和国家的事业发展面临的一系列重大理论和现实问题,提出了许多富有创造性的新思想、新论断。这些理论都是马克思主义中国化最新的理论成果,是夺取中国特色社会主义新胜利,实现中华民族伟大复兴的中国梦的强大理论武器。其中习近平关于中国特色社会主义民主的重要论述是其重要的组成部分,新时代需要我们认真学习和大力宣传。新时代学习好、贯彻好习近平的重要讲话,是全党的一项重大政治任务。

(1)坚持走中国特色社会主义政治发展道路

党的十八大以来,以习近平同志为核心的党中央执政伊始就面临日益严峻的国际和国内形势。从国际来看,2008 年以来,全球经济不景气,尽管受到金融危机的严重影响,中国经济继续保持稳定增长,但是随之而来的是国际上出现不同的声音,中国"威胁"论,中国在搞新殖民主义,中国模式、中国道路形成不同的争论。从国内来看,改革进入攻坚阶段,进入全面建成小康社会的关键阶段,各种社会矛盾凸显,各种社会思潮纷纷涌现,有民主社会主义、新自由主义、普世价值论、新左派主义等。严峻的国内外形势迫切需要执政的中国共产党做出回应,举什么样的旗帜,走什么样的政治发展道路。习近平明确指出,中国不走老路,不走邪路,走中国特色的社会主义政治发展道路。习近平指出,"世界上没有完全相同的政治模式,没有也不可能有一种放之四海而皆准的政治发展道路。一个国家实行什么样的政治制度,走什么样的政治发展道路,必须与这个国家的国情和性质相适应"①。习近平强调,一个国家应该选择和本国国情相适应的政治发展道路,应该坚持党的领导、人民当家作主和依法治国的有机统一,应该积极稳妥地推进政治体制改革,应该坚持正确的政治发展方向,绝不照搬照抄西方民主模式。

(2)尊重人民群众的主体地位,开展群众路线教育活动

习近平强调,"中国共产党的一切执政活动,都要尊重人民主体地位,尊重人民首创精神"②。尊重人民的主体地位,就需要坚持党的群众路线,密切党和人民群众的联系,加强和改进党的作风。习近平在2013年6月18日召开的党的群众路线教育实践活动工作会议上的讲话中指出,"群众路线是我们党的生命线和根本工作路线"③。"密切联系群众,是党的性质和宗旨的体现,是中国共产党区别于其他政党的显著标志,也是党发展壮大的重要原因;能否保持党同人民群众的血肉联系,决定着党的事业的成败。"④

---

① 中共中央宣传部:《习近平总书记系列重要讲话读本》,人民出版社,2014年,第76页。
② 《习近平谈协商民主:遇事多商量 做事多商量》,http://news.qq.com/a/20140922/001670.htm。
③ 《习近平谈治国理政》(第一卷),外文出版社,2018年,第365页。
④ 《习近平谈治国理政》(第一卷),外文出版社,2018年,第366~367页。

他指出了党的群众路线教育实践活动存在的四种危险和四风问题。"精神懈怠危险、能力不足危险、脱离群众危险、消极腐败危险更加尖锐地摆在全党面前,党内脱离群众的现象大量存在,一些问题还相当严重,集中表现在形式主义、官僚主义、享乐主义和奢靡之风这'四风'上。"①习近平指出了党的群众路线教育实践活动的目标要求:第一,决定把这次教育实践活动的主要任务聚焦到作风建设上,集中解决形式主义、官僚主义、享乐主义和奢靡之风这'四风'问题。第二,这次教育实践活动借鉴延安整风经验,明确提出'照镜子、正衣冠、洗洗澡、治治病'的总要求。这 4 句话、12 个字,概括起来就是要自我净化、自我完善、自我革新、自我提高。第三,以整风精神开展批评和自我批评。第四,坚持领导带头。第五,注重建立长效机制。②

人民性是习近平民主观的重要特征,始终坚持人民主体地位,创造性地发展了社会主义民主的本质。"中国式现代化是亿万人民自己的事业,人民是中国式现代化的主体,必须紧紧依靠人民,尊重人民创造精神,汇集全体人民的智慧和力量,才能推动中国式现代化不断向前发展。"③

（3）把权力关进制度的笼子里

强调权力的监督和制约是马克思主义民主观的一贯思想。习近平指出,"我国是人民当家作主的社会主义国家,国家的一切权力属于人民。领导干部手中的权力是人民赋予的,只能用来为人民谋利益"④。对于权力的制约,他强调,"必须把权力关进制度的笼子里,坚持用制度管权管事管人"⑤。"要加强对权力运行的制约和监督,把权力关进制度的笼子里,形成

---

① 《习近平谈治国理政》(第一卷),外文出版社,2018 年,第 368 页。
② 《习近平谈治国理政》(第一卷),外文出版社,2018 年,第 373～378 页。
③ 《中国式现代化是中国共产党领导的社会主义现代化》,《求是》,2023 年第 11 期。
④ 中共中央宣传部:《习近平总书记系列重要讲话读本》,人民出版社,2014 年,第 85 页。
⑤ 中共中央宣传部:《习近平总书记系列重要讲话读本》,人民出版社,2014 年,第 85 页。

不敢腐的惩戒机制、不能腐的防范机制、不易腐的保障机制。"①他强调,各级领导干部都要牢记,"任何人都没有法律之外的绝对权力,任何人行使权力都必须为人民服务、对人民负责并自觉接受人民监督"②。习近平高度重视对权力的监督和制约,要求领导干部树立正确的权力观。他还提出了四项要求。第一,要形成科学有效的权力制约和协调机制。第二,要强化权力运行公开。第三,要加强对权力运行的监督。第四,要反对特权思想、特权现象。③

(4)推进法治中国建设,强调民主法治的统一

习近平高度重视法治,强调民主和法治的辩证统一。在党的十五大提出依法治国的基础上,在党的十八届三中全会和四中全会强调推进法治中国建设的重大论断。党的十八届三中全会提出,"发展社会主义民主政治,必须以保证人民当家作主为根本,坚持和完善人民代表大会制度、中国共产党领导的多党合作和政治协商制度、民族区域自治制度以及基层群众自治制度,更加注重健全民主制度、丰富民主形式,充分发挥我国社会主义政治制度优越性"④。

习近平强调,努力建设法治中国,以更好发挥法治在国家治理和社会管理中的作用。2013年2月,习近平总书记在十八届中央政治局第四次集体学习时强调,"全面推进科学立法、严格执法、公正司法、全民守法,坚持依法治国、依法执政、依法行政共同推进,坚持法治国家、法治政府、法治社会一体建设,不断开创依法治国新局面"⑤。习近平指出,一是坚持科学立法。二

① 《习近平谈治国理政》(第一卷),外文出版社,2014年,第388页。
② 《习近平谈治国理政》(第一卷),外文出版社,2014年,第388页。
③ 中共中央宣传部:《习近平总书记系列重要讲话读本》,人民出版社,2014年,第85~87页。
④ 《中国共产党十八届三中全会公报发布》,新华网 http://news.xinhuanet.com/house/suzhou/2013-11-12/c_118113773.htm。
⑤ 中共中央宣传部:《习近平总书记系列重要讲话读本》,人民出版社,2014年,第81页。

是坚持严格执法。三是坚持公正司法。四是坚持全民守法①。习近平强调，"我们党是执政党,能否坚持做到依法执政,具有带头和示范作用"。党的十八届四中全会提出了法治中国建设的总目标。"全面推进依法治国,总目标是建设中国特色社会主义法治体系,建设社会主义法治国家。实现这个总目标,必须坚持中国共产党的领导,坚持人民主体地位,坚持法律面前人人平等,坚持依法治国和以德治国相结合,坚持从中国实际出发。"②

（5）强调协商民主,保障人民的民主权利

从党的十八大报告首次提出协商民主,到党的十八届三中全会关于协商民主的论述,再到习近平2014年9月21日在庆祝中国人民政治协商会议成立65周年大会上发表讲话全面阐述"协商民主"。这一系列重要讲话表明,"协商民主"成为习近平民主思想的重要组成部分。

党的十八届三中全会上,习近平谈道:"协商民主是我国社会主义民主政治的特有形式和独特优势,是党的群众路线在政治领域的重要体现。推进协商民主,有利于完善人民有序政治参与、密切党同人民群众的血肉联系、促进决策科学化民主化。全会决定把推进协商民主广泛多层制度化发展作为政治体制改革的重要内容。"③2014年9月21日,习近平在庆祝中国人民政治协商会议成立65周年大会上发表的重要讲话,近一半的篇幅在阐述"协商民主",软件统计结果,讲话提到"协商民主"四个字,计25次。这表明习近平高度重视协商民主问题。习近平强调,社会主义协商民主,是中国社会主义民主政治的特有形式和独特优势,在中国社会主义制度下,有事好商量,众人的事情由众人商量,找到全社会意愿和要求的最大公约数,是人

---

① 中共中央宣传部:《习近平总书记系列重要讲话读本》,人民出版社,2014年,第81~83页。

② 《十八届四中全会公报全文发布》,http://news.qq.com/a/20141023/061522.htm。

③ 《习近平:把协商民主广泛多层制度化发展作为政治体制改革重要内容》,2013年11月15日,人民网,http://politics.people.cn/n/2013/1115/c1001-23559631.html。

民民主的真谛。我们要坚持有事多商量,遇事多商量,做事多商量,商量得越多越深入越好,推进社会主义协商民主广泛多层制度化发展。

(6)强调发展全过程人民民主

人民民主是社会主义民主的核心,是社会主义的生命。党的二十大报告指出,"全过程人民民主是社会主义民主政治的本质属性,是最广泛、最真实、最管用的民主"①,发展"全过程人民民主"是中国式现代化的本质要求。通过各种途径和形势,把民主各个环节联结起来,实现过程民主和成果民主、程序民主和实质民主、直接民主和间接民主相统一,是全链条、全方位、全覆盖的民主。"全过程人民民主"理论的生成是"结合我国传统政治智慧和最新民主实践所提炼出的人民民主,其一定程度上弥补了西方民主理论的内在缺陷,并在传统政治思想渊源中发展出了适合中国的民主模式"②。在走向国家治理现代化的道路上,"全过程人民民主"的话语创新不仅对于中国的民主政治发展具有重要意义,同样对于人类的政治文明进程也将具有深远意义。

二、基本经验

通过系统的梳理和比较改革开放以来,中国共产党领导人从邓小平、江泽民、胡锦涛、习近平的民主观,我们看到了中国共产党领导人对于马克思主义民主思想既继承又发展的历史脉络。他们一方面坚持了马克思主义民主的立场、观点和方法,同时结合中国的国情在不同历史时期提出了许多新观点新思想。他们对于社会主义民主政治的重要性的认识是一以贯之的。

---

① 习近平:《高举中国特色社会主义伟大旗帜 为全面建设社会主义现代化国家而团结奋斗——在中国共产党第二十次全国代表大会上的报告》,人民出版社,2022 年,第 37 页。

② 李洋:《全过程人民民主内涵的多维展开》,《社会主义研究》,2022 年第 4 期。

他们始终强调社会主义的民主本质是人民当家作主。他们重视民主是一种国家制度,在中国改革的不同时期,逐步探索和形成了具有中国特色的民主政治制度,包括国体——人民民主专政,政体——人民代表大会制度,政党制度——共产党领导的多党合作和政治协商制度、民族区域自治制度、基层民主制度等。他们强调民主和法制的辩证关系,民主是法制的前提,法制是民主的保障。

但是在民主的具体制度设计上,在民主的具体实现路径方面,不同时期党的领导人的民主思想又不尽相同,各有侧重。新时代挖掘梳理其民主思想,对于党的十八大以来提出的坚定中国特色社会主义的四个自信具有重大现实意义。我们可以得出如下经验:

1. 中国的民主政治制度必须坚持党的领导

正如邓小平所指出的:"中国的社会主义现代化建设事业由共产党领导,这个原则是不能动摇的;动摇了中国就要倒退到分裂和混乱,就不可能实现现代化。"①坚持党的领导是中国特色社会主义的最本质属性。离开中国共产党的领导,中国特色社会主义现代化建设就不能顺利开展,就会一盘散沙停滞不前。当然,一方面我们需要坚持党的领导这一根本原则,另一方面也要加强和改进党的建设。当前需要严惩腐败,加强和推进服务型、学习型和创新型政党的建设。

2. 社会主义民主的本质是人民当家作主,必须渐进的扩大公民有序政治参与

人民参与政治是社会主义民主的本质要求。党的十六大在论述"坚持和完善社会主义民主制度"时,提出要"扩大公民有序的政治参与"②,这为实

---

① 《邓小平文选》(第二卷),人民出版社,1994 年,第 267～268 页。

② 《十六大以来重要文献选编》(上),中央文献出版社,2005 年,第 25 页。

现和发展社会主义民主提供了一条有效途径。为了最广泛地动员和组织人民依法管理国家事务和社会事务、管理经济和文化事业,党的十七大报告中提出"从各个层次、各个领域扩大公民有序政治参与","保障人民的知情权、参与权、表达权、监督权"。① 当前需要努力拓展公民有序政治参与的制度和渠道,保证公民有序政治参与,这是社会主义民主的本质要求。

3.中国的民主政治制度必须坚持中国特色的同时借鉴西方人类的优秀文明成果

中国特色的民主政治制度是在中国革命、建设和改革开放的不同时期逐步探索和形成的。新中国成立70多年的实践,证明中国特色的民主政治制度符合中国国情,具有优越性。历史经验和国际工运史上的历史教训再次证明,不能照搬照抄别国模式,不能迷信西方的民主。不同国家有权探索符合自己国情的民主发展道路、民主政治制度和民主政治的发展模式。当前我们既要坚持人民代表大会制度、共产党领导的多党合作和政治协商制度、民族区域自治制度、基层民主制度,同时也要借鉴西方的优秀文明成果,在网络民主、党内民主、协商民主、基层民主等方面大胆探索,在实践中找到符合中国国情的民主政治制度,发展社会主义民主,增强社会主义的优越性。

4.必须坚持民主和法制两手抓,两手都要硬

历史经验表明,光有民主不行,必须依靠法制来保障。民主作为一种制度,带有长期性、根本性和可操作性。当前需要我们坚持依法治国方略,推进法治中国建设。必须做到科学立法、严格执法、公正司法、全民守法。推进法治中国建设,包括依法行政、依法执政,用法治推进国家治理能力和治理体系的现代化。关键是对于公权的监督和制约和对公民权利的保障。依

① 《中国共产党第十七次全国代表大会文件汇编》,人民出版社,2007年,第28页。

法治国必须依法行政,推进法治政府建设,同时需要重视和维护保障人权,尊重和维护公民的合法权益。这是新时期民主政治建设的两大根本战略。

5.必须积极稳妥地推进政治体制改革

政治体制改革一般可以分为激进改革和渐进改革。当然在具体不同的国家和改革的不同时期,往往互相交叉,各有侧重。从历史的经验看,1991—2001年,苏联解体后俄罗斯转型时期叶利钦选择了激进的改革模式,经济上实施休克疗法,政治上照搬照抄西方的民主模式,结果导致的是人民生活水平下降,影子经济兴起,腐败严重,金融工业集团为代表的寡头政治形成,社会动荡不安,俄罗斯大国地位一落千丈。与之形成鲜明对比的是中国。在1991年苏联解体之后,特别是1992年邓小平南方谈话以来,中国强调进一步扩大对外开放,坚持走中国特色社会主义的政治发展道路。中国的政治体制改革的基本经验有:改革是中国的第二次革命,中国的改革是社会主义的自我完善和发展。改革应该坚持社会主义的发展方向,改革评价的基本标准是坚持"三个有利于"。改革过程中应该处理好改革、发展和稳定的关系,处理好政府、市场和社会的关系。新时代全面深化改革,推进国家治理体系和治理能力现代化,需要我们继续积极稳妥地推进政治体制改革,这是总结历史经验得出的重要结论。

第三节　马克思主义中国化与党的十九大的重大理论创新

党的十九大是马克思主义中国化新时代的里程碑。从马克思主义中国化的视角看,党的十九大报告一方面坚持了马克思主义理论的精髓,坚持了中国特色社会主义的主线,坚持了人民性的立场;另一方面发展了中国特色社会主义理论,其重大理论创新主要包括:对中国特色社会主义新时代的新论断,社会主义初级阶段社会主要矛盾的新判断,习近平新时代中国特色社会主义新思想,实现中华民族伟大复兴的新任务,中国特色社会主义事业的新布局,党的建设的新论述。学习贯彻党的十九大的重大理论创新,是新时期推进马克思主义中国化的重大课题,意义深远。

一、马克思主义中国化的历史进程和党的十九大的里程碑意义

"马克思主义中国化,就是将马列主义的基本原理与中国的具体实际相结合的一个实践的过程。"[①]中国共产党成立以来的历史,就是一部将马克思主义基本原理和中国具体实际相结合,不断推进马克思主义中国化伟大进程的历史。自从毛泽东在 1938 年 10 月党的六届六中全会上发出"使马克思主义在中国具体化,使之在其每一表现中带着必须有的中国的特性"[②]的号召以来,马克思主义中国化的伟大事业取得了长足的进展。

在马克思主义中国化的历史进程中,有几个重大的里程碑意义的会议。第一是 1945 年党的七大的召开,会议将毛泽东思想确立为党的指导思想,最终指导中国革命取得了伟大胜利。毛泽东思想是马克思主义中国化第一次飞跃的重大理论成果。第二是 1997 年召开的党的十五大。会议将邓小平建设有中国特色的社会主义理论命名为邓小平理论,确立为党的指导思想,写进了党章,1999 年通过了宪法修正案,写进了宪法。邓小平理论指导了中国改革开放的伟大事业,中国的改革开放取得了长足的进展。第三是 2002 年党的十六大,会议将江泽民"三个代表"重要思想写进了党章,确立为党的指

---

① 陶林:《马克思主义中国化与中国化的马克思主义:概念刍议与问题解析》,《哈尔滨学院学报》,2008 年第 1 期。

② 《毛泽东选集》(第二卷),人民出版社,1991 年,第 534 页。

导思想。第四是 2012 年的党的十八大,会议将科学发展观确立为党的指导思想。每一次会议的召开,都是马克思主义中国化的重大理论创新,也是中国共产党不断地与时俱进,进行理论创新,产生出马克思主义中国化的新成果的体现。

2017 年党的十九大是一次伟大的胜利的大会,新修改的党章将习近平新时代中国特色社会主义思想写进党章,这是马克思主义中国化历史进程中一次承先启后继往开来的重大里程碑。党的十九大报告规划了中国未来三十年甚至五十年的伟大蓝图,回答了新时期举什么旗走什么路的一系列重大理论问题,具有一系列重大的理论创新,进一步深化了中国共产党的执政规律、社会主义建设规律和人类社会的发展规律,必将推进中国特色社会主义伟大事业不断取得新的胜利。

二、党的十九大坚持了马克思主义和中国特色社会主义的精髓、主线和立场

党的十九大报告是新时代中国共产党坚持和发展马克思主义理论的光辉典范,坚持了马克思主义和中国特色社会主义的精髓、主线和立场,体现了一脉相承又与时俱进。

第一,党的十九大报告坚持了马克思主义的精髓。毛泽东用中国化的语言将马克思主义的精髓概括为实事求是。在马克思主义中国化的实践中,他将马克思主义基本原理和中国的具体国情相结合,提出了新民主主义革命的理论,指导中国革命取得了伟大胜利。"文革"之后,邓小平明确指出,实事求是是马克思主义的精髓,也是毛泽东思想的精髓。新时期邓小平将党的思想路线概括为解放思想、实事求是,在实施改革开放的实践中,提出了建设有中国特色的社会主义理论,1997 年党的十五大进一步将其命名

为邓小平理论。江泽民、胡锦涛坚持马克思主义理论的精髓,提出解放思想、实事求是、与时俱进、求真务实。在实践中发展了马克思主义,先后形成了"三个代表"重要思想和科学发展观。党的十九大报告强调,"全党同志一定要登高望远、居安思危,勇于变革、勇于创新,永不僵化、永不停滞"。尽管表述不同,但是党的十九大报告坚持了马克思主义理论的精髓,实事求是,同时坚持与时俱进,勇于创新,在实践中进一步发展了中国化的马克思主义。

第二,党的十九大报告坚持了中国特色社会主义的主线。从马克思主义中国化的视角看,党的十九大报告体现了辩证的变和不变。改革开放以来,中国共产党人不断推进马克思主义中国化,不断推进理论创新,但是另一方面则是坚持了一根主线——中国特色社会主义的主线。

1859 年,马克思在《政治经济学批判》序言中强调:"不是人们的意识决定人们的存在,相反,是人们的社会存在决定人们的意识。"①回顾中国共产党的历史,在马克思主义中国化的进程中,从党的十二大提出中国特色社会主义的命题,走自己的路,建设中国特色社会主义,再到党的十三大提出社会主义初级阶段理论和党的基本路线。党的十四大提出建立社会主义市场经济。党的十五大确立邓小平理论为党必须长期坚持的指导思想。党的十六大的"三个代表"重要思想,再到党的十八大的科学发展观,我们会发现一条逻辑主线是始终不变的,即中国特色社会主义。从 1978 年改革开放以来,中国共产党人在实践中探索,逐步形成了中国特色社会主义理论体系,党的十八大提出中国特色社会主义再次强调"三个自信"。党的十九大在继承前人的理论基础上,还是坚持这一主线,充分体现了中国共产党人的理论艰辛探索和不懈的努力奋斗,再次强调中国特色社会主义的"四个自信","五位

---

① 《马克思恩格斯选集》(第二卷),人民出版社,1995 年,第 32 页。

一体"的总体布局,充分表明在坚持中国特色社会主义的主线下,中国特色社会主义事业不断深化。

第三,党的十九大报告坚持了中国特色社会主义的立场。中国共产党自成立以来就自觉担负起实现中华民族伟大复兴的使命,坚持全心全意为人民服务,密切联系群众。人民性是中国化马克思主义的基本立场。"人民利益至高无上,是中国共产党的最高宗旨。"①毛泽东始终重视人民,提出了群众路线和群众观点,强调党的宗旨是全心全意为人民服务。他主张要做人民的学生,和人民打成一片,强调"共产党人的一切言论行动,必须以合乎最广大人民群众的最大利益,为最广大人民群众所拥护为最高标准"②。

党的十九大始终坚持了中国特色社会主义一以贯之的人民立场。党的十九大报告提出,中国共产党人的初心和使命,就是为中国人民谋幸福,为中华民族谋复兴。这个初心和使命是激励中国共产党人不断前进的根本动力。这一论断明确了中国共产党的立场和历史使命,即坚持广大人民群众的立场,努力实现中华民族的伟大复兴。

三、马克思主义中国化视角下党的十九大的重大理论创新

从马克思主义中国化的视角看,一方面,党的十九大坚持了马克思主义和中国特色社会主义的精髓、中国特色社会主义的主线,坚持人民性的一贯立场。另一方面,党的十九大则在很多方面创新和发展了中国特色社会主义。

党的十九大的大会主题是"不忘初心、牢记使命,高举中国特色社会主

---

① 陶林:《从"全心全意为人民服务"、"三个有利于"到"三个代表"——三代领导核心人民观的继承与创新》,《广西青年干部学院学报》,2006 年第 2 期。

② 《毛泽东选集》(第三卷),人民出版社,1991 年,第 1096 页。

义伟大旗帜,决胜全面建成小康社会,夺取新时代中国特色社会主义伟大胜利,为实现中华民族伟大复兴的中国梦不懈奋斗。"①党的十九大全文,分为13个部分,从很多方面系统回答了中国特色社会主义的若干重大问题,具有重大的理论创新。主要有以下方面。

1. 对中国特色社会主义新时代的新论断

党的十八大以来的五年,在以习近平同志为核心的党中央领导下,中国特色社会主义事业取得伟大进展,成就非凡。党的十九大从经济、改革、政治、文化、人民生活、生态文明、军队建设、港澳台工作、外交、党建十个方面对五年成绩做了总结。经济上在世界主要国家中名列前茅,国内生产总值从 54 万亿元增长到 80 万亿元,稳居世界第二,对世界经济增长贡献率超过30% 。"五年来的成就是全方位的、开创性的,五年来的变革是深层次的、根本性的。"因此,中国特色社会主义在取得重大成就和进展的同时需要进一步高瞻远瞩,回答未来的战略部署,规划未来的发展蓝图。党的十九大从三方面进行论述评价。

第一,意味着近代以来久经磨难的中华民族迎来了从站起来、富起来到强起来的伟大飞跃,迎来了实现中华民族伟大复兴的光明前景。这一论断回答了中国特色社会主义新时代的主题和任务,即继承近代以来中国人民赋予中国共产党的历史使命,实现中华民族的伟大复兴。在中国特色社会主义进程中,在马克思主义中国化进程中,中国共产党带领中国人民先后进行了新民主主义革命,建立了新中国,中国人民站起来了。之后经过社会主义革命和建设,特别是1978 年改革开放之后,在邓小平理论、"三个代表"重要思想、科学发展观和习近平新时代中国特色社会主义思想的指导下,中国

---

① 习近平:《决胜全面建成小康社会 夺取新时代中国中国特色社会主义伟大胜利——在中国共产党第十九次全国代表大会上的报告》,人民出版社,2017 年,第 1 页。

人民实现了从站起来到富起来并迎来强起来。到2017年中国人民生活水平从2000年的基本小康到人民生活水平有明显提高,综合国力显著增强,人均GDP(国内生产总值)达到8500美元左右。

第二,意味着科学社会主义在21世纪的中国焕发出强大生机活力,在世界上高高举起了中国特色社会主义伟大旗帜。这一论断明确回答了中国特色社会主义道路的科学社会主义的历史意义。在科学社会主义发展史上,先后发生过三次重大变革,第一次是社会主义从空想到科学的飞跃,完成这一变革的是马克思和恩格斯。他们发表了《共产党宣言》,发现了唯物史观和剩余价值学说,指出工人阶级是资本主义制度的掘墓人,资本主义必然灭亡,共产主义必然胜利。第二次是科学社会主义实现了从理论到一个国家的伟大实践。这一变革是列宁和斯大林完成的。俄国十月革命诞生了历史上第一个社会主义国家苏联,在列宁和斯大林的领导下,苏联的社会主义建设取得伟大成就,为二战胜利作出重大贡献。第三次飞跃是从社会主义建设的模式从一国到多国的实践。在1991年苏联解体、东欧剧变后,世界社会主义运动陷入低潮。西方学者福山提出历史的终结,科学社会主义过时了。在世界社会主义陷入低潮时候,邓小平提出改革开放,韬光养晦,坚持中国特色社会主义,社会主义事业持续发展。改革开放40多年来,中国特色社会主义取得举世公认的伟大成就,再次证明了马克思主义的生命力,中国继续高举中国特色社会主义旗帜,为世界历史发展增添亮丽的篇章。

第三,意味着中国特色社会主义道路、理论、制度、文化不断发展,拓展了发展中国家走向现代化的途径,给世界上那些既希望加快发展又希望保持自身独立性的国家和民族提供了全新选择,为解决人类问题贡献了中国智慧和中国方案。这一论断表明中国特色社会主义道路的世界意义。从1982年党的十二大建设有中国特色的社会主义命题的提出,到党的十三大社会主义初级阶段的提出。再到党的十八大提出的中国特色社会主义的

"三个自信",建党95周年提出中国特色社会主义的"四个自信",即中国特色社会主义的道路自信、制度自信、理论自信和文化自信。中国特色社会的发展道路已经初步取得很大成功,在40多年改革开放的进程中走完了西方资本主义国家几百年的历程,生产力巨大发展,人民生活水平明显提高,充分证明了社会主义的优越性,也为世界上广大发展中国家提供了不同于西方民主模式的新的发展道路,为解决人类问题贡献了中国智慧和中国方案。

2. 社会主义初级阶段社会主要矛盾的新判断

党的十九大强调,我国社会主要矛盾已经转化为人民日益增长的美好生活需要和不平衡不充分的发展之间的矛盾。这一新判断具有重要意义。

第一,党的十三大以来,我国社会主义初级阶段的基本国情和社会主要矛盾,即人民日益增长的物质文化需要和落后的社会生产之间的矛盾,这一提法从党的十三大、历经党的十四大、十五大、十六大、十七大、十八大,都始终强调和坚持。党的十九大作出新的判断,将原来的提法改变为人民日益增长的美好生活需要和不平衡不充分的发展之间的矛盾,这一提法和原来相比较,删去了原来的落后的社会生产的论述,与时俱进,体现了中国共产党理论创新的勇气和信心。

第二,之所以作出新判断,主要是因为改革开放以来我国社会生产力的巨大发展,人民生活水平得到很大提高。我们解决了十几亿人口的吃饭问题,从温饱到基本小康。因此,我国的社会生产力和改革开放之初有很大的飞跃和发展,我们有新的"四大发明",共享单车、支付宝、高铁、网购。目前社会主要矛盾的变化,是基于国情的正确判断,主要的问题是发展不平衡不均衡,主要体现为城乡差距和地区差距比较大。更加突出的问题是发展不平衡不充分,这已经成为满足人民日益增长的美好生活需要的主要制约因素。因此下一步的发展目标将是着力解决好发展不平衡不充分的问题,大力提升发展质量和效益,更好地满足人民在经济、政治、文化、社会、生态文明等方面日益增长的需要,更好地推动人的全面发展、社会全面进步。

第三,党的十九大一方面对社会的主要矛盾作出新判断,另一方面还是强调社会主义初级阶段的基本国情没有变。"在任何情况下都要牢牢把握社会主义初级阶段这个最大国情,推进任何方面的改革发展都要牢牢立足于社会主义初级阶段这个最大实际。"①

党的十九大再次强调,我国仍处于并将长期处于社会主义初级阶段的基本国情没有变,我国是世界最大发展中国家的国际地位没有变。全党要牢牢把握社会主义初级阶段这个基本国情,牢牢立足社会主义初级阶段这个最大实际,牢牢坚持党的基本路线这个党和国家的生命线、人民的幸福线。党的十九大再次强调并将党的奋斗目标从原来的"富强民主文明和谐的社会主义现代化国家"变为"富强民主文明和谐美丽的社会主义现代化强国"。这将是新时代党和政府制定一切路线方针政策的依据。

3. 习近平新时代中国特色社会主义思想

党的十九大新修改的党章,将习近平新时代中国特色社会主义思想写进党章并确立为党的指导思想,这在党的历史和马克思主义中国化的历史中将具有里程碑意义。中国共产党是一个善于与时俱进,不断推进理论创新的政党,在马克思主义中国化的历史进程中,不断将马克思主义基本原理和中国具体实际相结合,先后产生了一系列重大的中国化的马克思主义新成果,包括毛泽东思想、邓小平理论、"三个代表"重要思想、科学发展观。党的十九大在继承原有理论成果的基础上,在2012年五年的伟大实践进程中提出了习近平新时代中国特色社会主义思想,这是马克思主义中国化最新的理论成果。

---

① 胡锦涛:《坚定不移沿着中国特色社会主义道路前进 为全面建成小康社会而奋斗——在中国共产党第十八次全国代表大会上的报告》,人民出版社,2012年,第16页。

1987 年,邓小平在党的十三大上提出,建设有中国特色的社会主义,形成"一个中心,两个基本点"的基本路线,党的十四大概括了邓小平建设有中国特色的社会主义理论体系的主要内容,党的十五大把它简称为"邓小平理论",确立为党的指导思想。从党的十五大、十六大到十七大,在理论创新中不断进行新概括,提出过党的基本理论、基本路线、基本纲领等。党的十八大以来,国内外形势变化和我国各项事业发展都给我们提出了一个重大时代课题,这就是必须从理论和实践结合上系统回答新时代坚持和发展什么样的中国特色社会主义、怎样坚持和发展中国特色社会主义,习近平新时代中国特色社会主义新思想就是对这一问题的回答,明确新时代坚持和发展中国特色社会主义,总任务是实现社会主义现代化和中华民族伟大复兴,在全面建成小康社会的基础上,分两步走在 21 世纪中叶建成富强民主文明和谐美丽的社会主义现代化强国;明确新时代我国社会主要矛盾是人民日益增长的美好生活需要和不平衡不充分的发展之间的矛盾,必须坚持以人民为中心的发展思想,不断促进人的全面发展、全体人民共同富裕;明确中国特色社会主义事业总体布局是"五位一体"、战略布局是"四个全面",强调坚定道路自信、理论自信、制度自信、文化自信;明确全面深化改革总目标是完善和发展中国特色社会主义制度、推进国家治理体系和治理能力现代化;明确全面推进依法治国总目标是建设中国特色社会主义法治体系、建设社会主义法治国家;明确党在新时代的强军目标是建设一支听党指挥、能打胜仗、作风优良的人民军队,把人民军队建设成为世界一流的军队;明确中国特色大国外交要推动构建新型国际关系,推动构建人类命运共同体;明确中国特色社会主义最本质的特征是中国共产党领导,中国特色社会主义制度的最大优势是中国共产党领导。具体而言,主要包括 14 个"坚持"。

党的十八大以来,以习近平同志为核心的党中央系统回答了新时代坚持和发展什么样的中国特色社会主义和怎样坚持和发展社会主义等重大时代课题,从 14 个方面作出了进一步地深入系统论述,并且根据新的实践对经济、政治、法治、科技、文化、教育、民生、民族、宗教、社会、生态文明、国家安全、国防和军队、"一国两制"和祖国统一、统一战线、外交、党的建设等各方面作出理论分析和政策指导,形成了系统的中国特色社会主义的新思想新内容,创立了习近平新时代中国特色社会主义思想,这是马克思主义中国化最新的理论成果和最大的闪光点。

4.实现中华民族伟大复兴的新任务

党的十八大提出全面建成小康社会的奋斗目标。党的十九大和党的十八大相比较,一个重要的提法是实现中华民族伟大复兴的使命和新的两步走的发展战略,这是马克思主义中国化的新成果。

习近平强调,中华民族伟大复兴,绝不是轻轻松松、敲锣打鼓就能实现的。全党必须准备付出更为艰巨、更为艰苦的努力。党的十九大提出了四个伟大,实现伟大梦想,必须进行伟大斗争。我们党要团结带领人民有效应对重大挑战、抵御重大风险、克服重大阻力、解决重大矛盾,必须进行具有许多新的历史特点的伟大斗争,实现伟大梦想,必须建设伟大工程。这个伟大工程就是党正在深入推进的党的建设新的伟大工程。实现伟大梦想,必须推进伟大事业。中国特色社会主义是改革开放以来党的全部理论和实践的主题,是党和人民历尽千辛万苦、付出巨大代价取得的根本成就。伟大斗争,伟大工程,伟大事业,伟大梦想,紧密联系、相互贯通、相互作用。

党的十九大的这一重大战略部署是马克思主义中国化的新成果,振奋人心,表明中国共产党一直自觉肩负起实现中华民族伟大复兴的历史使命,同时又与时俱进,不断理论创新,从现阶段出发,对中国特色社会主义如何迈入 21 世纪中叶,为中国人民指明了新的奋斗目标和方向,意义重大而深远。

5. 中国特色社会主义事业的新布局

在党的十六大、十七大和十八大关于中国特色社会主义事业总布局的基础上,中国特色社会主义从不完善到走向成熟,从"三个文明"到"五位一体",协同推进,从中国特色社会主义理论到中国特色社会主义的"三个自信",再到"四个自信",理论不断创新和深化。党的十九大报告的第五、六、七、八、九部分对中国特色社会主义新布局做了新论断。

在党的十八大报告关于中国特色社会主义"五位一体"的总体布局的基础上,党的十九大报告吸收了五年来习近平治国理政的很多新成果,在总体布局领域作了充分的阐述,这是中国特色社会主义的新成果,也是马克思主义中国化的新成果。

6. 党的建设的新论述

中国特色社会主义事业离不开中国共产党的领导。党的十八大从五个方面论述了党的建设,"全面加强党的思想建设、组织建设、作风建设、反腐倡廉建设、制度建设"①,党的十九大及时回答了新时代建设一个什么样的党和怎样建党的重大问题。十九大强调,坚持党的领导是中国特色社会主义的最本质特征,是中国特色社会主义事业的最大优势。"党政军民学,东南西北中,党是领导一切的。"党的建设是十九大报告中的第十三部分,有7000多字,是马克思主义党建理论中国化的新成果。主要包括八个方面。

①把党的政治建设摆在首位。毛泽东关于党建理论的重要贡献是重视党的思想建设,把党的思想建设放在首位。党的十九大报告中,习近平与时俱进,结合全面从严治党,高压反腐的新形势,作出了新的论断,即将党的政治建设放在首位。保证全党服从中央,坚持党中央权威和集中统一领导,是

---

① 胡锦涛:《坚定不移沿着中国特色社会主义道路前进 为全面建成小康社会而奋斗——在中国共产党第十八次全国代表大会上的报告》,人民出版社,2012年,第50页。

党的政治建设的首要任务。习近平明确强调,坚决防止和反对个人主义、分散主义、自由主义、本位主义、好人主义,坚决防止和反对宗派主义、圈子文化、码头文化,坚决反对搞两面派、做两面人。②用习近平新时代中国特色社会主义思想武装全党。思想建设是党的基础性建设。新时代全党同志需要学习贯彻习近平新时代中国特色社会主义思想,加强理论学习,提高理论修养。③建设高素质专业化干部队伍。建立科学的用人机制和考察机制。④加强基层组织建设。⑤持之以恒正风肃纪。⑥夺取反腐败斗争压倒性胜利。⑦健全党和国家监督体系。⑧全面增强执政本领。党的十九大关于党的建设的论述,表明中国共产党善于总结经验,坚持党要管党从严治党,以改革的精神推进党的建设,以党的建设推动中国特色社会主义的事业顺利前进,这也是马克思主义中国化事业不断推向前进的力量源泉。

从马克思主义中国化的视角看,党的十九大是一次里程碑意义的重大会议,将习近平新时代中国特色社会主义思想写入党章,在全面建成小康社会的重大战略机遇期,对于未来中国三十年的宏伟蓝图作了规划,指明了奋斗的目标和方向。党的十九大对于马克思主义中国化的理论贡献是多方面的,以上对中国特色社会主义新时代的新论断,社会主义初级阶段社会主要矛盾的新判断,习近平新时代中国特色社会主义新思想,实现中华民族伟大复兴的新任务,中国特色社会主义事业的新布局,党的建设的新论述六方面的论述是其重要的组成部分,此外还有军队建设、"一国两制"和祖国统一、中国外交新战略和人类命运共同体等理论。但是仅上述的六大方面的理论也足以表明党的十九大在马克思主义中国化历程中的重大理论地位。党的十九大报告是马克思主义中国化时代化的光辉典范,是全党和全国人民总结中国特色社会主义建设的历史经验和指导实践的宝贵精神财富。

第四节　马克思主义中国化与习近平建党百年讲话的重要理论创新

2021 年是中国共产党成立 100 周年,习近平建党百年讲话是马克思主义中国化的又一经典文献。从马克思主义中国化视角看,习近平建党百年讲话一方面坚持中国特色社会主义的主线、马克思主义的立场。另一方面则是有很多创新和新论断。其中最主要的理论创新有十个。习近平建党百年讲话是总结党的百年奋斗辉煌历程经典政治文献,是引领实现民族伟大复兴的伟大政治纲领。高校思想政治理论课教师应该将习近平建党百年讲话精神进课堂,进学生大脑,更新教学内容,创新教学方式,改进教学手段。

中国共产党是善于理论总结,具有理论自觉和理论自信的政党。一部建党百年的奋斗史,也是一部马克思主义中国化的辉煌历史！习近平建党百年讲话一经发表,立刻引起全国各族人民的热议和好评。作为马克思主义理论研究者和思政课教师应该认真学习贯彻习近平建党百年讲话精神,使之融入思政课教学,这是今后一段时期的重大政治任务和研究课题。

一、马克思主义中国化视角下习近平建党百年讲话的重大时代背景和意义

回顾党的百年历史,中国共产党善于进行理论总结和理论创新。从改革开放 40 多年的历程看,先后有江泽民庆祝中国共产党成立 70 周年的重要讲话,江泽民庆祝中国共产党成立 80 周年的重要讲话,胡锦涛庆祝中国共产党成立 90 周年的重要讲话,习近平庆祝中国共产党成立 95 周年的重要讲

话。每一次重要讲话,都是马克思主义发展史上的一次重要的理论创新。2021年习近平建党百年讲话则是在此基础上的一次历史延续和政治宣言,具有重大意义。

第一,这是中国迈入第二个百年奋斗目标,全面建设社会主义现代化国家的动员令。

中国共产党自1921年诞生,走过艰辛和辉煌的百年历程,成为当今世界第一政党。一路走来,中国共产党始终担负起实现中华民族伟大复兴的使命,探索适合中国国情的现代化道路。2021年习近平宣布,经过中国人民的努力奋斗,中国全面建成小康社会。几千万人精准脱贫,中国全面建成小康社会是一个举世瞩目的伟大成就。中国人均国内生产总值达到1万美元。中国完成了两个百年奋斗目标的第一步,正在向实现社会主义现代化强国的第二个奋斗目标迈进。2021年是建党百年,也是十四五规划开局之年。在此重大时间节点,习近平建党百年讲话令人鼓舞。习近平向中国人民和世界作出庄严承诺,中国人民要在中国共产党的领导下,在全面建成小康社会的基础上,继续奋斗。习近平向全体党员发出号召:努力奋斗,不忘初心、牢记使命,建设中国特色社会主义现代化强国。

第二,这是应对世界百年未有之大变局中国共产党人彰显政党自信的新政治宣言书。

习近平建党百年讲话系统回答了未来中国向何处去,举什么旗帜,走什么道路的重大问题。面向21世纪,尤其是从2020年到2050年,未来中国三十年发展非常关键。从国内形势看,中国面临经济社会发展不均衡,区域经济发展不均衡,民生问题等一系列问题,需要继续发展经济,立足新发展阶段,贯彻新发展理念,构建新发展格局。从国际形势看,中国面临中美贸易摩擦,关键技术卡脖子现象,外交形势严峻,中国"威胁"论不绝于耳。中国面临未来长期的美国的意识形态的对抗。面对世界百年未有之大变局,面对复杂的国际国内形势,习近平建党百年讲话充分彰显了中国共产党的政党自信。"中国共产党有理由自信,也有信心自信"①。中国共产党是使命型政党,实现中华民族伟大复兴是百年不变的初心和使命。② 习近平强调中国在中国共产党的领导下坚持中国特色社会主义,中国走和平发展的道路不会改变,构建人类命运共同体的战略不会改变,以人民为中心的价值理念不会改变,努力维护国家主权和领土完整,反对国外势力干预,分裂中国的决心和能力不会改变,成为应对世界百年未有之大变局中国共产党人彰显政党自信的新政治宣言书。

第三,这是系统回顾建党百年光辉历程,总结建党百年经验的新理论体系。

从世界政党理论发展研究看,一个国家往往有很多政党。但是能够从革命到长期执政,保持党的先进性和纯洁性的政党不多。从国际视野看,一些国家的大党老党因为种种原因,失去政权,腐败变质,甚至如苏共一样亡党亡国,其教训非常深刻。中国共产党从诞生以来,走完辉煌历程,其丰富宝贵的历史经验值得共产党认真总结和深入研究。党的建设的规律,党执政规律,党成立以来从严治党等很多经验都值得研究总结。在此背景下,习近平建党百年讲话内涵丰富,是系统回顾建党百年光辉历程,总结建党百年经验的新理论体系,值得我们深入研究。习近平建党百年讲话回顾建党百年历程,分为四个伟大成就,强调一条主线实现中华民族伟大复兴,总结历史展望未来的九条必须的基本经验,最后对青年人和全体党员发出号召。全文内容严密,结构严谨,闪烁着马克思主义党建理论的光芒。

---

① 陶林:《理解中国共产党政党自信的六个维度》,《南京理工大学学报》(社会科学版),2021年第 3 期。
② 蒋明敏、陶林:《使命型政党与中国现代化:中国共产党领导核心地位的逻辑证成》,《学海》,2020 年第 6 期。

二、习近平建党百年讲话的十个理论创新

理论创新有很多种,有的属于原创,即第一次提出。有的属于综合创新,即在前人提出一些零碎观点的基础上,进行整合创新。习近平建党百年讲话一方面坚持中国特色社会主义的主线、马克思主义的立场。主要表现在:始终坚持发展中国特色社会主义的主线,强调走中国特色的社会主义现代化道路。强调中国特色社会主义必须坚持中国共产党的领导。强调保持党和人民群众的联系,以人民为中心,体现了马克思主义的阶级立场。这一方面虽然是基本常识,"朴实的真理"却正是中国共产党带领中国人民在实践中探索出来的宝贵历史经验,并且一再被中国的历史所检验和证明。另一方面习近平建党百年讲话也有很多新论断。

1. 一个鲜明的主题,实现中华民族的伟大复兴

习近平强调,建党百年奋斗的一个鲜明主题:实现中华民族伟大复兴。习近平用四个伟大成就概括了百年大党的辉煌奋斗历程和取得的成就,四个伟大体现了党的百年光辉历程,是在伟大建党精神激励下取得的。伟大建党精神和四个伟大成就的概括,有利于我们更加深入学习理解党的百年奋斗史,振奋人心,催人奋进。伟大奋斗历程令人敬佩。一百年来,中国共产党改变了中华民族的面貌,改变了中国近百年来饱受压迫的历史,真正实现了从站起来、富起来到迎来强起来的伟大飞跃,这在中华民族的发展史上前所未有。百年党的奋斗历程,跌宕起伏,在苦难中中国共产党带领中国人民创造辉煌,实现中华民族的伟大复兴,体现了百年来党一以贯之的初心和使命! 这个鲜明的主题概括了建党百年的主线和主题,也是中国共产党马克思主义中国化的百年逻辑。这个鲜明的主题强调,对于我们深刻理解建党百年的光辉历程,了解党百年奋斗的历史逻辑具有重要启示。

2.关于党和人民关系的新论断

从毛泽东、邓小平、江泽民、胡锦涛到习近平都高度重视党和人民群众的关系,毛泽东强调为人民服务,邓小平提出"三个有利于"的重要标准,江泽民提出"三个代表"重要思想,胡锦涛强调科学发展观,其本质就是以人为本。习近平强调,人民是历史的创造者,是真正的英雄。这一论断坚持发展了马克思主义的群众史观,强调人民利益至上。习近平在建党百年讲话中,强调中国共产党没有任何自己特殊的利益,江山就是人民、人民就是江山,打江山、守江山,守的是人民的心。这一关于党群关系的新论断,表明中国共产党一以贯之的以人民为中心的根本价值立场,体现了马克思主义政党鲜明的阶级立场,体现了群众史观,充分体现中国共产党的宗旨和先进性的政治品格。

3."三个为什么"的再强调

在党史国史和中国特色社会主义理论学习中,我们经常强调需要讲清楚三个为什么,即中国共产党为什么能,中国特色社会主义为什么好,马克思主义为什么行。习近平在建党百年讲话中再次强调三个为什么,基于建党百年的光辉历程,中国共产党为什么能,中国特色社会主义为什么好,归根到底是因为马克思主义行!马克思主义是普遍真理,是指导我们实践的根本指导思想。在近千年的历史中,人文社会科学改变或者影响人类历史进程的不多,但是马克思被评为千年的思想家,他的理论一经创立,就成为指导革命的指南。中国改革开放取得的伟大成就证明马克思主义是真理,马克思主义仍然在21世纪彰显其生机和活力。马克思主义是解答中国共产党为什么能,中国特色社会主义为什么好的根本原因。马克思主义行,是中国共产党不断走向胜利的核心密码,是中华民族不断走向复兴的核心密码。可见,"三个为什么"的系统阐述,是习近平对于马克思主义中国化的三个重要命题的新论断,其内在逻辑就是马克思主义行,是中国共产党不断走向胜利的核心密码,正是因为中国共产党坚持马克思主义为指导思想,体现了百年大党成功的密码和核心内核,中国共产党能就能在坚持马克思主义,推进马克思主义中国化,开辟中国特色社会主义现代化道路。中国特色社会主义为什么好,好就好在坚持马克思主义为指导,坚持中国共产党的领导,从而发展推进了科学社会主义的新境界,形成了中国特色社会主义"五位一体"总体布局,实现了中国人民从站起来、富起来到迎来强起来的伟大目标变革。

新时代在两个大局下,我们需要坚持马克思主义理论为指导,同时也要不断推进马克思主义中国化,加强理论创新,哲学社会科学研究要始终把马克思主义作为理论起点、逻辑起点、价值起点,贯穿马克思主义立场观点方法;要以我们正在做的事情和将要做的事情为中心,书写马克思主义的新篇章,不断增强马克思主义的真理力量和道义力量!

4."伟大建党精神"的新概括

习近平强调,一白年前,中国共产党的先驱们创建了中国共产党,形成了坚持真理、坚守理想,践行初心、担当使命,不怕牺牲、英勇斗争,对党忠诚、不负人民的伟大建党精神,这是中国共产党的精神之源。首先,从理论上,共产党员需要坚持马克思主义真理和共产主义的理想信念。其次,需要不忘初心担当使命。从新中国成立,到社会主义建设,再到改革开放,从解决民族国家独立,到社会主义现代化建设,从解决人民温饱问题,到基本小康,再到全面建设小康社会,到完成全面建成小康社会的两个百年奋斗目标之一,都体现党的初心和使命。再次,精神品格层面。不怕牺牲、英勇斗争的精神贯彻党百年的斗争历程。中国共产党之所以能够从小到大、从弱到强,从建党初50多名党员到9500多万党员,成为世界第一大党,就在于其革命精神和政治品格。最后,对党员的具体要求层面。对党忠诚,不负人民是对每个党员的基本政治要求。要求每个党员发挥好先锋模范作用。

总之,伟大建党精神是中国共产党百年奋斗中中国共产党人精神谱系的集中概括,构筑了中国共产党带领人民在革命、建设和改革进程中形成的各种精神的基因和内核,充分彰显了中国共产党人精神谱系建设的高度历史自觉。伟大建党精神,为中国特色社会主义事业提供不竭动力,是中国共产党的精神之源。我们要继续弘扬光荣传统,永远把伟大建党精神继承下去、发扬光大,为实现中华民族伟大复兴中国梦贡献智慧和力量。

5. 关于中国共产党的领导是中国特色社会主义最本质特征的新论断

党的十九大报告中强调,中国共产党领导是中国特色社会主义最本质的特征。习近平建党百年讲话中再次强调,中国共产党领导是中国特色社会主义最本质的特征,是中国特色社会主义制度的最大优势,是党和国家的根本所在、命脉所在,是全国各族人民的利益所系、命运所系。"这四个是"是对于党的领导是中国特色社会主义最本质特征的再次强调,是对于建党百年深刻历史经验的总结和凝练。新的征程上,坚持党的领导是前提,也是中国特色社会主义取得成功的根本经验。中国未来战胜各种风险考验,必须坚持党的领导,只有坚持党的全面领导,才能保持社会稳定;只有坚持党的领导,才能全面推进中国特色社会主义"五位一体"总体布局;只有坚持党的领导,全面从严治党,坚持党的自我革命和社会革命的辩证统一,才能以党的领导推进中国特色社会主义顺利前进。

6. 走中国式现代化道路,创造人类文明新形态新提法

习近平强调,走自己的路,是党的全部理论和实践的立足点,更是党百年奋斗得出的历史结论。从建党百年的历程看,中国的国情具有特殊性。中国的革命、建设、改革都具有自身特点,不能照搬照抄西方国家国情,也不能照搬苏联模式,只能是立足中国国情,坚持马克思主义中国化,推进理论创新,从理论创新和实践探索中找到适合本国的发展道路。"马克思主义中国化在实践上依次形成了中国特色革命道路、中国特色改造道路和中国特

色社会主义道路等实践成果。"①我们坚持和发展中国特色社会主义,坚持"五位一体"总体布局,创造了中国式现代化新道路,创造了人类文明新形态。

从现代化历程看,中国特色社会主义现代化道路具有自身的优点和特征,即打破了西方现代化中心论,也打破了苏联模式,是中国特色的社会主义现代化道路,创造了人类文明新形态。中国特色社会主义现代化道路,其特征包括坚持党的领导,坚持人民为中心,坚持共同富裕的价值取向,立足社会主义初级阶段的基本国情,立足中国14亿多人口的规模,强调主权独立和领土完整,强调独立自主的和平发展道路,强调国防和军队现代化,强调走社会主义市场经济,坚持中国特色社会主义的基本政治制度和经济制度,坚持党的基本理论、基本路线、基本方略,统筹推进"五位一体"总体布局、协调推进"四个全面"战略布局。中国特色社会主义现代化道路已经初步取得成功,中国建党百年取得伟大成就。中国倡导人类命运共同体理念,"中国抗击新冠肺炎疫情彰显中国之治"②,不仅具有中国意义,也具有世界历史意义,为第三世界国家寻找适合本国的现代化道路,提供了中国智慧和中国方案。

7. 新的伟大政治宣誓鼓舞人心

近代以来,中国逐渐沦为半殖民地半封建社会,西方列强的压迫,使得中国人有屈辱的历史,签订很多不平等条约。经过百年探索,中国的国际地位和综合国力显著提升,正在塑造负责任的大国形象。面对世界上对于中国崛起和发展的不同声音,习近平作出鲜明的回答,"中国人民也绝不允许任何外来势力欺负、压迫、奴役我们"③。针对台湾问题,他强调,"任何人都

---

① 王刚:《马克思主义中国化研究中的"区分割裂论"驳议》,《江西师范大学学报》(哲学社会科学版),2021年第1期。
② 陶林:《理解人类命运共同体的五重维度》,《江苏大学学报》(社会科学版),2020年第4期。
③ 《习近平著作选读》(第二卷),人民出版社,2023年,第485页。

不要低估中国人民捍卫国家主权和领土完整的坚强决心、坚定意志、强大能力！"①这两个伟大政治宣誓，充分彰显中国共产党领导中国人民捍卫国家主权和领土完整的坚强决心！充分彰显中国人的民族自尊心、自豪感，令人鼓舞。这两大政治宣誓，表明了中国的外交立场，坚持独立自主的和平发展道路和绝不称霸。同时中国也不怕事不惹事，面对外部干涉和分离祖国的行为，中国共产党向世界表明中国的政治立场和决心。

8.以史为鉴开创未来"九个必须"的历史经验新论断

在习近平建党百年讲话中，"以史为鉴，开创未来"八个字贯穿其中。以史为鉴就是通过回顾中国共产党的百年历史总结经验。习近平在讲话中明确指出，党的历史划分为新民主主义革命时期、改革开放和社会主义现代化建设新时期、中国特色社会主义新时代四大阶段。以史为鉴是为了开创未来。习近平从九个方面对开创未来进行了展望，指出党要团结带领全国人民奋力实现第二个百年奋斗目标。"以史为鉴，开创未来"这条主线也是开展党史学习教育的一个基本遵循。以史为鉴，可以知兴替。我们要用历史映照现实、远观未来，从中国共产党的百年奋斗中看清楚过去我们为什么能够成功、弄明白未来我们怎样才能继续成功，从而在新的征程上更加坚定、更加自觉地牢记初心使命、开创美好未来。

9.关于新时代青年人担当使命的新号召

党的十九大报告中，习近平说，青年兴则国家兴，青年强则国家强。青年一代有理想、有本领、有担当，国家就有前途，民族就有希望。习近平建党百年讲话中再次强调，未来寄希望于青年人。新时代的中国青年要以实现中华民族伟大复兴为己任，增强做中国人的志气、骨气、底气，不负时代，不负韶华，不负党和人民的殷切期望！这为我们新时代青年人的使命担当提

---

① 《习近平著作选读》(第二卷)，人民出版社，2023年，第488页。

出新要求。当代青年人应该牢固树立共产主义远大理想,坚定中国特色社会主义信念,弘扬社会主义核心价值观,永远把伟大建党精神继承下去、发扬光大,以实际行动践行"请党放心,强国有我"的青春誓言。

10. 对全体党员的新号召

习近平的讲话以代表全党宣告开始、以向全体党员发起号召作为结束,习近平强调全体党员应该牢记初心使命,坚定理想信念,践行党的宗旨,永远保持同人民群众的血肉联系,继续为实现人民对美好生活的向往不懈努力,努力为党和人民争取更大光荣! 这是新时代习近平和党中央对于全体党员的新号召和动员令,那就是继承建党百年的光荣传统,不忘初心、牢记使命,向着全面建成社会主义现代化强国的第二个百年奋斗目标迈进。这一伟大新号召,鼓舞人心,也表明中国共产党实现中国特色社会主义现代化的决心不会改变,体现了中国特色社会主义现代化发展战略的一以贯之和战略延续。从温饱、基本小康到全面建成小康社会,我们正在向第二个伟大目标奋进。当前就必须坚持以人民为中心,大力发展生产力,同时着力改善民生,以人民对美好生活的向往为党最高执政目标。新时代,新使命,新号召,新目标,中国共产党员应该以习近平建党百年讲话精神为指导,坚定理想信念,坚持人民为中心,坚持奋斗,努力工作,为实现第二个百年奋斗目标作出自己的贡献! 在奉献中体现自我的人生价值,不负青春,不负韶华。

第五节　理解中国共产党人民观百年传承的四重维度

习近平在建党百年的讲话中提出很多新论断,他强调人民就是江山,江山就是人民的论断令人鼓舞,人民至上、以人民为中心,是中国特色社会主义最基本、最鲜明的价值取向,是建党百年讲话人民性特征的鲜明体现。党的十九届六中全会中再次强调人民至上等十条历史经验。可以说,"人民"二字是解码百年大党风华正茂的"密钥"。本节尝试结合建党百年中国共产党人民观进行研究,阐述其理论维度、历史维度、比较维度和实践维度。这四个维度密切联系,理论维度奠定中国共产党人民观的理论之基;历史维度彰显中国共产党传承人民观的历史之脉;比较维度凸显中国共产党践行人民观的矢志不渝,不忘初心,难能可贵;实践维度要求中国共产党在实现中国特色社会主义现代化征程中继续坚持以人民为中心的发展思想,从经济、政治、文化、社会、生态文明满足人民美好生活需要,逐步实现共同富裕!

一、理论维度

人民性是马克思主义最鲜明的品格和最鲜亮的底色。中国共产党是使命型政党,自成立以来,"就始终自觉担负起实现中华民族伟大复兴的使命"[①]。从理论维度看,中国共产党以人民为中心,具有必然性,是对马克思和列宁人民观的继承和发展,也是对中国传统民本思想的继承和发展。

1. 人民性体现马克思主义政党的利益观

中国共产党是以马克思主义为根本指导思想的政党,马克思主义内在体现了党性和人民性的辩证统一,集中体现就是马克思主义政党的利益观。"无产阶级的运动是绝大多数人的、为绝大多数人谋利益的独立的运动。"[②]这一观点鲜明地表明了无产阶级政党的人民观和利益观。共产党是无产阶级的代表、广大人民的代表,二者的利益是完全一致的。也就是说,无产阶

---

① 蒋明敏、陶林:《使命型政党与中国现代化:中国共产党领导核心地位的逻辑证成》,《学海》,2020 年第 6 期。

② 《马克思恩格斯选集》(第一卷),人民出版社,1995 年,第 283 页。

级政党和其他政党相比较,毫不掩饰自己的观点和利益观,那就是没有自己的利益,人民的利益就是无产阶级的利益。习近平指出:"为人民利益而奋斗,是我们党立党兴党强党的根本出发点和落脚点。"①中国共产党成立百年来,始终代表中国最广大人民根本利益,因而得到人民的支持和拥护。

2. 人民性体现了马克思主义唯物史观的根本立场

唯物史观和剩余价值学说是马克思一生的两大发现。传统哲学家强调的是唯心史观,强调抽象的人。马克思科学揭示出人的本质,他认为就其现实意义上,人的本质是一切社会关系的总和。人的本质属性是社会属性。马克思运用唯物史观揭示出历史发展的根本动力是生产力的发展,而生产力的决定因素是人,因此人就是社会历史的决定因素,是社会的主体。马克思认为:"历史的活动和思想就是'群众'的思想和活动。"②马克思认为人即是剧中人,也是剧作者。可见,人民性体现了马克思主义唯物史观的根本立场。习近平多次强调,"人民是真正的英雄"③。人民立场是马克思主义的根本出发点和落脚点,是党践行唯物史观的理论依据。

3. 人民性是对中国传统民本思想的继承和创新

中国古代民本思想最早出自"民为邦本,本固邦宁"(《尚书·五子之歌》)。④儒家和道家都有相关的民本思想。儒家代表人物孟子认为,"民为国本""民为政本"。孟子强调作为执政者应该做到"民所欲,与之聚之,所恶勿施尔也"。老子提出"圣人无常心,以百姓心为心"(《老子·四十九章》),意为君王应重视民意。黄宗羲从分析"国家与君主关系""君民关系""君臣关系"入手,提出"天下为主,君为客"。中国古代思想家强调的民本思想具

①　习近平:《在党史学习教育动员大会上的讲话》,人民出版社,2021 年,第 15 页。
②　《马克思恩格斯文集》(第一卷),人民出版社,2009 年,第 287 页。
③　《习近平谈治国理政》(第三卷),外文出版社,2020 年,第 139 页。
④　张国祚、兰卓:《从古代的民本思想到中国共产党人的人民立场》,《思想理论教育导刊》,2020 年第 6 期。

有重要的现实启示。中国共产党自成立以来,自觉担负起实现中华民族伟大复兴的历史使命。中国共产党强调以人民为中心的立场和传统的民本思想具有很大的不同,是对后者的继承和发展。具体体现在:第一,目的不同。传统民本思想强调民贵君轻,本质是维护封建统治秩序。中国共产党则强调全心全意为人民服务的根本宗旨,以人民的利益为最高准绳。第二,民的内涵不同。传统民本思想的民是相对于封建统治阶级的,是不平等的君民关系。中国共产党强调的以人民为中心的"民",指的是全体劳动人民,特别强调要代表最大多数人民的利益。第三,实践主体不同。传统民本思想的民本实践主体是封建统治阶级。中国共产党则将民本思想发展建立在唯物史观基础上。毛泽东说:"只有人民,才是创造世界历史的动力。"[1]中国共产党充分依靠人民群众,相信人民群众的主体作用,坚持群众路线和群众观点,无疑是对传统民本思想的继承和发展。正是在中国共产党百年实践中,传统民本思想被继承和发扬光大,形成了人民立场,以人民为中心的时代新表述。

二、历史维度

中国共产党百年奋斗,始终以人民利益为出发点和落脚点,无论打江山、建江山、保江山、美江山都以"为人民"为宗旨。人民性渗透到中国特色社会主义的整个历史过程。

1. 在新民主主义革命时期(1921—1949 年),共产党领导人民开展反帝反封建斗争,为人民夺取政权,为人民打江山

自 1840 年鸦片战争以来,近代中国社会性质发生重大转变,一步一步沦

---

① 《毛泽东选集》(第三卷),人民出版社,1991 年,第 1031 页。

为半殖民地半封建社会。伴随帝国主义的侵略,中国的民族危机进一步加深。为了挽救民族危亡,先进的中国人都先后走上历史舞台,提出自己的救国方案。从农民阶级、地主阶级、资产阶级维新派到孙中山为代表革命派,但一一都失败了。1921年中国共产党的成立,成为开天辟地的大事件。中国革命自此就有了先进的指导思想,有了革命的领导阶级,有了光明的前途。共产党自成立之初,就自觉担负起挽救民族危亡和实现中华民族伟大复兴的使命。新民主主义革命时期,中国共产党始终代表人民,中国革命也得到人民的有力支持。例如,毛泽东针对中国的实际情况,认为中国革命的核心问题是农民问题,其根子是土地问题。他制定正确的土地革命的路线,获得广大农民的支持。1938年,毛泽东提出:"共产党的路线,就是人民的路线。"[①]"共产党是为民族、为人民谋利益的政党……绝不应该违背人民的旨意。"[②]中国人民在党的领导下,战胜了日本侵略者。解放战争之初,人民解放军只有127万人,小米加步枪,后来为什么能够打败美式装备的号称八百万的国民党军队?关键还是民心,得民心者得天下。在人民的支持下,中国新民主主义革命取得最终胜利!

2. 在社会主义革命和建设时期(1949—1978年),共产党领导人民开始社会主义建设和探索,不断提高人民物质文化生活水平,为人民建江山

新中国成立之后,经过社会主义改造,中国建立了社会主义制度,真正体现人民当家作主,中国共产党带领中国人民建江山。在经济上,建立了社会主义公有制,发展生产力,提高人民生活水平。在政治上,建立了人民代表大会制度、共产党领导的多党合作和政治协商制度、民族区域自治制度。在文化上,强调双百方针,重视对人民的文化教育。中国取得了抗美援朝的

---

① 《毛泽东文集》(第二卷),人民出版社,1993年,第409页。
② 《毛泽东文集》(第三卷),人民出版社,1996年,第809页。

伟大胜利,逐步塑造了大国地位和大国形象。1956年党的八大提出社会主要矛盾的正确论断。中国人民坚持社会主义的建设,取得很多伟大成就。中国建立了比较健全的国民经济体系,1952—1978年间,除了三年困难时期等几个特殊的年份外,我国经济保持了一个较高的增长速度,国内生产总值年平均增速为6.7%。1952年我国人均国内生产总值为119元,1978年我国人均国内生产总值增长到385元,著名的"两弹一星"也是在这一时期研制成功。1949年中国人均寿命35岁,1978年中国人均寿命68岁。这一系列的伟大成就举世公认,也充分体现了中国共产党执政的根本宗旨,就是以人民为中心,为人民服务,为人民执政。

3. 在改革开放新时期(1978—2012年),共产党领导人民不断解放和发展生产力,为人民保江山

改革开放之初,关于中国共产党员的含义,邓小平作出说明,"全心全意为人民服务,一切以人民利益作为每一个党员的最高准绳"①。邓小平强调,把人民拥护不拥护、赞成不赞成、高兴不高兴、答应不答应作为衡量党的工作的重要标准。他吸取"文革"的教训,强调停止阶级斗争为纲,提出以经济建设为中心,实行改革开放。邓小平认为贫穷不是社会主义,社会主义要消灭贫穷。邓小平还提出社会主义的本质论断,强调共同富裕是本质要求。要先富带动后富,最终实现共同富裕。邓小平强调需要大力发展生产力。在实践中,中国共产党充分遵照中国人民的首创精神,从村民自治,到农村实行的家庭联产承包责任制,再到乡镇企业的异军突起,都体现了这一点。中国设立经济特区,实行全方位多层次宽领域的开放格局,被实践证明是正确的决策,改革开放促进中国社会生产力的巨大发展,中国综合国力不断提升,人民生活水平不断提高,从温饱到基本小康,再到全面建设小康社会的

---

① 《邓小平文选》(第一卷),人民出版社,1994年,第57页。

目标提出。共产党领导人民不断发展,提高社会生产力。根据国家统计局数据,"1978 年,中国国内生产总值(GDP)为 3678.7 亿元;2011 年,中国国内生产总值(GDP)达 487940.2 亿元,改革开放的 33 年,GDP 增长了 132.6 倍"①。改革开放以来,中国共产党带领中国人民保江山,经历了诸如苏联解体、东欧剧变等各种考验。

4. 中国特色社会主义新时代(2012 年至今),共产党领导人民不断满足人民美好生活需要,建设美丽中国

党的十八大以来,以习近平同志为核心的党中央,针对国际国内形势的新变化,强调以人民为中心,系统回答了执政为了谁,依靠谁,执政评价标准,不忘我是谁的四个问题。第一,执政为了谁? 2012 年 11 月 15 日,在党的十八届中央政治局常委与中外记者见面会上,习近平指出:"人民对美好生活的向往就是我们的奋斗目标。"这一回答表明党的执政为了谁,即为了中国人民。第二,执政依靠谁? 习近平强调,人民是党执政的最大底气。第三,评价标准,即人民是否满意。"人民是阅卷人",人民是否拥护、赞成、高兴及答应成为评判执政成败得失的标准。2016 年 7 月 1 日,习近平在庆祝中国共产党成立 95 周年大会上指出:"把人民拥护不拥护、赞成不赞成、高兴不高兴、答应不答应作为衡量一切工作得失的根本标准,使我们党始终拥有不竭的力量源泉。"第四,我是谁? 2014 年 2 月 7 日,习近平接受俄罗斯电视台专访时指出:"我的执政理念,概括起来说就是:为人民服务,担当起该担当的责任。"习近平多次强调,"我是人民的服务员""我是人民的儿子""人民公仆""勤务兵"等,强调"我将无我,不负人民",回答了新时代中国共产党人对"我是谁"这一职责身份的自我认知。

党的十九大报告提出,在新时代的历史方位下,"我国社会主要矛盾已经

---

① 国家统计局网站:http://www.stats.gov.cn/。

转化为人民日益增长的美好生活需要和不平衡不充分的发展之间的矛盾"[1]。中国共产党始终坚持以人民为中心,以满足人民美好生活需要为执政理念,在实现温饱、小康的奋斗目标基础上,习近平强调全面建成小康社会的奋斗目标,强调建设美丽中国。习近平在庆祝建党百年大会上的讲话中,强调经过全党全国各族人民持续奋斗,我们实现了第一个百年奋斗目标,在中华大地上全面建成了小康社会,历史性地解决了绝对贫困问题,正在意气风发向着全面建成社会主义现代化强国的第二个百年奋斗目标迈进。以精准脱贫为例,据统计,我国贫困人口从 2012 年底的 9899 万人减少到 2019 年底的 551 万人,2020 年 11 月,全国 832 个贫困县全部脱贫摘帽。这不仅是中国历史上的伟大成就,也是世界反贫困历史上的伟大成就。这一成就充分彰显中国共产党"来自人民、植根人民、服务人民"[2]。总之,党的百年历史,就是一部党与人民心连心、同呼吸、共命运的历史。这已经被历史反复证明!

三、比较维度

中国共产党百年大党,不忘初心,始终坚持以人民为中心,践行人民观,难能可贵。从比较维度看,中国共产党百年历程践行人民观,分别可以和中国国民党、执政的苏共比较。通过鲜明的对比,可以更加彰显中国共产党的人民性。

1. 中国国民党:违背民意,终于被人民抛弃

在近现代中国历史上,中国共产党和中国国民党有过合作,也有过斗

---

① 习近平:《决胜全面建成小康社会 夺取新时代中国特色社会主义伟大胜利——在中国共产党第十九次全国代表大会上的报告》,人民出版社,2017 年,第 11 页。

② 习近平:《决胜全面建成小康社会 夺取新时代中国特色社会主义伟大胜利——在中国共产党第十九次全国代表大会上的报告》,人民出版社,2017 年,第 66 页。

争。拥有飞机大炮美式装备的国民党部队为什么被小米加步枪的解放军打败？原因有很多，但是国民党的腐败，不得人心是很重要的原因。这里列举三例。

第一，抗日战争爆发，面对日本侵略中国东北地区，当时国民党政府实行的是绥靖政策，主张攘外必先安内的政策。国民党先后多次对共产党和红军实施"围剿"，对红军长征进行围追堵截。而与之对应的则是对日本帝国主义的步步退让，东北沦陷、几百万人流离失所。华北五省自治，签署《何梅协定》。国民党消极抗日积极"剿共"的政策不得人心，激起了全国人民的强烈反对。最终爆发了西安事变。

第二，1941年皖南事变是又一案例。当时为了抗日民族统一战线的大局，中国共产党新四军总部9000余人奉命撤退，在安徽皖南泾县遭到国民党大部队的围剿，项英遇害，叶挺被捕，仅有2000多人突围，损失惨重。周恩来得知这一消息，非常悲愤，书写"千古奇冤，江南一叶，同室操戈，相煎何急！"发表在《新华日报》上。皖南事变使得国民党左派也认识到蒋介石的真面目，宋庆龄等人纷纷谴责蒋介石政府的卑劣行为。

第三，抗战结束后，和平民主的呼声越来越高。但是蒋介石却是假和谈真内战。在东部省份接收的时候，抢夺胜利果实，接收大员"五子登科"，不得人心。与之形成对比的则是毛泽东以民族大义为重，不顾个人安危，1945年飞赴重庆谈判，签署《双十协定》。结果蒋介石政府不顾民心思定，违背历史发展潮流，单方面撕毁了中国共产党和社会各界共同努力签署的和平协议，悍然发动内战。谁也没有想到，仅三年多时间，中国共产党就取得了解放战争的全面胜利，红旗插上总统府，"天翻地覆慨而慷"。究其根本原因，在于国民党的反动统治不得人心，"中国的人心掌握在共产党人手中"[①]。

[①]　《中美关系资料汇编》（第1辑），世界知识出版社，1957年，第38～39页。

总之,正如习近平强调,"人心向背、力量对比是决定党和人民事业成败的关键,是最大的政治"①。中国共产党顺应民心,得到人民的支持,取得三大战役的伟大胜利,建立了新中国。

2.苏共:脱离群众,亡党亡国,教训深刻

如果说中国共产党和中国国民党的比较属于横向比较,那么和苏联共产党的比较则属于纵向比较,中苏两国、中苏两党历史上有很深的渊源。无论是俄国十月革命还是新中国成立初期的苏联模式,中国都受到苏联的影响。2021年是中国共产党建党百年,也是苏共亡党三十年,如今中国特色社会主义取得举世瞩目的伟大成就,中国国内生产总值稳居世界第二。苏联曾经是和美国相抗衡的国家,曾经被视为社会主义的模板,苏联模式也影响包括中国在内的很多社会主义国家。但是苏联解体后,苏共亡党,丧失政权。俄罗斯现在国内生产总值仅仅相当于中国广东一个省。两大鲜明的对比令人深思。关于苏联解体苏共亡党的原因研究成果很多,但是很多中外学者都赞同,苏共自身脱离群众,严重的腐败问题是苏共亡党的内部原因。

这里列举两例。第一,苏联解体之前的一项调查显示,被调查者认为苏共代表工人的占4%,认为苏共代表全体党员的占11%,而认为苏共代表党的官僚、干部、机关工作人员的竟占85%。② 这一结果表明苏共严重脱离群众,已经不再得到人民的支持。第二,苏共内部形成了官僚特权阶层,这是苏共亡党的重要内因,③也是俄罗斯成立初期金融工业集团形成的重要组成部分。官僚特权阶层历史演变经过了斯大林时期的官名册制度,再到勃列日涅夫时期的最终形成,戈尔巴乔夫时期的壮大并阻碍改革三大阶段。赫

① 中共中央文献研究室编:《十八大以来重要文献选编》(中),中央文献出版社,2016年,第556页。
② 黄苇町:《苏共亡党十年祭(最新版)》,江西高校出版社,2013年,第53~54页。
③ 陶林:《论苏联官僚特权阶层的历史演变及其深远影响》,《广西社会科学》,2013年第8期。

鲁晓夫时代,也是苏联停滞的十八年,特权腐败、买官卖官现象严重。到了戈尔巴乔夫,更是积重难返。"莫斯科的特供商店就达 100 多处,各种进口的生活用品应有尽有,供高级干部享用,严重地脱离群众。"①苏共最终亡党亡国,其教训非常深刻。但其严重脱离人民群众,严重党内腐败是重要根源。

总之,从比较维度看,坚持党和人民群众的联系,始终代表人民利益,以人民为中心,说起来容易,但是实践起来很难,一以贯之不忘初心,始终践行更难。中国共产党和中国国民党、苏联共产党曾经都是大党、老党,但是最终中国国民党、苏共背离人民,得不到人民的拥护支持,最终也丧失了政权!这一对比发人深省,也启示中国共产党坚持以人民为中心的矢志不渝,更加难能可贵,更加必要。正如习近平强调:"苏联共产党偌大一个党就作鸟兽散了,苏联偌大一个社会主义国家就分崩离析了。这是前车之鉴啊!"②

四、实践维度

全面建设社会主义现代化国家,是中国共产党在全面建成小康社会后开启的新征程,从实践维度看,中国共产党走完百年历程,还需要继续带领人民实现中国特色社会主义现代化,就需要继续坚持以人民为中心,就需要落实到具体行动中,以满足人民美好生活需要为执政理念,坚持以人民为中心的发展思想。新时代是人民美好生活需要日益广泛的时代,"不仅对物质文化生活提出了更高要求,而且在民主、法治、公平、正义、安全、环境等方面的要求日益增长"③。总体来看,"我国发展不平衡不充分问题仍然突出,创

---

① 张全景:《苏联亡党亡国的惨痛教训》,《高校理论战线》,2008 年第 2 期。

② 中共中央文献研究室编:《十八大以来重要文献选编》(上),中央文献出版社,2014 年,第 113 页。

③ 习近平:《决胜全面建成小康社会 夺取新时代中国特色社会主义伟大胜利——在中国共产党第十九次全国代表大会上的报告》,人民出版社,2017 年,第 11 页。

新能力不适应高质量发展要求,农业基础还不稳固,城乡区域发展和收入分配差距较大,生态环保任重道远,民生保障存在短板,社会治理还有弱项"①。在今后一个时期就需要努力解决好这些问题。正如习近平强调,"以人民为中心的发展思想,……要体现在经济社会发展各个环节"②。"坚持以人民为中心"是"十四五"时期经济社会发展必须遵循的一条重要原则。"让人民共享经济、政治、文化、社会、生态等各方面发展成果"③。

1. 以满足人民美好生活需要为取向,贯彻以人民为中心的发展思想,大力发展中国特色社会主义经济

当前尽管已全面建成小康社会,但是中国国内发展不平衡不充分问题仍然突出,城乡区域发展和收入分配差距较大,因此还需要大力发展社会生产力,贯彻以人民为中心的思想。第一,推进经济供给侧结构性改革,发展实体经济,贯彻新发展理念。第二,促进区域经济和城乡经济统筹发展,努力缩小地区差距和城乡差距,实施乡村振兴战略、公共服务均等化战略,加大财政转移支付力度。第三,促进国际国内双循环战略,继续扩大对外开放。第四,促进科技创新,基础创新,逐步改变高新科技被西方国家卡脖子问题。第五,完善社会主义市场经济体制,发挥政府和市场的调控作用。第六,推动新型工业化、信息化、城镇化、农业现代化同步发展和区域协调发展。第七,重视三农问题,防范全面脱贫之后的农村农民可能返贫问题,继续健全相应的保障机制。

2. 以满足人民美好生活需要为取向,大力发展全过程民主

发展全过程人民民主是发挥社会主义民主优势所在,社会主义民主的

---

① 习近平:《正确认识和把握中长期经济社会发展重大问题》,《求是》,2021 年第 2 期。

② 《习近平谈治国理政》(第二卷),外文出版社,2017 年,第 213~214 页。

③ 中共中央党史和文献研究院、中央"不忘初心、牢记使命"主题教育领导小组办公室编:《习近平关于"不忘初心、牢记使命"论述摘编》,党建读物出版社、中央文献出版社,2019 年,第 142 页。

本质是人民当家作主。第一,坚持完善人民代表大会制度,《中华人民共和国宪法》第二条规定,"人民行使国家权力的机关是全国人民代表大会和地方各级人民代表大会"。凸显了"以人民为中心"的国家性质。当前需要完善人大代表制度的改革,"加强人大代表的代表性"①,密切人大代表和人民群众的联系。第二,坚持中国特色的政党制度,即中国共产党领导的多党合作制和政治协商制度。中国共产党领导的多党合作制,是一种多党民主参政的全过程人民民主型政党制度,各民主党派通过不同渠道和平台,开展政治协商的民主参政。中国特色的政党制度具有四大功能优势,"决策高效、精英吸纳、利益表达和政治参与、政治稳定和协商民主"②。此外,中国特色社会主义政治协商制度通过广泛、多层、制度化发展,统筹推进政党协商在内等各种协商,体现社会主义协商民主的优越性。第三,坚持民族区域自治制度和基层群众自治制度。这是体现全过程人民民主的基层民主制度,是体现人民当家作主的重要基层制度。总之,以人民为中心,需要继续发展中国特色社会主义民主政治,健全民主法治,完善各项民主制度,保障人民当家作主。

3. 以满足人民美好生活需要为取向,大力发展中国特色社会主义文化

中国特色社会主义"四个自信"的灵魂是文化自信,"坚定文化自信,推动社会主义文化繁荣兴盛"③。中国特色社会主义文化作为观念的上层建筑,包括意识形态。其一,发展中国特色社会主义文化,需要牢牢把握意识形态领导权。当前尤其是需要重视网络意识形态安全的治理机制构建,包

---

①　陶林:《论我国人大代表制度的完善问题与对策》,《团结》,2016 年第 6 期。

②　陶林:《理解中国共产党政党自信的六个维度》,《南京理工大学学报》(社会科学版),2021年第 3 期。

③　习近平:《决胜全面建成小康社会 夺取新时代中国特色社会主义伟大胜利——在中国共产党第十九次全国代表大会上的报告》,人民出版社,2017 年,第 40 页。

括"完善互联网治理的法律规范,完善新闻发言人制度和新媒体良性运行机制"①。其二,培育和弘扬社会主义核心价值观。24 个字的核心价值观规定了文化发展的方向,强调国家富强、民族振兴、人民幸福三者统一。"大力倡导共产党人的世界观、人生观、价值观,坚守共产党人的精神家园;……营造全社会崇德向善的浓厚氛围。"②其三,重视公民道德、职业道德和社会公德建设,提升公民的思想道德素质和水平。其四,繁荣社会主义文艺,坚持双百方针,以人民为中心,用优秀的作品鼓舞人,激励人。其五,大力发展社会主义文化事业和文化产业,推进文化体制改革,满足人民的文化需求。总之,需要我们坚持用"民族性、政治性、人民性、时代性、实践性"③的原则,大力发展中国特色社会主义文化,坚定文化自信,解决好文化发展不平衡的矛盾,满足人民的需求!

4. 以满足人民美好生活需要为取向,重视改善民生问题,实现共同富裕

习近平多次强调,共同富裕是社会主义的本质要求。新时代需要我们重视改善民生。第一,重视就业。习近平将就业称为"最大的民生",强调要"提高就业质量和人民收入水平。……实现更高质量和更充分就业。大规模开展职业技能培训,注重解决结构性就业矛盾,鼓励创业带动就业。提供全方位公共就业服务,促进高校毕业生等青年群体、农民工多渠道就业创业"④。第二,重视教育和医疗等公共服务。"特别是要提高教育、医疗等基本公共服务数量和质量,推进教育公平。要实施精准帮扶,把钱花在对特定人群特殊困难的针对性帮扶上……使他们及其后代发展能力得到有效提

---

① 史献芝:《新时代网络意识形态安全治理的现实路径》,《探索》,2018 年第 4 期。
② 《习近平谈治国理政》(第二卷),外文出版社,2017 年,第 324 页。
③ 张宝强、王云涛:《新时代弘扬中国特色社会主义文化的五个原则》,《思想教育研究》,2020年第 10 期。
④ 中共中央文献研究室编:《习近平关于全面建成小康社会论述摘编》,中央文献出版社,2016年,第 46~47 页。

升。"①习近平强调优先发展教育事业,实施健康中国战略。第三,健全社会保障制度。把重点放在兜底上,增加低保、养老的资金投入,"要坚持全覆盖、保基本、多层次、可持续方针,加强城乡社会保障体系建设,继续完善养老保险转移接续办法,提高统筹层次"②。第四,重视解决好收入差距过大问题。邓小平曾经强调,社会主义需要重视解决好贫富差距过大问题,强调共同富裕。在收入领域,需要扩大中等收入阶层比重,最近中央文件强调实行三次分配,包括原有的市场机制的初次分配,政府层面的二次分配,也包括社会组织和慈善的捐赠。重点是扶持低收入群体。第五,强调精准,实现劳有所得、病有所医、老有所养、住有所居、弱有所扶等"民生七有"工程,逐步改善民生。总之,人民幸福是党的执政目标,贯彻未来执政的全过程。民生建设是社会建设的重要内容,是中国特色社会主义"五位一体"总体布局的重要组成部分的应有之义,"在整个发展过程中,都要注重民生、保障民生、改善民生"③。

5. 以满足人民美好生活需要为取向,大力发展中国特色社会主义生态文明

习近平强调,"像保护眼睛一样保护生态环境"④,并提出绿水青山就是金山银山的生态发展观,需要贯彻新发展理念。山水林田湖草沙都是生命共同体。他还强调建设美丽中国的生态社会观,"走出一条生产发展、生活富裕、生态良好的文明发展道路"⑤。建设生态文明,需要贯彻新发展理念,需要实施经济供给侧结构性改革,绿色发展,循环经济,绿色消费。要打赢

---

①　《习近平谈治国理政》(第二卷),外文出版社,2017 年,第 244 页。

②　中共中央文献研究室编:《习近平关于全面建成小康社会论述摘编》,中央文献出版社,2016 年,第 129～130 页。

③　中共中央文献研究室编:《习近平关于社会主义社会建设论述摘编》,中央文献出版社,2017 年,第 12 页。

④　《习近平谈治国理政》(第二卷),外文出版社,2017 年,第 209～210 页。

⑤　习近平:《在纪念马克思诞辰 200 周年大会上的讲话》,人民出版社,2018 年,第 22 页。

蓝天保卫战,深入实施水污染防治行动计划,全面落实土壤污染防治行动计划,要改善农村环境,打造美丽乡村。"①建设生态文明,需要重视源头治理,依法治理和协同治理,需要贯彻落实领导干部生态责任制,完善考核机制,加大生态考核权重。同时生态文明建设也需要公众参与,培育公众良好的重视生态、节约、绿色、循环的生活习惯。总之,走生态优先的绿色发展道路,建设生态文明是满足人民美好生活需要的重要途径。

党的十九届六中全会精神博大精深,理论丰富,以人民为中心是理解的重要视角。中国共产党已经走完百年的辉煌历程,披荆斩棘,砥砺前行,中国共产党始终不忘初心、牢记使命,将始终以人民为中心,带领人民创造美好生活作为奋斗目标和根本的执政理念,因而必然就会得到人民的拥护和支持。展望新时代,中国正在向第二个百年的奋斗目标迈进,只要我们始终坚持党的坚强领导,坚持以人民为中心,坚持共同富裕,推进"五位一体"总体布局,就一定能够实现中华民族的伟大复兴!

第六节　中国共产党引领中国特色社会主义现代化的四重逻辑

一部百年党史也是中国共产党领导人民实现中国特色社会主义现代化的光辉奋斗史。中国共产党是使命型政党,实现中华民族伟大复兴是党的初心和使命。百年中国共产党引领中国现代化可以分为四重逻辑。包括理论逻辑、历史逻辑、比较逻辑和实践逻辑。系统阐述其内在逻辑对于深化理解中国特色社会主义现代化具有重要理论意义和现实价值。

---

① 习近平:《推动我国生态文明建设迈上新台阶》,《求是》,2019 年第 3 期。

现代化是一个比较模糊和混用的概念,定义有几十种。从一般意义上看,"现代化是指人类社会从传统农业社会向现代工业社会进行逐步转化的历史性过程,其本质是通过工业化带动全面社会变革"①。"中国共产党是使命型政党"②,实现中华民族的伟大复兴是党百年不变的初心和使命。中国共产党百年来在实践中逐渐探索出一条中国特色社会主义现代化道路。这条道路不同于西方中心论,也不同于传统的苏联模式,是立足中国国情同时结合马克思主义基本原理的伟大创造,不仅具有中国意义,也具有世界历史意义。2021年2月20日,习近平在党史学习教育动员大会上的讲话中指出:"我们党的一百年,是矢志践行初心使命的一百年,是筚路蓝缕奠基立业的一百年,是创造辉煌开辟未来的一百年。"③在建党百年的背景下,阐述中国共产党引领中国特色社会主义现代化具有理论意义也具有重大现实价值。本节尝试从四重逻辑阐述中国共产党引领中国特色社会主义现代化。

一、理论逻辑

马克思、列宁东方社会理论是中国特色社会主义现代化的理论渊源。阐述中国特色社会主义现代化离不开马克思主义的理论指导。我们不能局限于西方现代化的话语陷阱,应该坚持以马克思主义唯物史观审视中国特色社会主义现代化。马克思主义具有丰富的现代化理论。马克思和恩格斯并没有明确使用过"现代化"一词,但是关于现代化的思想早在马克思主义

---

① 任保平、付雅梅:《新时代中国特色社会主义现代化理论与实践的创新》,《经济问题》,2018年第9期。

② 蒋明敏、陶林:《使命型政党与中国现代化:中国共产党领导核心地位的逻辑证成》,《学海》,2020年第6期。

③ 习近平:《在党史学习教育动员大会上的讲话》,人民出版社,2021年,第5页。

唯物史观形成之初就已提出。① 马克思和列宁看到了东方社会革命的特殊性,提出了很多理论。尤其是列宁结合俄国的具体国情,进行社会主义建设的伟大探索,成为中国特色社会主义现代化建设的源头活水。

1. 马克思东方社会理论

马克思在探讨东方社会的理论过程中实际是运用唯物史观,站在批判资本主义的立场上,以无产阶级反对资产阶级的革命说明现代化运动,马克思和恩格斯的东方社会理论本质上是探讨东方社会现代化问题,其一些思考对于我们今天建设中国特色社会主义现代化仍然具有重要启发。

马克思反对西方中心论,东西方不同民族国家在实现社会形态更替的方式上是不同的。马克思最著名的命题就是跨越"卡夫丁峡谷"。马克思东方社会的现代化理论强调,摆脱殖民压迫和剥削,赢得国家独立,是东方各民族实现现代化的先决条件。东方社会通过革命的手段,有可能跨越"卡夫丁峡谷",以社会主义的方式实现现代化。马克思去掉了一个重要前提:占有资本主义制度所创造的一切积极的成果。② 马克思既强调东方国家需要吸收西方优秀的文明成果,也强调需要在亚细亚生产方式上克服其消极因素,在补足生产力差距的基础上全面进行社会主义国家的现代化建设。

第一,世界历史理论。"(资本主义大工业)它首次开创了世界历史,因为它使每个文明国家以及这些国家中的每一个人的需要的满足都依赖于整个世界,因为它消灭了各国以往自然形成的闭关自守的状态。"③马克思认为以机器化大工业为主要标志的社会生产力的巨大发展,加上全球化的影响,使得各个国家的交往频繁,促成了世界历史的形成。马克思的世界历史理论强调全球化是一个世界历史过程,具有客观性,马克思对于资本主义的历

① 罗荣渠:《现代化新论》,商务印书馆,2004 年,第 101~105 页。
② 《马克思恩格斯选集》(第三卷),人民出版社,2012 年,第 837 页。
③ 《马克思恩格斯选集》(第一卷),人民出版社,1995 年,第 114 页。

史作用也作了辩证分析,一方面马克思充分肯定资本主义的积极作用,资本主义的大工业使得全球联系紧密,促进世界市场形成和资本的流动。另一方面马克思也对资本主义深刻批判,认为资本扩张的本性使得资本家对工人剥削,全球范围内资本主义国家对于亚非拉的殖民掠夺。

第二,社会有机体理论。"现在的社会不是坚实的结晶体,而是一个能够变化并且经常处于变化过程中的有机体。"①马克思社会有机体的理论强调社会是各种要素相互联系相互影响的一个有机整体,在生产力与生产关系的互动中,在经济基础和上层建筑的互动中,产生社会发展的动力。马克思把现实的人作为出发点,以人的全面发展为主线,强调社会发展包括经济、政治、文化、生态文明等方面,因此这一思想启示我们中国特色社会主义现代化建设应该坚持整体思维。

第三,资本逻辑批判和劳动异化理论。马克思在资本论等经典著作中阐述了资本逻辑、劳动异化的理论。马克思认为资本主义生产方式是人类历史的一大进步,但是资本家追求剩余价值的欲望是无止境的。资本家榨取工人的剩余价值,使得资本主义机器大生产没有带来工人的解放,而成为资本家剥削工人的工具。劳动异化,资本奴役工人。马克思认为消除这一现象的根源就是工人阶级进行革命,推翻资本主义制度,号召全世界无产者联合起来。

第四,人的现代化理论。马克思科学地揭示出人的本质,认为人的本质就其现实意义上说,是一切社会关系的总和。"按照马克思的观点,人的全面发展就是人的本质的全面发展。"②马克思主义经典作家在科学社会主义理论中阐明,未来理想社会是社会生产力高度发达和人的精神生活高度发

---

① 《马克思恩格斯全集》(第44卷),人民出版社,2001年,第10~13页。
② 陶林:《人的全面发展与现代化》,《鸡西大学学报》,2008年第1期。

展的社会,是每个人自由而全面发展的社会。而"自由人联合体"是对"虚幻的共同体"的否定。马克思的现代化理论强调人的现代化是现代化的本质,这一重要思想非常深刻,对于我们理解中国特色社会主义现代化的内涵,强调以人民为中心,人民利益至上具有重要方法论启示。

2. 列宁的东方社会理论

列宁继承并创造性地运用这一理论指导俄国十月革命,开创了不同于西方资本主义的现代化新模式,成为东方社会理论的第一个实践者并使其发展到新阶段。列宁强调东方社会国家容易发生革命,一国胜利论。虽然东方国家经济文化落后,但可以建设社会主义。① 在社会主义建设方面,列宁还提出了著名的社会主义建设的公式,列宁在 1918 年 4 月撰写了著名的《苏维埃政权的当前任务》一文,并在该文中提出了著名的社会主义建设公式,即"苏维埃政权 + 普鲁士的铁路秩序 + 美国的技术和托拉斯组织 + 美国的国民教育等等等等 + + = 总和 = 社会主义"②。卫国战争之后,列宁开始尝试提出战时共产主义政策,后来 1921 年爆发了水兵起义,列宁提出了新经济政策的重要思想。③ 这一思想实际上成为后来邓小平改革开放思想的重要来源。其蕴含的方法论主要包括:唯物论、矛盾论、认识论、价值论,这 4 个方面是有机联系的整体④,缺一不可。对于今天我们建设中国特色社会主义现代化仍然具有重要的方法论启示。

总之,马克思、列宁东方社会的理论强调东方国家革命和社会主义建设的特殊性,强调利用资本主义建设社会主义,强调社会主义建设具有长期

---

① 俞良早:《论"马克思主义东方学"臻于成熟——列宁东方社会理论的地位》,《社会科学研究》,2005 年第 6 期。

② 《列宁全集》(第 34 卷),人民出版社,2017 年,第 520 页。

③ 陶林:《列宁的新经济政策及其时代价值新探——兼论其对邓小平理论的影响》,《哈尔滨学院学报》,2008 年第 4 期。

④ 陶林:《再论列宁新经济政策思想的方法论及启示——纪念列宁诞辰 150 周年》,《河南工业大学学报》(社会科学版),2020 年第 5 期。

性、曲折性,这一思想对于我们今天建设中国特色社会主义现代化具有重要理论启示。

二、历史逻辑

中国现代化的历史逻辑,可以从多重维度考察。尽管从鸦片战争以后,中国就开始逐步踏上了现代化道路。如洋务运动提出自强求富的口号,康梁提出效法日本维新变法,孙中山主张效法美欧实行民主共和,但是最终一一失败。1921年中国共产党成立,成为开天辟地的大事件。中国实质意义上的现代化道路是从新中国成立后才开启的。从其历史源头可以追溯到建党百年的历程和新中国成立70多年的光辉历程,其历史逻辑大致可以分为五个发展阶段。

1.中国现代化的萌芽时期(1921—1949年)

从中国近现代史看,近代中国社会的性质是半殖民地半封建社会,中国人民面临三座大山的压迫,中国社会的主要矛盾也相应地表现为帝国主义同中华民族的矛盾,封建主义同人民大众的矛盾。1921年,以马克思主义理论为指导的中国共产党成立,自此拉开了中国共产党领导中国革命及领导中国人民进行社会主义现代化经济建设的帷幕。

1921—1949年期间,尽管中国共产党的主要使命是领导中国革命。但是毛泽东具有战略眼光。毛泽东认为中国革命分两步走:第一步是新民主主义革命,第二步是社会主义革命。第一步是战略前提,第二步是历史的延续。历史证明毛泽东的论断是科学的,二次革命论和毕其功于一役的错误观点割裂了两大革命的联系,犯了历史唯心主义的错误。毛泽东制定新民主主义革命的总路线,领导中国革命走农村包围城市、工农武装割据的新道路,最终中国革命取得胜利,建立了新中国。实现中华民族伟大复兴的第一步,民族独立和人民解放是实现中国现代化的重要前提和基础。

在关于中国的工业化问题上,毛泽东有预见性,早在抗日战争期间,毛泽东便明确指出,"要打败日本帝国主义,需要工业。……我们共产党是要努力于中国的工业化的。中国落后的原因,主要的是没有新式工业"①。抗战胜利后,他再次提出:"没有工业,便没有巩固的国防,便没有人民的福利,便没有国家的富强。"②1949 年 3 月,毛泽东在党的七届二中全会上特别强调,"使中国稳步地由农业国转变为工业国,把中国建设成一个伟大的社会主义国家"③。

2. 现代化中国道路的起始阶段(1949—1956 年)

1949 年 10 月 1 日,毛泽东庄严宣告中华人民共和国成立的同时也指明了中国共产党的历史使命,即"逐步地改善人民的物质生活和提高人民的文化生活"④。这一时期主要是新中国成立的前七年,巩固新中国政权,经历抗美援朝、土地改革、镇压反革命、社会主义改造等重大事件。经过社会主义改造,中国建立了社会主义的基本制度,包括经济制度和政治制度。1953年,党制定了过渡时期的总路线,认为"从中华人民共和国成立,到社会主义改造基本完成,这是一个过渡时期,党在这个过渡时期的总路线和总任务,是要在一个相当长的时期内,逐步实现国家的社会主义工业化,并逐步实现国家对农业、对手工业和对资本主义工商业的社会主义改造"⑤。中国在苏联的帮助下,新建了 156 个工业项目。当时中国领导人理解的现代化主要是工业化,工业化是现代化的前提和基础。早在 1951 年,毛泽东便明确提出,

---

① 中共中央文献研究室编:《毛泽东年谱(1893—1949)》(中卷),中央文献出版社,2013 年,第515 页。

② 《毛泽东选集》(第三卷),人民出版社,1991 年,第 1080 页。

③ 《毛泽东选集》(第四卷),人民出版社,1991 年,第 1437 页。

④ 《毛泽东文集》(第五卷),人民出版社,1996 年,第 348 页。

⑤ 《毛泽东著作选读》(下册),人民出版社,1986 年,第 704 页。

从 1953 年起,我们就要进入大规模经济建设了,准备以 20 年时间完成中国的工业化。随后,党在过渡时期总路线明确提出"在一个相当长的时期内,基本上实现国家工业化"的任务,并强调社会主义工业化的中心环节是优先发展重工业。社会主义改造的完成,建立了社会主义的制度,为中国现代化沿着社会主义方向前进提供了制度保障。

这一时期可以称为中国特色社会主义现代化的奠基阶段,毛泽东为我们留下了丰富的"制度遗产"[①]。在经济上,建立了以公有制为基础的社会主义经济制度,在政治制度上,人民代表大会制度、民族区域自治制度及中国共产党领导的多党合作和政治协商制度的确立,奠定了我国社会主义民主政治的三大基石。1954 年颁布了新中国第一部宪法,到 1957 年底,我国通过了 80 多条法律条文,大大推进了我国的民主法制建设,奠定了我国社会主义民主政治的基础。无论是经济制度、政治制度还是法律制度框架基本都是毛泽东在新中国成立之初带领中国人民制定的,这是毛泽东留给我们的宝贵政治遗产,必须高度珍惜,坚定不移。

3. 现代化中国道路的曲折探索阶段(1957—1978 年)

这一时期中国特色社会主义现代化建设经历了曲折探索。1956 年党的八大制定了正确的路线。但是不久反右斗争扩大化,1958 年开始"大跃进"、人民公社化运动。中国社会主义建设经历了挫折。需要强调的是尽管这一时期遭受挫折,但是社会主义现代化建设还是取得了很大成就。"1953 年到 1978 年,工农业总产值年均增长率为 8.2%,其中工业总产值年均增长率为 11.4%,农业总产值年均增长率为 2.7%。这个增长速度不但是旧中国无法比拟的,而且与当时世界其他各国相比也是快速的。"[②]在这一艰辛的探索时

---

① 陶林:《略论毛泽东政治遗产的基本内涵、研究意义和重要启示》,《重庆科技学院学报》,2017 年第 7 期。

② 梁柱:《党在社会主义建设时期的巨大成就不容抹杀》,《红旗文稿》,2017 年第 16 期。

期,中国的"两弹一星"成功发射,科技事业取得长足进步。

4.现代化中国道路的形成与发展阶段(1978—2012 年)

1978 年党的十一届三中全会是中国实施改革开放的标志,也是中国历史的分水岭。中国现代化开始了新征程。党的十一届三中全会拉开了中国改革开放的序幕,邓小平反思"文革"的教训,停止以阶级斗争为纲,强调以经济建设为中心。他认为社会主义的本质是解放和发展生产力。邓小平认为四个现代化是最大的政治。他强调实施改革开放,搞经济特区,农村实现家庭联产承包责任制,并强调物质文明和精神文明两手抓两手都要硬。

1991 年 7 月,江泽民提出"建设有中国特色社会主义的经济、政治和文化"这一重大命题,三者是有机统一、不可分割的整体。1997 年党的十五大,江泽民提出新的"三步走"战略,即 21 世纪第一个十年实现国民生产总值比 2000 年翻一番,使人民的小康生活更加宽裕,形成比较完善的社会主义市场经济体制;再经过十年的努力,到建党一百年时,使国民经济更加发展,各项制度更加完善;到 21 世纪中叶新中国成立一百年时,基本实现现代化,建成富强民主文明的社会主义国家。新的"三步走"发展战略是对邓小平"三步走"战略的第三步的深化和完善,确定了中国跨世纪发展的宏伟蓝图,为中国特色社会主义在 21 世纪的发展作出了规划。党的十六大,在小康的概念基础上,首次提出全面建设小康社会是党的奋斗目标。2003 年面对新形势新问题,党的十六届三中全会提出了科学发展观,党的十六届四中全会作出了构建社会主义和谐社会的决定,党的十六届六中全会作出和谐社会是中国特色社会主义的本质属性的重大判断。2005 年 10 月,胡锦涛首次用"中国特色社会主义事业的总体布局"来深化和丰富改革开放和社会主义现代化建设的具体内容,这一总体布局"由社会主义经济建设、政治建设、文化建设三位一体发展为社会主义经济建设、政治建设、文化建设、社会建设四位一体"①。在党的文献里,这是首次使用"中国特色社会主义事业总体布局"取代1986年提出的"社会主义现代化建设总体布局"。2007年召开的党的十七大明确提出,要把我国建设成为富强民主文明和谐的社会主义现代化国家。2007年10月,党的十七大第一次明确提出生态文明的战略任务,并将其统一纳入全面建设小康社会奋斗目标之中。2012年10月,党的十八大把生态文明建设提升到与其他四大建设同等的战略高度,正式将其纳入"五位一体"总体布局之中。党的十八大提出,到2020年实现全面建成小康社会。这一时期是中国改革开放时期,也是中国特色社会主义现代化飞速发展时期,中国经过改革开放40多年的发展,人民生活水平提高,综合国力增强。

5. 中国特色社会主义进入新时代(2012年至今)

党的十八大以来,中国特色社会主义进入新时代。以习近平同志为核心的党中央全面推进中国特色社会主义现代化。习近平强调:"坚持不忘初心、继续前进,就要统筹推进'五位一体'总体布局,协调推进'四个全面'战略布局,全力推进全面建成小康社会进程,不断把实现'两个一百年'奋斗目标推向前进。"②习近平结合新时代新变化,提出全面建成小康社会的战略目标,对中国现代化实施,作了两个一百年的规划,要在2020年全面建成小康社会的基础上,继续踏上现代化建设的新征程,到2035年基本实现现代化,到21世纪中叶,把我国建设成为富强民主文明和谐美丽的社会主义现代化强国。2013年党的十八届三中全会通过的《中共中央关于全面深化改革若干重大问题的决定》提出,全面深化改革的总目标是完善和发展中国特色社会主义制度,推进国家治理体系和治理能力现代化。习近平提出了协调推进全面建成小康社会(全面建设社会主义现代化国家)、全面深化改革、全面

---

① 中共中央文献研究室编:《十六大以来重要文献选编》(中),中央文献出版社,2006年,第1025页。

② 《习近平谈治国理政》(第二卷),外文出版社,2017年,第37页。

依法治国、全面从严治党的"四个全面"战略布局,为实现"两个一百年"奋斗目标,实现中华民族伟大复兴的中国梦提供了理论指导和实践指南。这一时期正在延续,也可以视为中华民族伟大复兴期,也是中国共产党带领中国人民实现中国特色社会主义现代化强国的新阶段。

总之,百年建党的光辉历程中党领导中国人民实现现代化,提出了一系列重大目标和战略决策,具有历史继承性和时代的创新性。主要表现为四个方面。

第一,从四个现代化、温饱、基本小康、全面建设小康社会到全面建成小康社会,实现中国现代化强国的奋斗目标的一以贯之和与时俱进。

1954 年召开的第一届全国人民代表大会第一次会议首次明确提出"四个现代化"的战略部署,强调建设"强大的现代化的工业、现代化的农业、现代化的交通运输业和现代化的国防"①。在三届全国人大一次会议上,周恩来进一步把"四个现代化"规范表述确定下来,这就是"要在不太长的历史时期内,把我国建设成为一个具有现代农业、现代工业、现代国防和现代科学技术的社会主义强国,赶上和超过世界先进水平"②。百年来,中国共产党带领中国人民实现现代化的目标一以贯之,不断丰富完善。从四个现代化,到 20 世纪 80 年代邓小平强调解决人民温饱问题,再到 20 世纪末基本小康,人均国内生产总值达到 1000 美元。再到 2002 年全面建设小康社会的奋斗目标的提出,2020 年中国全面建成小康社会,实现几千万人的精准脱贫,再到向着全面建设中国特色社会主义现代化强国目标迈进,这不仅是社会主义制度优越性的重要体现,也体现了中国共产党百年的初心和使命,即实现中华民族的伟大复兴。

---

① 《周恩来选集》(下卷),人民出版社,1984 年,第 132 页。
② 《周恩来选集》(下卷),人民出版社,1984 年,第 439 页。

第二，从毛泽东的两步走到邓小平的三步走、江泽民新三步走再到习近平新两步走战略的延伸。

1975 年在第四届全国人民代表大会第一次会议上，周恩来重申了分两步走，实现"四个现代化"的发展战略，具体是："第一步，用十五年时间，即在一九八〇年以前，建成一个独立的比较完整的工业体系和国民经济体系；第二步，在本世纪内，全面实现农业、工业、国防和科学技术的现代化，使我国国民经济走在世界的前列。"①1987 年，党的十三大完整描绘出中国经济建设"三步走"战略。第一步实现从贫困到解决基本温饱问题，第二步从温饱到基本小康，第三步完成基本现代化及人民生活实现基本富裕，进入中等收入国家行列。党的十五大报告，进一步提出更加振奋人心的"两个一百年"奋斗目标，就是到建党 100 年时，使国民经济更加发展，各项制度更加完善；到 21 世纪中叶建国 100 年时，基本实现现代化，建成富强民主文明的社会主义国家。2002 年在党的十六大上，中国共产党进一步提出全面建设惠及十几亿人口的更高水平的全面小康社会，使经济更加发展、民主更加健全、科教更加进步、文化更加繁荣、社会更加和谐、人民生活更加殷实。在世纪交汇期，以江泽民同志为主要代表的中国共产党人作出新"三步走"的战略规划，即 21 世纪"第一个十年实现国民生产总值比二〇〇〇年翻一番，使人民的小康生活更加宽裕，形成比较完善的社会主义市场经济体制；再经过十年的努力，到建党一百年时，使国民经济更加发展，各项制度更加完善；到世纪中叶建国一百年时，基本实现现代化，建成富强民主文明的社会主义国家"②。新三步走战略和原来邓小平三步走战略有不同，也有相同点，相同点在于二者具有历史继承性。不同点在于新三步走战略强调两个百年的目

---

① 《周恩来选集》(下卷)，人民出版社，1984 年，第 479 页。
② 《江泽民文选》(第二卷)，人民出版社，2006 年，第 4 页。

标,对于未来 21 世纪五十年实现中国现代化作了详细规划和部署。

在综合分析国际国内形势和我国发展条件的基础上,习近平提出了新时代"两步走"战略,"从二〇二〇年到本世纪中叶可以分两个阶段来安排:第一个阶段,从二〇二〇年到二〇三五年,在全面建成小康社会的基础上,再奋斗十五年,基本实现社会主义现代化。……第二个阶段,从二〇三五年到本世纪中叶,在基本实现现代化的基础上,再奋斗十五年,把我国建成富强民主文明和谐美丽的社会主义现代化强国"①。新时代习近平"两步走"战略,进一步延续深化了三步走的发展战略。描绘出 21 世纪中国特色社会主义现代化的时间表和基本路线图。从时间跨度上来看,提前 15 年完成新"三步走"基本实现现代化的战略目标;任务目标上,强调建成富强民主文明和谐美丽的社会主义现代化强国。

第三,从优先发展重工业到"两个文明","三个文明"到"五位一体"的总体布局不断拓展。

毛泽东时期侧重优先发展重工业,强调农轻重按照比例协同发展。1980 年邓小平在中共中央工作会议上提出物质文明和精神文明两手抓。1986 年党的十二届六中全会公报提出中国社会主义现代化建设的总体布局是:经济体制改革、政治体制改革和加强精神文明建设,即"三位一体"的总体布局。2005 年胡锦涛在省部级主要领导干部提高构建社会主义和谐社会能力专题研讨班上的讲话,明确了中国特色社会主义事业总体布局发展为包括社会建设在内的"四位一体"。党的十七大报告界定我国现代化的长远目标为"建设富强民主文明和谐的社会主义现代化国家"。党的十八大报告强调全面落实"五位一体"总体布局。党的十九大报告明确指出,要在 21 世

---

① 习近平:《决胜全面建成小康社会 夺取新时代中国特色社会主义伟大胜利——在中国共产党第十九次全国代表大会上的报告》,人民出版社,2017 年,第 28～29 页。

纪中叶"把我国建成富强民主文明和谐美丽的社会主义现代化强国",在目标上从"现代化国家"变为"现代化强国"。

可见百年来,中国共产党关于中国特色社会主义现代化的整体布局不断拓展,从优先发展重工业,到"两个文明"一起抓,再到强调政治文明,强调社会建设和重视生态文明。中国特色社会主义最终形成"五位一体"的总体布局,这体现了中国共产党建设中国特色社会主义现代化规律认识的深化和创新。

第四,从四个现代化到提出第五个现代化,国家治理现代化的重大创新。

在新的历史阶段,习近平在四个现代化的基础上强调国家治理现代化的重大理论创新,被誉为第五个现代化。国家治理现代化是更高层次的顶层设计,强调一国范围内的所有治理,它既包含了经济、政治、文化、社会、生态文明、国防军队和党的建设等各个领域的治理,也包含了政府治理、政党治理、市场治理、社会治理。国家治理体系和治理能力现代化是全面深化改革的目标,强调将国家治理的制度优势转化为效能。推进国家治理现代化是中国特色社会主义现代化的必然要求和应有之义,也是建设社会主义现代化强国的标志和基础。

建党百年的历程表明,中国共产党实现中国特色社会主义现代化的战略步骤是一以贯之,始终不渝的。但是中国共产党领导人具有不断创新的精神,能够结合中国具体实践,结合中国经济社会发展水平,不断调整战略目标和步骤,体现了中国共产党人的战略灵活性和实现中华民族伟大复兴的初心不变,充分彰显马克思主义辩证法的变和不变的辩证统一。

三、比较逻辑

中国特色社会主义现代化建设是在中国共产党领导之下逐步探索出来

的,不仅具有中国意义,也具有世界历史意义,因此从国际比较维度看,中国特色社会主义现代化具有自身的优越性和特征,显示中国特色社会主义的生命力。

1. 中国特色社会主义现代化是对传统的苏联模式的扬弃

从社会主义发展史看,苏联和中国都属于东方社会国家。历史上中国和苏联有很多的渊源关系。中国的革命道路是在实践中探索出来的,农村包围城市工农武装割据的新道路,打破了城市中心论,曾经为王明讽刺的山沟里面的马列主义的毛泽东思想被中国革命和实践证明是正确的。俄国十月革命之后,列宁探索的新经济政策的重要思想被中断,斯大林在实践中探索出苏联现代化的模式。这一模式曾经一度显示出其优越性,如保证了第二次卫国战争的胜利,集中力量办大事,搞计划经济,五年计划等。新中国成立之后,中国实行一边倒,效仿苏联模式,在苏联帮助下,兴建了 156 个工业项目。初步奠定中国的工业框架。1956 年苏共二十大秘密报告,也暴露出苏联模式的弊端。毛泽东曾经强调探索马克思主义和中国具体实际第二次结合,但因为种种原因探索被搁置。改革开放以来,邓小平强调以经济建设为中心,实行市场经济,改革开放等重大决策。在实践中,中国探索出中国特色的社会主义现代化道路。这一道路蕴含的深刻理论是对马克思主义的创新和发展,也是对传统苏联模式的扬弃。苏联解体,苏共亡党三十年,只能说明苏联模式的失败,不是马克思主义的失败。马克思主义是普遍真理,中国特色社会主义现代化的巨大成就证明其科学性、真理性。中国特色社会主义现代化是对传统的苏联模式的扬弃,也是对科学社会主义理论的重大创新和发展。

2. 中国特色社会主义现代化是对西方现代化中心理论的创新和扬弃

经典现代化理论主要观点是西方中心论,强调的是新自由主义的现代化理论。如在罗提托的《经济增长阶段论》一书中,他毫不掩饰地以"非共产党宣言"为副标题,其用心昭然若揭。① 这种所谓的经典现代化,立足西欧美国的历史,从资本主义发展,推崇资本主义的生产方式和价值观念,并在世界范围加以推广。因此他们对于新自由主义的价值观、市场经济、资本主义民主人权和制度比较推崇,主张第三世界国家应该照搬西方民主模式和走自由市场经济道路。其主要代表如亨廷顿、福山等。这种在经济上推崇政府自由放任,在政治上推崇西方民主,在文化上强调西方普世价值论,强调西方民主和市场经济模式的优越性,并且认为不发达国家要实现现代化,这是唯一出路,带有很大的欺骗性。

西方中心论的现代化模式实际上在中国是走不通的。中国在实践中坚持中国共产党的领导,发展社会主义市场经济体制,坚持改革开放,实行社会主义民主政治制度,强调党的领导、人民当家作主和依法治国的有机统一。在价值目标上强调共同富裕,以人民为中心。这和西方中心论形成了鲜明的对比。新自由主义和西方中心论在苏联解体之后,认为意识形态终结,"历史的终结"②,但是社会主义没有终结,中国特色社会主义,中国共产党引领的中国特色社会主义现代化显示出旺盛生命力。近年来关于中国模式,中国经验的世界范围的争论就是一个重要证明。

3. 中国特色社会主义现代化为第三世界国家探索现代化道路提供中国智慧和中国方案

从现代化理论看,传统现代化理论强调西方中心论,导致的是世界范围的中心边缘模式,实际上导致的还是资本主义强国和第三世界国家的两极分化。世界上190多个国家和地区,实行资本主义制度的有很多,真正发达的也就七八个国家。二战之后,尤其是苏联解体之后,新自由主义席卷全

① 罗斯托:《经济成长的阶段——非共产党宣言》,商务印书馆,1962年。
② [美]弗朗西斯·福山:《历史的终结及最后之人》,黄胜强译,中国社会科学出版社,2003年。

球,一些发展中国家迷信西方民主制度和自由市场经济。但是导致的是水土不服,社会两极分化,贫富差距拉大。一些国家尝试到西方民主和现代化理论的苦果,"在不发达国家,贫困仍在持续甚或增加,专制独裁政权十分普遍,战争动乱不断"①。他们对西方民主模式和经济现代化理论开始反思。西方化的过程恰恰是"自身沦为西方经济附庸,被纳入世界资本主义体系的过程"②。

在此背景下,中国共产党领导的中国特色社会主义现代化具有其显著特点,一是国内政治社会稳定,二是经济持续稳定的增长奇迹。尤其是中国的现代化是在新中国成立 70 多年,改革开放 40 多年的几十年走完西方国家几百年的奋斗目标。2021 年中国人均国内生产总值达到 1 万美元,这是非常了不起的成就。三是中国现代化没有像历史上的西方资本主义国家实行资本原始积累和对外殖民掠夺,而是实行改革开放的和平发展道路。

总之,目前全球治理失灵下西方民主的相对衰退,美国退群,英国脱欧,自由主义的经济模式面临困境。③ 中国特色社会主义现代化的巨大成就,中国倡导人类命运共同体,实施"一带一路",允许和提倡"一带一路"沿线国家搭中国经济发展的便车,中国成立亚投行,为一些国家提供经济发展的援助和帮助。实施五年来,"一带一路"建设取得巨大成效。"截至 2018 年 6 月,我国与沿线国家货物贸易累计超过 5 万亿美元,在沿线国家建设的境外经贸合作区总投资 289 亿美元,为当地创造 24.4 万个就业岗位和 20.1 亿美元的税收。"④这种鲜明对比为第三世界国家选择适合本国自己的现代化模式,提

---

① [波兰]彼得·什托姆普卡:《社会变迁的社会学》,林聚任译,北京大学出版社,2011 年,第128 页。
② 路日亮:《现代化理论与中国现代化》,宁夏人民出版社,2007 年,第 49 页。
③ 陶林:《全球治理的中国方案:人类命运共同体论略》,《武汉理工大学学报》(社会科学版),2020 年第 1 期。
④ 《一带一路 5 年成绩单:投资 289 亿美元 创造 24 万就业》,观察者网,网址 https://www.guancha.cn/politics/2018_08_28_469906.shtml。

供了中国智慧和中国方案。

四、实践逻辑

"从十九大到二十大,是'两个一百年'奋斗目标的历史交汇期。我们既要全面建成小康社会、实现第一个百年奋斗目标,又要乘势而上开启全面建设社会主义现代化国家新征程,向第二个百年奋斗目标进军。"[①]全面建设社会主义现代化国家,是中国共产党在全面建成小康社会之后的新的奋斗目标,是我国社会主义现代化建设战略安排的继续推进。从实践逻辑上看,就需要立足新发展阶段,坚持新发展理念,构建新发展格局。

1. 新的发展阶段是正确的历史方位

党的十九大报告中习近平强调中国特色社会主义进入新时代。新发展阶段,就是社会主义初级阶段中的一个发展阶段。从 2021 年实施"十四五"规划算起,到 2050 年第二个百年奋斗目标实现,是我国现代化新的发展阶段,为时 30 年。

新发展阶段是正确的历史方位。新历史起点为基础的新发展阶段,具有明显不同于以往的两大特点:

其一,这是基于建党百年社会主义现代化建设百年,尤其是改革开放 40 多年伟大成就基础上的新的战略判断。我们的经济总量突破 100 万亿大关,"2020 年,中国 GDP 总量达到创历史纪录的 100 万亿元门槛,为 101.60 万亿元,按购买力平价(PPP)计算,2017 年价格,由 2019 年的 22.53 万亿国际元

---

① 习近平:《决胜全面建成小康社会 夺取新时代中国特色社会主义伟大胜利——在中国共产党第十九次全国代表大会上的报告》,人民出版社,2017 年,第 28 页。

上升为 23.03 万亿国际元,占世界比重从 17.3% 上升为 18.4%"①。在世界经济中的占比达到 17%,并且成功地实现了全面脱贫目标;中国实现几千万人精准脱贫,不仅为中国经济发展和现代化作出了贡献,也为世界贫困事业作出了贡献。

其二,正如习近平强调世界处于百年未有之大变局。从国际形势上看,中国面临重大战略机遇期,也面临重大挑战。以美国为首的西方国家开始以中国为假想敌,打压围堵中国,中国"威胁"论不绝于耳。

总体来看,"我国发展不平衡不充分问题仍然突出,创新能力不适应高质量发展要求,农业基础还不稳固,城乡区域发展和收入分配差距较大,生态环保任重道远,民生保障存在短板,社会治理还有弱项"②。新发展阶段是正确的历史方位判断,表明中国共产党领导中国人民实现中国特色社会主义现代化的决心和勇气,也体现了中国共产党实现中国现代化的奋斗目标一以贯之。

2. 新发展理念是根本引领

党的十八届五中全会提出了"创新、协调、绿色、开放、共享"新发展理念,在 2020 年 10 月提出的关于制定"十四五"规划的建议中,习近平再次强调"新时代新阶段的发展必须贯彻新发展理念,必须是高质量发展"③。

贯彻新发展理念,第一要坚持创新引领,创新是经济高质量发展的核心动力。针对目前一些高精尖技术和核心产品技术受到卡脖子现象,我们应该奋起直追,重视原始创新,重视人才培养,重视知识产权保护,充分遵照知识遵照人才,充分发挥创新对于经济发展的巨大贡献率,加强科技成果的转

---

① 世界银行(WDI)数据库,https://data. World bank. org/indicator/NY. GDP. MKTP. PP. KD?locations = CN - 1W。

② 习近平:《正确认识和把握中长期经济社会发展重大问题》,《求是》,2021 年第 2 期。

③ 《〈中共中央关于制定国民经济和社会发展第十四个五年规划和二〇三五年远景目标的建议〉辅导读本》,人民出版社,2020 年,第 69 页。

化效果。

第二要坚持协调原则,协同强调是经济社会发展协同,城乡发展协同,区域经济发展的协同问题。党的十九大报告强调社会主义社会主要矛盾的新判断,协同注重解决的就是发展不平衡问题。这就需要国家重视顶层设计,重视区域统筹,城乡统筹,经济和社会统筹发展。

第三要坚持绿色导向,即处理好经济建设与环境保护的关系,解决好人与自然界和谐共生的问题。这就需要贯彻习近平的"两山"理论,需要重视经济高速增长,也需要重视生态文明建设。

第四要坚持开放原则,改革开放是强国之路。中国对外开放的大门不可能关闭,中国的发展离不开世界。中国应该广泛利用国内外两种资源,发展开放性经济。

第五要坚持共享为本,共享的价值理念是新发展理念的核心和本质。社会主义的发展强调以人民为中心,以人为本,解决社会公平公正问题,需要解决好社会贫富差距过大,公共服务均等化等问题。需要在做大蛋糕的同时也需要分好蛋糕,体现社会主义制度的优越性。

3. 构建新发展格局是重大战略举措

构建以国内循环为主体、国际国内双循环相促进的新发展格局,"建设更高水平开放型经济新体制,形成国际合作和竞争新优势"①,是党中央深远重大的战略选择。这一重大战略是立足中国现实,尤其是国际国内形势的深远布局,不仅能够促进中国国内经济发展,也能促进中国和国际经济交流合作。

其一,构建新发展格局,要把扩大内需作为战略基点,把供给侧结构性改革作为主攻方向,重视科技创新,形成强大的国内市场,激发公众消费潜

---

① 习近平:《在经济社会领域专家座谈会上的讲话》,人民出版社,2020 年,第 8 页。

力。打造统一开放竞争有序的高标准市场体系。其二,促进国内大循环,推进农业农村现代化,城乡经济循环是国内大循环的重要方面,也是确保国际国内两个循环比例关系健康发展的关键因素;这就需要重视城乡统筹,实施乡村振兴战略,重视在精准脱贫的同时,调动农民的消费能力,提升农村发展水平。其三,注重发展实体经济,要推动制造强国、质量强国、网络强国、数字中国,重视产业结构升级,创新驱动,数字转型,发展重大战略性产业和新兴科技产业,优化国土空间布局,实施区域统筹战略。加强区域经济之间的协同和有序竞争。其四,从国内大循环与国内外双循环的关系看,国内循环是基础,两者是不可分割的统一体。从深化改革和推进发展的关系看,构建新发展格局必须全面深化改革。全面深化改革是根本动力,应该坚持改革创新思维,发挥政府的宏观调控和市场对资源配置的决定性作用,打破习惯势力和主观偏见,破除利益藩篱,促进市场要素的充分自由流动。构建更高水平的法治化、平等化、国际化的市场化机制。将国内循环和国际大循环有序结合,在实施“一带一路”倡议中促进相关区域经济走出去,国际国内协调发展。其五,在构建新发展格局中,以满足人民美好生活需要为根本价值取向,不断改善人民生活,提升民生福祉。发展的本质是人的全面发展。在构建新发展格局中需要重视和解决民生问题。改善就业、养老、教育、医疗、交通、住房、食品安全等问题,不断完善公共服务体系。

展望新阶段,我们需要更加自觉地坚持和加强中国共产党的全面领导,充分发挥中国共产党在中国现代化建设进程中的领导核心作用。既然百年历程证明中国共产党能够带领中国人民一步一步实现从革命、建设、改革到新时代的迈进,因而唯有不断加强中国共产党的全面领导及自身建设,进一步提高国家治理体系和治理能力现代化,坚持党制定的一系列重大路线和战略,就一定能够实现中华民族的伟大复兴。

第六章 当前马克思主义中国化研究的 热点问题与方法论反思

　　习近平新时代中国特色社会主义思想是马克思主义中国化的最新理论成果。深入学习研究习近平新时代中国特色社会主义思想具有重要的理论价值和现实意义。通过前面几章的回顾，我们大致比较清楚地了解了国内学界 2000 年以来马克思主义中国化研究的基本脉络和进展情况。本章尝试从学术史的角度和方法论的视角进行总结。

　　党的十八大以来，习近平与时俱进，开拓创新，不断开辟马克思主义中国化的新境界，创立了习近平新时代中国特色社会主义思想，这一 21 世纪马克思主义中国化的最新成果。本章结合党的十九届六中全会和党的二十大报告的精神，对于学界关于当前马克思主义中国化研究的十个热点问题进行梳理，并就 21 世纪以来马克思主义中国化研究的方法论问题进行反思，以求深化这一问题的研究。

第一节 当前马克思主义中国化研究的热点问题

一、马克思主义中国化的"两个结合"

党的二十大报告有很多理论创新,其中"两个结合"的提出具有重要意义。马克思主义中国化从原来的"一个结合"变成"两个结合",引起了学界的关注和极大兴趣。笔者根据中国知网检索,篇名含有"两个结合"的文章截至 2023 年 11 月 1 日共有 786 篇,其中精确检索北大核心论文有 186 篇。从研究态势看,这一研究还在深化,成果不断涌现。

"把马克思主义基本原理同中国具体实际相结合、同中华优秀传统文化相结合"①(简称"两个结合"),不断推动实践基础上的理论创新,并用以指导实践,是总结党的百年奋斗历程所得出的宝贵历史经验。习近平在党的二十大报告中进一步强调:"只有把马克思主义基本原理同中国具体实际相结合、同中华优秀传统文化相结合,坚持运用辩证唯物主义和历史唯物主义,才能正确回答时代和实践提出的重大问题,才能始终保持马克思主义的蓬勃生机和旺盛活力。"②

近年来,学界围绕着习近平"两个结合"重要论述的内在关联、价值定位、耦合机理、生成逻辑和推进路径等方面开展了广泛而深入的探讨,取得了丰硕的研究成果。

学者们对于马克思主义中国化"一个结合"和"两个结合"的概念、辩证

---

① 习近平:《在庆祝中国共产党成立 100 周年大会上的讲话》,人民出版社,2021 年,第 13 页。
② 习近平:《高举中国特色社会主义伟大旗帜 为全面建设社会主义现代化国家而团结奋斗——在中国共产党第二十次全国代表大会上的报告》,人民出版社,2022 年,第 17 页。

关系、理论逻辑、历史逻辑、实践逻辑等重大问题开展研究。① 有学者认为"两个结合"中的中国具体实际与中华优秀传统文化也是一体两面的关系，两者是一个不能割裂的整体、无法剥离的实存。② "两个结合"是中国共产党经过百年发展所得出的历史结论，中国共产党发展史实际上也是马克思主义同中国具体实际、中华优秀传统文化相结合的探索史。"两个结合"是中国共产党对推进马克思主义中国化时代化的深刻历史总结和重大探索成果，为新时代坚持和发展马克思主义作出了重大原创性贡献。③

推进"两个结合"研究，需要结合百年党史，结合当前国情世情党情的重大变化开展深入研究。就中华优秀传统文化看，需要我们立足中国具体发展实际，以人民为中心，在实践中自觉以准确把握和应用马克思主义基本原理为前提、以传承发展中华优秀传统文化为切入点，以走中国式现代化新道路为落脚点，④不断探索文化创新的制度和机制。习近平在安阳考察殷墟时强调："中华优秀传统文化是我们党创新理论的'根'，我们推进马克思主义中国化时代化的根本途径是'两个结合'。"⑤拓展中国式现代化道路必须坚持"两个结合"，推动中华优秀传统文化的创造性转化和创新性发展。科学把握"两个结合"的科学内涵、内在机理、实践要求等，揭示"两个结合"自身的内在规律性，从而不断深化升华对"两个结合"的学理认知。

有学者侧重第二个结合进行研究。马克思主义同中华优秀传统文化能够水乳交融，是因为他们具有内在统一性，两者的价值目标一致，唯物论、辩证法思想、民本观念高度契合。两者的结合，奠定了新时代"文化自信"的基

---

① 吴文珑：《"两个结合"的理论逻辑、历史逻辑和实践逻辑》，《马克思主义研究》，2023 年第 5 期。

② 李晓：《"两个结合"：中国共产党理论创新的新境界》，《人民论坛》，2021 年第 27 期。

③ 李冉：《深刻理解和把握"两个结合"》，《红旗文稿》，2023 年第 14 期。

④ 王天民、郑丽丽：《从"一个结合"到"两个结合"的历史与逻辑》，《理论导刊》，2023 年第 3 期。

⑤ 《全面推进乡村振兴为实现农业农村现代化而不懈奋斗》，《人民日报》，2022 年 10 月 29 日。

石,也是中国式现代化高质量发展的保证。应该说马克思主义中国化的第二个结合,侧重中华优秀传统文化创造性转化和创新性发展,在彰显文化自信和建设文化强国的背景下,意义重大,研究有待于深化。

"两个结合"是续写马克思主义中国化时代化新篇章的路径。习近平强调,要把握时代大势,坚持守正创新,"把坚持马克思主义和发展马克思主义统一起来,坚持用马克思主义之'矢'去射新时代中国之'的',继续推进马克思主义基本原理同中国具体实际相结合、同中华优秀传统文化相结合,续写马克思主义中国化时代化新篇章"①。立足中国式现代化实践,不断深化"两个结合",是构建当代中国自主的知识体系、建设中华民族现代文明的必由之路。② 坚持"两个结合",续写马克思主义中国化时代化新篇章,要以全面建成社会主义现代化强国为主要课题,厚植中国式现代化的中华文化底蕴,推进中国化马克思主义的与时俱进和中华文明的升华升级,创造人类文明新形态。这一重大课题还需要我们继续关注,加强研究。

二、建党百年的十条基本经验研究

2021 年是建党百年,通过了历史上第三个重要决议,在建党 100 周年大会上提出伟大建党精神,并且在党的二十大报告中再次强调。决议提出了党的十条基本经验,成为党史党建和马克思主义中国化研究的热点问题。根据笔者中国知网检索,篇名含有建党百年的论文有 1800 多篇,其中北大核心期刊论文有 319 篇。

《决议》从十个方面概括了党百年奋斗的历史经验,分别是坚持党的领

---

① 《习近平谈治国理政》(第四卷),外文出版社,2022 年,第 30 页。

② 孙乐强:《"两个结合"与中国自主知识体系的建构》,《南京社会科学》,2023 年第 7 期。

导、坚持人民至上、坚持理论创新、坚持独立自主、坚持中国道路、坚持胸怀天下、坚持开拓创新、坚持敢于斗争、坚持统一战线、坚持自我革命。"十个坚持"是相互联系、相互贯通的有机整体，统一于中国共产党领导全国各族人民进行革命、建设、改革的伟大实践。国家社科基金重大专项，对十条基本经验也专门设置课题，学者们对其十条基本经验的每一个经验都开展研究，目前看这些经验研究成果也在不断涌现。

三、中国式现代化新道路与人类文明新形态

2021 年是建党百年，通过了历史上第三个重要决议。其中中国式现代化新道路创造人类文明新形态这一重大论断也成为研究热点问题。从学术论文发表情况来看，以"中国式现代化道路"和"中国式现代化新道路"为关键词，在中国期刊全文数据库中检索，截至 2022 年 8 月共有相关文献 408 篇。习近平指出："我们坚持和发展中国特色社会主义，推动物质文明、政治文明、精神文明、社会文明、生态文明协调发展，创造了中国式现代化新道路，创造了人类文明新形态。"①这一论断引起学界高度关注。

党的二十大报告第三部分，明确提出了新时代新征程中国共产党的使命任务。报告指出："从现在起，中国共产党的中心任务就是团结带领全国各族人民全面建成社会主义现代化强国、实现第二个百年奋斗目标，以中国式现代化全面推进中华民族伟大复兴。"②紧接着，报告系统阐释了中国式现代化的五大特征和九个方面的本质要求。2023 年 2 月 7 日，习近平在学习

---

①　习近平：《在庆祝中国共产党成立 100 周年大会上的讲话》，人民出版社，2021 年，第 13～14 页。

②　习近平：《高举中国特色社会主义伟大旗帜　为全面建设社会主义现代化国家而团结奋斗——在中国共产党第二十次全国代表大会上的报告》，人民出版社，2022 年，第 21 页。

贯彻党的二十大精神研讨班开班式上再次强调,要正确理解和大力推进中国式现代化。他指出:"概括提出并深入阐述中国式现代化理论,是党的二十大的一个重大理论创新,是科学社会主义的最新重大成果。中国式现代化是我们党领导全国各族人民在长期探索和实践中历经千辛万苦、付出巨大代价取得的重大成果,我们必须倍加珍惜、始终坚持、不断拓展和深化。"[①]

学界普遍认为,中国式现代化是党领导人民在长期探索和不懈奋斗中历尽千辛万苦、付出巨大代价取得的重大成果。学界对于什么是中国式现代化新道路,中国式现代化的科学内涵、基本特征、重大历史意义,什么是人类文明新形态,中国式现代化新道路和人类文明新形态的关系,为什么中国式现代化新道路能够创造人类文明新形态等重大问题开展研究。学界主要聚焦基本内涵、主要特征、发展历程和价值旨归等维度进行了深入解读和研究,取得了较为丰硕的研究成果。

此外还有学者对中国式现代化和"两个结合"的关系进行分析。中国式现代化是"两个结合"的实践主题坚持"两个结合"的根本方向,要求运用马克思主义的科学世界观和方法论,"解决新时代改革开放和社会主义现代化建设的实际问题,不断回答中国之问、世界之问、人民之问、时代之问,作出符合中国实际和时代要求的正确回答"[②],形成与时俱进的创新理论,指导中国实践。目前看,这一方面的研究有待深化。

四、习近平新时代中国特色社会主义思想的原创性贡献研究

近年来关于习近平新时代中国特色社会主义思想对于马克思主义的原

---

① 《习近平在学习贯彻党的二十大精神研讨班开班式上发表重要讲话强调 正确理解和大力推进中国式现代化》,《人民日报》,2023 年 2 月 8 日。

② 习近平:《高举中国特色社会主义伟大旗帜 为全面建设社会主义现代化国家而团结奋斗——在中国共产党第二十次全国代表大会上的报告》,人民出版社,2022 年,第 17 页。

创性贡献也是研究的一个热点问题。根据笔者检索知网,篇名含有习近平和原创性的论文有178篇。研究趋势看,这一主题的研究论文还在增加。

学者们对习近平新时代中国特色社会主义思想中的若干重大思想和概念的原创性贡献进行分别解读和论述,如全过程人民民主、党建的思想、习近平法治思想、人民为中心的发展思想、习近平经济思想、关于意识形态的重要论述、关于文化的重要论述、习近平外交思想、人类命运共同体、习近平强军思想、习近平生态文明思想等进行深入研究。

有学者对习近平新时代中国特色社会主义思想的哲学基础进行研究。认为,马克思主义中国化"第一个结合"内在地蕴含着"第二个结合"。"第二个结合"被主题化,是确立中华民族文化主体性的客观需要。[①] 党的二十大报告深入阐明了以"六个坚持"为核心内容的习近平新时代中国特色社会主义思想的世界观和方法论,这一新世界观和方法论是习近平新时代中国特色社会主义思想的"根"与"魂",是"两个结合"的产物。也有学者就习近平新时代中国特色社会主义思想的哲学原创性贡献进行研究,阐述其对于马克思主义哲学的重大发展和理论贡献。因此,"两个结合"是其形成的内在逻辑,以此为视角,或更能阐明这一新世界观和方法论在哲学层面上的新贡献。遵循这一新世界观和方法论以"两个结合"为内核的形成逻辑,可以发现它在马克思主义中国化时代化、中华优秀传统文化的创造性转化和创新性发展、马克思主义整体性的深化及人类文明新形态的思考等方面作出了新的哲学贡献。[②]

习近平总书记关于全过程人民民主重要论述对马克思主义民主政治理论的原创性贡献主要体现在:从价值论角度阐述了全过程人民民主的战略

---

①　何中华:《从马克思主义中国化看'两个结合'的意涵》,《哲学研究》,2023年第9期。

②　石德金:《习近平新时代中国特色社会主义思想的世界观和方法论的新贡献——以"两个结合"为视角》,《甘肃社会科学》,2023年第5期。

地位,强调全过程人民民主是坚持党的属性和践行党的根本宗旨的必然要求、社会主义民主政治的本质属性、中国式现代化的本质要求;从认识论角度提出了全过程人民民主重大理念,并从根本保证、价值旨归、形态架构、鲜明特色、政治优势、治理效能、评价标准等多重维度赋予了全过程人民民主丰富的时代内涵。①

有学者认为,原创性是习近平法治思想的本质特征和理论底色。习近平法治思想的原创性贡献在内容上集中表现为"十一个坚持",但是又不能完全拘泥于这"十一个坚持"。② 应该以习近平法治思想指导我国全面依法治国方略的实施。

有学者对伟大建党精神进行研究,这是中国共产党精神谱系的一次重大论断和创新。伟大建党精神的百年演进,不但成就了伟大的中国共产党,成就了前无古人的伟大事业,而且推进了党在精神、理论和实践三个维度的延伸和展开。精神之维:延展了中国共产党人精神谱系的时代性升华;理论之维:延展了马克思主义两化理论体系的系统性创新;实践之维:延展了中国式现代化道路的整体性优化。③ 对于伟大建党精神的科学内涵和中国共产党精神谱系的关系及其历史逻辑,新时代如何弘扬伟大建党精神引领中国式现代化等问题,学界也开展探讨。

有学者认为习近平总书记关于党的建设的很多重要论述也是对马克思主义政党学说的原创性贡献。关于坚持和加强党的全面领导的重要论述,实现了马克思主义政党的理论创新;关于加强党的建设和全面从严治党的重要论述,在新的历史条件下捍卫了马克思主义哲学的党性原则;关于以伟

---

① 王一喆、王春玺:《习近平关于全过程人民民主重要论述的原创性贡献》,《广西社会科学》,2023 年第 7 期。
② 郭跃:《论习近平法治思想的原创性贡献》,《商丘师范学院学报》,2023 年第 7 期。
③ 雷厚礼:《伟大建党精神百年三个维度的延伸和展开》,《贵州社会科学》,2022 年第 4 期。

大自我革命引领伟大社会革命的重要论述,成为新时代党的自我革命建设的强大思想武器;关于加强党的政治建设,严肃政治规矩,构建良好党内政治生态等。这些思想丰富了马克思主义的理论宝库。

有学者对习近平外交思想进行研究。根据知网检索,习近平外交思想的文章280篇,研究成果还在增加。2022年4月25日,习近平在中国人民大学考察时强调,当今"世界百年未有之大变局加速演进,世界进入新的动荡变革期"①。这是习近平对当今世界总体局势的科学研判,也是继提出"世界正经历百年未有之大变局"后对时局做出的又一重大论断。党的十八大以来,习近平外交思想成为指导我国开展外事工作的理论遵循。学术界对此展开了深入学习、探索和研究,主要集中在习近平外交思想的核心内涵上,从习近平外交思想的理论渊源、科学内涵、哲学意蕴、时代意义和实践价值等诸多方面展开深入探讨和研究,研究工作的开展为推动习近平外交思想的学习和传播作出重要贡献。

学界就人类命运共同体的科学内涵、理论逻辑、哲学基础、历史逻辑、实践逻辑、价值逻辑等系列重大问题开展研究。这一时期关于人类命运共同体的研究论文很多,涌现出很多优秀成果。"国家社科基金项目数据库"中显示,2018年以后,不仅有以"习近平外交思想"为题目的课题立项,还有集中在"人类命运共同体"研究、"一带一路"研究、"全球治理"研究等具体研究方向上的课题。②

2018年中央外事工作会议确定了习近平外交思想的指导地位。近五年来,习近平外交思想的理论内涵随着中国特色大国外交实践的发展而不断

---

① 《习近平在中国人民大学考察时强调 坚持党的领导传承红色基因扎根中国大地 走出一条建设中国特色世界一流大学新路》,《人民日报》,2022年4月26日。

② 卫灵、牛子谦:《习近平外交思想研究的主要特点、学术贡献及研究走向》,《思想理论教育导刊》,2022年第8期。

丰富。党的二十大报告,《习近平外交思想学习纲要》及习近平在国际场合的重要讲话与演讲等作为基本文献,对照 2018 年确立的习近平外交思想"十个坚持"的核心要义,研究认为习近平外交思想的四梁八柱已经形成,将长期指导中国特色大国外交的实践。与此同时,习近平外交思想的理论内涵进一步丰富发展,主要包括对世界进入动荡变革期的判断,人类命运共同体理念更加丰富完善,提出推动中国式现代化和创造人类文明新形态,强调弘扬全人类共同价值,继续推进高质量共建"一带一路"及提出全球发展倡议和全球安全倡议等。①

如何理解习近平经济思想的原创性理论贡献,是学界近年来的重要理论热点。2022 年 6 月由中共中央宣传部、国家发展和改革委员会组织编写出版的《习近平经济思想学习纲要》将习近平经济思想对马克思主义政治经济学的原创性贡献归纳为"八个创新",再次将习近平经济思想对马克思主义政治经济学原创贡献的研究推向了一个新的高潮。

党的十九届六中全会通过的《中共中央关于党的百年奋斗重大成就和历史经验的决议》将习近平新时代中国特色社会主义思想中的"八个明确"拓展为"十个明确",其中新增的关于经济领域的论述也被学界所关注;2022 年 6 月出版的《习近平新时代中国特色社会主义思想学习纲要》将习近平经济思想概括为"十三个主要内容、八个创新、五个特征";同年 10 月党的二十大报告第四部分"加快构建新发展格局,着力推动高质量发展"也成为学界研究习近平经济思想时所关注的重要内容。

学者认为习近平经济思想是一个系统的理论体系,包括发展新理念、中国式现代化、高水平的社会主义市场经济体制论述、构建人类命运共同体。②

---

① 郭树勇、舒伟超:《论习近平外交思想理论内涵的丰富发展》,《世界经济与政治》,2022 年第 11 期。

② 周文、施炫伶:《论习近平经济思想的丰富内涵与世界意义》,《理论月刊》,2023 年第 10 期。

习近平经济思想是运用马克思主义政治经济学基本原理指导新时代经济发展实践形成的重大创新理论成果,是实现经济高质量发展,科学应对重大风险挑战的锐利思想武器。

就其理论体系,有学者进行梳理。随着我国经济实践的不断发展,习近平经济思想内涵进一步丰富,理论界对这一领域的研究更加注重将其上升为系统化的经济学说。研究呈现更为明显的学理化和精细化特点。大致分为以下四个方面。①

第一,加强党对经济工作的全面领导。强调经济和政治的辩证统一关系,健全新型举国体制。党的二十大报告强调要"完善党中央对科技工作统一领导的体制,健全新型举国体制,强化国家战略科技力量"②。在社会主义市场经济条件下新型举国体制是我国社会主义制度集中力量办大事的具体表现。

第二,建设现代化经济体系。构建高水平的社会主义市场经济体制,加快建设现代化产业体系,推进高水平对外开放。

第三,完善生态文明体系,实施绿色发展,实现人与自然和谐共生。积极稳妥推进碳达峰碳中和。

第四,统筹发展和安全。习近平指出,"坚持统筹发展和安全,坚持发展和安全并重,实现高质量发展和高水平安全的良性互动"③。需要统筹发展和科技安全的关系,统筹发展和初级产品安全,如粮食安全和能源安全,需要及时防范金融风险。

党的二十大报告强调高质量发展是首要任务。强调必须完整、准确、全

---

① 张开、王腾:《习近平经济思想研究新进展》,《政治经济学评论》,2023 年第 2 期。

② 习近平:《高举中国特色社会主义伟大旗帜　为全面建设社会主义现代化国家而团结奋斗——在中国共产党第二十次全国代表大会上的报告》,人民出版社,2022 年,第 35 页。

③ 《习近平在中央政治局第二十六次集体学习时强调　坚持系统思维构建大安全格局　为建设社会主义现代化国家提供坚强保障》,《人民日报》,2020 年 12 月 13 日。

面贯彻新发展理念,坚持社会主义市场经济改革方向,坚持高水平对外开放,加快构建以国内大循环为主体、国际国内双循环相互促进的新发展格局。新发展阶段、新发展理念、新发展格局关系研究也成为这一时期的研究热点。根据知网检索,篇名含有新发展理念和新发展格局的论文有 177 篇。研究成果还在增加。学界就三者之间的关系、内在逻辑、如何构建新发展格局等重大问题开展探讨。"把握新发展阶段是贯彻新发展理念、构建新发展格局的现实依据,贯彻新发展理念为把握新发展阶段、构建新发展格局提供了行动指南,构建新发展格局则是应对新发展阶段机遇和挑战、贯彻新发展理念的战略选择。"①

2020 年 8 月 24 日习近平在主持召开经济社会领域专家座谈会时指出,"'十四五'时期是我国全面建成小康社会、实现第一个百年奋斗目标之后,乘势而上开启全面建设社会主义现代化国家新征程、向第二个百年奋斗目标进军的第一个五年,我国将进入新发展阶段"②。新发展理念是我国经济社会健康发展的指南,全面回答了我国的发展立场、发展导向、发展模式、发展道路等系列重大问题。习近平明确指出,创新是引领发展的第一动力,协调是持续健康发展的内在要求,绿色是永续发展的必要条件和人民对美好生活追求的重要体现,开放是国家繁荣发展的必由之路,共享是中国特色社会主义的本质要求。③ 新发展格局构建是未来十四五期间的重要战略任务,学界就其科学内涵、主要障碍、构建路径等问题开展探讨。

习近平指出:"进入新发展阶段、贯彻新发展理念、构建新发展格局,是由我国经济社会发展的理论逻辑、历史逻辑、现实逻辑决定的,三者紧密关

---

① 韩喜平:《深刻把握新发展阶段、新发展理念、新发展格局的内在逻辑》,《思想政治工作研究》,2022 年第 12 期。

② 习近平:《论把握新发展阶段、贯彻新发展理念、构建新发展格局》,中央文献出版社,2021 年,第 371 页。

③ 习近平:《全党必须完整、准确、全面贯彻新发展理念》,《求是》,2022 年第 16 期。

联。进入新发展阶段明确了我国发展的历史方位,贯彻新发展理念明确了我国现代化建设的指导原则,构建新发展格局明确了我国经济现代化的路径选择。"①这一科学论述为我们把握新发展阶段、新发展理念、新发展格局的相互关系提供了根本遵循。

以马克思主义政治经济学为指导,习近平经济思想构建了完整的理论框架,回答了经济发展为谁服务,谁来领导经济工作,新时代如何促进经济发展,用什么方法开展经济工作等重大问题。②习近平经济思想作为中国共产党领导社会主义经济建设的最新理论成果,为构建和完善中国特色社会主义政治经济学做出了许多原创性贡献,体现了对马克思主义政治经济学基本立场、观点和方法的坚持与发展。目前这一方面的研究还在深化,成果不断涌现。

五、习近平总书记关于历史主动精神的重要论述

党的十八大以来,习近平多次提及并阐述"历史主动精神"这一概念。《中共中央关于党的百年奋斗重大成就和历史经验的决议》将历史主动精神视为习近平新时代中国特色社会主义思想的内在精神品格。党的二十大报告进一步展现了中国共产党踔厉奋发、勇毅前行、不断取得重大成就的历史主动精神,指出"拥有马克思主义科学理论指导是我们党把握历史主动的根本所在"。历史主动精神源自中国共产党百余年来奋斗取得伟大成就的历史性经验。

党的二十大报告中再次指出:"全党同志务必不忘初心、牢记使命,务必谦

---

① 习近平:《把握新发展阶段,贯彻新发展理念,构建新发展格局》,《求是》,2021 年第 9 期。

② 蒋永穆、亢勇杰:《习近平经济思想对马克思主义政治经济学的坚持和发展》,《社会科学战线》,2022 年第 9 期。

虚谨慎、艰苦奋斗,务必敢于斗争、善于斗争,坚定历史自信,增强历史主动,谱写新时代中国特色社会主义更加绚丽的华章。"①历史主动精神是习近平总书记提出的一个重要论断,也是向全党发出的一个伟大号召。国内学界围绕历史主动精神科学内涵、生成依据、主要特征和实践路径等方面展开了相关研究,取得了丰硕的成果;学者们就其科学内涵,应然和实然的关系。如何发扬历史主动精神提出了自己的见解。目前这一方面的研究还在不断深化。但相关研究也存在一些不足,如存在研究深度不够、范围重复、视野狭隘和研究方法单一等问题;未来应该重视和加强历史主动精神的深度研究、范围研究、视野研究和方法研究。在全面建设社会主义现代化国家、实现第二个百年奋斗目标的新征程,要将历史主动精神置于唯物史观的应然逻辑视野中、大历史观的实然发展脉络中及未来发展需要的现实必然性中进行综合考量,深化对历史主动精神的研究。

六、习近平总书记关于全过程人民民主的重要论述

2019 年 11 月,习近平在上海长宁区虹桥街道考察时首次提出:"人民民主是一种全过程的民主。"②"全过程的民主"是人民民主这一价值追求的进一步具体化,凸显了我国人民民主的广泛性和过程性特征。2021 年 3 月,"坚持全过程民主"写进《中华人民共和国全国人民代表大会组织法》,以法律的形式为其贯彻落实提供了法治保障。在庆祝中国共产党成立 100 周年大会上,习近平首次强调:"发展全过程人民民主,维护社会公平正义。"③

---

① 习近平:《高举中国特色社会主义伟大旗帜 为全面建设社会主义现代化国家而团结奋斗——在中国共产党第二十次全国代表大会上的报告》,人民出版社,2022 年,第 1~2 页。
② 本书编写组:《习近平的小康情怀》,人民出版社,2022 年,第 435 页。
③ 习近平:《在庆祝中国共产党成立 100 周年大会上的讲话》,人民出版社,2021 年,第 12 页。

2022 年 10 月,在党的二十大上,习近平 49 次提到"民主",首次明确把"发展全过程人民民主"作为中国式现代化的本质要求之一。这一重大论断自提出之后,研究成果逐年增加,成为一个热点。

根据知网检索,篇名含有全过程人民民主的论文有 1673 篇,其中北大核心论文有 361 篇。党的十八大以来,习近平创造性地提出全过程人民民主这一重大命题并作出了系统阐述。党的二十大报告进一步强调:"发展全过程人民民主,保障人民当家作主。"①

全过程人民民主是社会主义民主政治的本质属性,是最广泛、最真实、最管用的民主。"以民主发生论、民主本质论、民主结构论、民主发展论、民主评价论为基本内容,构成了一个系统完备的科学理论体系,并呈现出秉持人民至上、彰显民主自信、突出制度导向、凸显世界眼光的鲜明理论特质。"②作为中国式现代化的本质要求,全过程人民民主的理论与实践将过程民主与成果民主、程序民主与实质民主、直接民主与间接民主、人民民主和国家意志相统一,充分彰显社会主义人民民主的鲜明特色,不断促进社会主义政治制度优势充分发挥。党的二十大报告指出,"全过程人民民主是社会主义民主政治的本质属性,是最广泛、最真实、最管用的民主"③。学界就什么是全过程人民民主,全过程人民民主的基本特征,相比较西方民主全过程人民民主的优势,全过程人民民主和人类政治文明新形态,全过程人民民主和中国特色的政党制度、协商民主、人民代表大会制度等一系列重大问题开展研究,成果丰硕。

---

① 习近平:《高举中国特色社会主义伟大旗帜　为全面建设社会主义现代化国家而团结奋斗——在中国共产党第二十次全国代表大会上的报告》,人民出版社,2022 年,第 37 页。

② 任鹏、刘丹丹:《习近平关于全过程人民民主重要论述的基本内容、理论特质和实践要求》,《思想教育研究》,2023 年第 6 期。

③ 习近平:《高举中国特色社会主义伟大旗帜　为全面建设社会主义现代化国家而团结奋斗——在中国共产党第二十次全国代表大会上的报告》,人民出版社,2022 年,第 37 页。

　　有学者分析全过程人民民主的三个维度。全过程人民民主是中国特色社会主义民主的最新表述。从理论之维度来看,马克思主义民主理论和中国共产党的民主理论是全过程人民民主的理论基础。从内涵之维度来看,全过程人民民主的出发点和落脚点是维护人民根本利益,其价值追求是人民享有充分的民主权利,其必然要求是全过程。从价值之维度来看,全过程人民民主是对马克思主义民主政治理论的原创性贡献,进一步凸显了民主的广泛性和真实性,在满足人民美好政治生活需要的同时,提升国家治理效能,为人类政治文明贡献了中国智慧。[①]

　　有学者分析全过程人民民主这一话语体系的建构。强调要立足实现中华民族伟大复兴的战略全局和世界百年未有之大变局,明确全过程人民民主话语体系基本问题范畴,建立社会主义人民民主叙事体系,打造融通中外的社会主义人民民主表述方式,通过健全人民当家作主制度体系实践,不断输出话语价值、提升话语认同,全方位展示全过程人民民主的理论创新、实践成果及文化底蕴,促进中国特色社会主义民主政治道路认同,进而不断丰富人类政治文明形态。[②]

　　发展全过程人民民主是推进中国式现代化的重要路径。[③] 有学者认为,发展全过程人民民主是习近平新时代中国特色社会主义思想的重要组成部分,是不断生长着、发展着的理论体系和知识体系,要秉持战略思维和战略视角看待这一重大命题,要立足中国特色社会主义民主政治的广阔理论和实践背景,在坚持党的领导、人民当家作主和依法治国三个方面着重发力构建和完善自主知识体系,为开展全过程人民民主理论和实践研究提供坚实

---

　　① 曹世红、韩柱:《理论·内涵·价值:全过程人民民主的三重维度》,《北京交通大学学报》(社会科学版),2023年第3期。
　　② 李琳琳、刘凡熙:《全过程人民民主话语体系的建构》,《思想教育研究》,2023年第9期。
　　③ 庞金友、高秀楠:《全过程人民民主:推进中国式现代化的重要路径》,《探索》,2023年第3期。

的基础支撑。需要加强多学科的深入研究,如比较研究和实证研究。

七、习近平总书记关于共同富裕的重要论述研究

党的二十大强调共同富裕。这一重要观点近年来也引起学界的关注。根据知网检索,篇名含有习近平共同富裕的论文有 178 篇。

习近平对于共同富裕发表多次论述,逐步形成了以共同富裕内涵论、共同富裕价值论、共同富裕战略论、共同富裕过程论、共同富裕实践论、共同富裕奋斗论、共同富裕方法论为主要内容的完整的理论逻辑体系。① 共同富裕已成为习近平新时代中国特色社会主义思想的重要概念之一。

2021 年 2 月 25 日在全国脱贫攻坚总结表彰大会上,习近平指出:"在全面建设社会主义现代化国家新征程中,我们必须把促进全体人民共同富裕摆在更加重要的位置,脚踏实地、久久为功,向着这个目标更加积极有为地进行努力,促进人的全面发展和社会全面进步。"②习近平关于共同富裕重要论述系统阐述了什么是共同富裕,为什么要走共同富裕道路,如何扎实推进共同富裕等战略性问题,既是对科学社会主义基本原则的坚持,也是对当代中国马克思主义,21 世纪马克思主义的创新发展。学界对于其理论逻辑、历史逻辑和实践逻辑、价值意蕴、共同富裕的基本概念和实现路径等重大问题开展了系统研究。

新时代共同富裕具有丰富的内涵,至少包括十个基本论断。共同富裕不是同时同步富裕,不是两极分化,强调全体人民共同富裕;共同富裕是先富带动后富,最终实现共同富裕;共同富裕强调物质和精神的共同富裕;实

① 罗健:《习近平关于共同富裕重要论述探析》,《马克思主义研究》,2022 年第 3 期。
② 习近平:《在全国脱贫攻坚总结表彰大会上的讲话》,人民出版社,2021 年,第 21~22 页。

现共同富裕不能急躁,是一个长期渐进的过程;共同富裕的标准应该是动态的,不断调整提高的;共同富裕农村是重点,应该实施乡村振兴战略;共同富裕不是西方的福利主义,不是平均主义;收入分配制度改革很重要,但不是实现共同富裕的唯一路径;共同富裕应该走经济高质量发展之路;实现共同富裕必须坚持中国式现代化。①

有学者从精神生活共同富裕的视角进行单独研究。特别是重点围绕习近平关于人民精神生活共同富裕重要论述的形成逻辑、核心内容、特征要义、实践路径和时代价值等方面进行了较为深入的探讨。人民精神生活共同富裕既是社会主义共同富裕的内在要求,也是中国式现代化的核心议题之一。习近平关于人民精神生活共同富裕的重要论述是对新时代人民美好精神生活需要做出的理论回应,充分体现了中国共产党对马克思主义政党执政使命与执政规律的新认识,对社会主义人民精神生活发展规律和人的全面发展客观规律的新认识,凸显出人民性、科学性、发展性的鲜明理论特质,丰富和发展了中国化马克思主义共同富裕思想。②

八、马克思主义中国化学术史和专门史研究

马克思主义中国化史,是中国共产党百年来在马克思主义基本原理与中国实际相结合过程实现的理论创新和理论创造的历史,是中国共产党百年来以中华民族伟大复兴为主题的砥砺奋进中理论成就和思想辉煌的历史。盛世修史,百年大党的历史也是不断推进马克思主义中国化的历史。

---

① 陶林:《新时代共同富裕科学内涵的十个论断》,《青岛科技大学学报》(社会科学版),2022年第4期。
② 汤志华、陈红惠:《习近平关于人民精神生活共同富裕重要论述的丰富内涵、理论特质与重大意义》,《思想理论教育导刊》,2023年第6期。

因此从学术史的角度系统研究马克思主义中国化学术史和专门史很有意义和必要。

习近平提出:"我们党的历史,就是一部不断推进马克思主义中国化的历史,就是一部不断推进理论创新、进行理论创造的历史。"①习近平提出的"党的历史""马克思主义中国化的历史""推进理论创新、进行理论创造的历史"这"三史"的内在联系问题,在学科意义上就是马克思主义中国化史的内在禀赋及学理依循。

在建党百年讲话中,习近平提出:"中国共产党一经诞生,就把为中国人民谋幸福、为中华民族谋复兴确立为自己的初心使命。一百年来,中国共产党团结带领中国人民进行的一切奋斗、一切牺牲、一切创造,归结起来就是一个主题:实现中华民族伟大复兴。"②习近平提出的中国共产党百年奋进是以"中华民族伟大复兴"为"主题"的思想,对马克思主义中国化史的"主题"探索有着重要的学术的和学理的启迪。在学科和学术研究中,要增强马克思主义中国化史的理论主题以及相应的思想内涵、理论创新和学术意蕴的研究。结合党的历史上三个重要历史决议,结合党的二十大报告精神,马克思主义中国化两个结合,我们需要深化马克思主义学术史的研究。

有学者认为马克思主义中国化学术史研究应该坚持四个原则:以扎根中国实际、探求中国发展道路为研究旨归,以唯物史观为重要方法论遵循,以创造性转化和创新性发展中华优秀传统文化为原初动力,为马克思主义哲学社会科学体系的建构提供重要学理支撑。③

近年来每年的国家社科基金重大项目都有相关的学术史的选题立项,

---

① 《习近平著作选读》(第二卷),人民出版社,2023 年,第 419 页。
② 《习近平著作选读》(第二卷),人民出版社,2023 年,第 477 页。
③ 王海军:《中国马克思主义学术体系建构的逻辑理路与价值意蕴(1919—1949)》,《马克思主义研究》,2023 年第 5 期。

表明国家对于马克思主义中国化学术史和专门史的重视,研究对象包括重要历史人物的文集整理,如李达等。包括党的某一大类的历史文献和资料的百年梳理和整理。

九、习近平总书记关于人类卫生健康共同体的重要论述研究

自新冠病毒疫情以来,学术界对习近平关于人类卫生健康共同体的重要论述,包括伟大抗疫精神进行研究。目前这一方面的成果也较多。这一方面的理论丰富发展了人类命运共同体的重要论述,也是习近平新时代中国特色社会主义思想的重要组成部分。根据知网检索,篇名含有人类卫生健康共同体的研究论文 197 篇。学界就这一重大论断的提出背景、理论渊源、历史逻辑、价值逻辑、实践路径、法律问题、全球治理等问题开展了研究。

有学者认为,和平、发展、公平、正义、民主、自由的全人类共同价值是人类历史由民族历史向世界历史转变中形成的思想结晶,是构建人类卫生健康共同体的价值共识。人类卫生健康共同体是人类命运共同体在卫生健康领域的具体细化和生动实践,是全人类共同价值的现实载体。[①]

人类卫生健康共同体理念是在继承马克思主义生命哲学基础上的创新和发展。作为新时代精神的精华在卫生健康治理领域的集中彰显,人类卫生健康共同体理念在本体论上深化了人与自然、人与社会、人与自身的关系,在认识论上把保障人民健康放在优先发展的战略位置,在实践论上实现了"硬治理"和"软治理"的有机结合,深刻揭示了习近平关于人民健康重要论述的生命哲学意蕴和重大理论创新。共建人类卫生健康共同体不仅鲜活地展示了中国作为负责任大国在全球卫生健康治理中的担当作为和行动角

---

① 张云婷、方世南:《以人类共同价值构建人类卫生健康共同体》,《党政研究》,2023 年第 3 期。

色,也从全人类发展的高度指明了卫生健康治理模式、路径和趋势的发展变化。①

在抗击新冠病毒疫情的过程中,中国向国际社会提出了共建人类卫生健康共同体的倡议。此举是中国坚持真正的多边主义、承担更多国际责任的重要体现,也是中国希望与国际社会一同构筑公共卫生安全的可靠防线、促进全球和平与发展的期待。"习近平站在中华民族伟大复兴的战略高度,运用系统思维、科学思维、创新思维、开放思维,提出国际国内卫生健康治理的方案,实践中要在实施健康中国战略、提升健康服务水平、改革医药卫生体制、构建人类卫生健康共同体等四个关键点上着力。"②

全面认识人类卫生健康共同体的出场,需要方法论自觉,才能深刻理解这一新论断出场的科学内涵和重大意义。从理论逻辑看,中华优秀传统文化基因、马克思关于共同体的重要论述,人类命运共同体的理论是其理论渊源;从历史逻辑看,中国共产党的领导核心关于卫生健康的重要论述和演进是其历史逻辑;从现实逻辑看,新冠病毒疫情全球暴发与治理机制的失灵,中国抗击疫情彰显中国之治成为其出场的现实语境;从价值逻辑看,人类卫生健康共同体体现中国共产党人民至上的执政理念,关注全人类健康这一核心理念,倡导全球共同价值观;从实践逻辑看,构建人类共同体,从理念转化为行动,要求理念共识、主体协同、构建治理机制;人类卫生健康共同体是中国共产党针对疫情治理的中国智慧和中国方案,具有世界历史意义。③

---

　　① 张懿、于鸿君:《人类卫生健康共同体理念对马克思主义生命哲学的创新与发展》,《青海社会科学》,2022 年第 5 期。

　　② 李昕钰、陶林、沈瑞林:《试论习近平关于卫生健康重要论述的科学内涵和实践路径》,《南京医科大学学报》(社会科学版),2023 年第 2 期。

　　③ 陶林:《论人类卫生健康共同体的出场逻辑》,《泰山学院学报》,2022 年第 5 期。

十、党的自我革命引领伟大社会革命研究

习近平关于党的建设有很多理论创新,如加强党的政治建设,全面从严治党,构建"三不机制",加强主题教育等,其中党的自我革命引领社会革命这一重大论断引起学界关注,成为近年来的研究热点之一。根据知网检索,篇名含有自我革命的论文有 2133 篇。学界就其概念话语①、理论逻辑、历史逻辑②、现实逻辑③、动力机制、实践路径、重大意义等问题开展深入研究。对于党的自我革命和社会革命的关系,④如何构建党的自我革命的制度和长效机制⑤也开展分析。

党的十八大以来,以习近平同志为核心的党中央坚持全面从严治党,不断推进自我革命,开辟了百年大党自我革命的新境界。有学者认为,马克思主义关于"两个革命"的逻辑规定为党的自我革命引领社会革命提供了科学的理论支撑。中国共产党的百年奋斗历程清晰呈现了党的自我革命引领社会革命的历史脉络。在新时代新征程上,必须坚持人民至上的价值立场、持之以恒推进全面从严治党、推进国家治理体系和治理能力现代化、发扬彻底的革命精神。⑥ 依靠自我革命跳出历史周期率是马克思主义政党的永恒命

---

① 岳奎:《新时代中国共产党自我革命话语的内涵意蕴、实践样态及深化路径》,《马克思主义研究》,2023 年第 7 期。

② 冯继康、刘晓彤:《习近平关于党的自我革命重要论述的四维审视》,《东岳论丛》,2023 年第 8 期。

③ 秦书生:《习近平关于党的自我革命战略思想研究》,《马克思主义研究》,2023 年第 6 期。

④ 梁静、王家斌:《以党的自我革命引领社会革命:意蕴、逻辑与进路》,《理论导刊》,2023 年第 8 期。

⑤ 王建华:《完善党的自我革命制度体系的若干思考——基于组织新陈代谢的观察视角》,《河海大学学报》(社会科学版),2023 年第 5 期。

⑥ 张士海、李自强:《以党的自我革命引领社会革命的理论依据、历史演进与实践路向》,《理论探讨》,2023 年第 3 期。

题。自我革命是马克思主义政党的本质属性,对党自身历史经验及国外大党教训的深刻总结,对防范风险挑战的现实反思等蕴含着以自我革命跳出历史周期率的深刻内在逻辑。①

有学者认为,党的十八大以来,中国共产党继承和发扬了马克思主义建党学说,创造性地提出"自我革命"这一重大时代命题,将全面从严治党向纵深推进,逐步探索出一条以自我革命跳出历史周期率的成功路径。中国共产党在推进党的自我革命的伟大实践中,取得了历史性、开创性的伟大成就,主要体现在政治建设、思想建设、组织建设、作风建设、纪律建设、制度建设、反腐败斗争七个方面;形成了一系列行之有效的基本经验,主要是坚持党的领导、坚持人民至上、坚持问题导向、坚持思想建党、坚持制度治党、坚持组织建设、坚持正风肃纪、坚持反腐肃贪等八个方面。② 中国共产党在百余年奋斗历程中始终保持高度的居安思危意识,从未停止对跳出历史周期率的探索和思考,并以实际行动回应这一重大考题。在毛泽东给出"人民监督"民主新路跳出历史周期率的第一个答案的基础上,习近平给出"自我革命"从严治党跳出历史周期率的第二个答案。自我革命是中国共产党领导中国人民创造历史的唯物史观理论视域的再次延伸,构成中国共产党区别于其他政党的显著标志,成为管党治党兴党强党的集中体现。③ 在构建对策上,有学者强调,在新征程上,要以党的二十大精神为指导,从制度和战略高度认识自我革命这个答案,凝聚共识;牢记"三个务必",时刻保持大党独有的清醒和坚定;完善党的自我革命制度规范体系;以历史自信和历史主动精

---

① 陈朋:《以自我革命跳出历史周期率的逻辑理路与实践探索》,《南京大学学报》(社会科学版),2023 年第 2 期。

② 王廷国:《十八大以来党推进自我革命的逻辑基点、伟大实践及经验启示》,《中州学刊》,2023 年第 8 期。

③ 赵卯生、范明洋:《自我革命:跳出治乱兴衰历史周期率的第二个答案》,《新疆师范大学学报》(社会科学版),2024 年第 1 期。

神做好自我革命的第二个答卷。① 总之,党的自我革命作为崭新的党建话语体系,是一个长期值得研究的重要课题,研究还有待深化。

本节主要结合党的十九大、十九届六中全会精神和党的二十大报告,对近年来马克思主义中国化的研究热点做一简要梳理,难免有遗漏,后面可以继续补充。这里不再赘述。

第二节　马克思主义中国化研究的方法论反思

在系统总结梳理近年来马克思主义中国化的十大学术热点基础上,本节尝试对 21 世纪以来 20 多年的马克思主义中国化研究进行反思,主要从方法论的视角分析。应该说 21 世纪以来,马克思主义中国化不断涌现新的成果。学界的相关研究成果可谓汗牛充栋。但是从研究现状看,对于马克思主义中国化的方法论进行反思批判和研究的成果很少,根据笔者检索,知网含有篇目为"马克思主义中国化和方法论"的文章有 100 多篇,核心论文更少。这说明方法论的研究较为薄弱,需要深化研究。

一部党的百年历史,也是一部马克思主义中国化的光辉历史。马克思主义中国化是马克思主义普遍原理同中国革命、建设及改革相结合的历史过程,是中国化马克思主义理论体系不断形成,中国现代化不断向纵深方向拓展的历史过程,是中国共产党人始终关注和不懈追求的重大理论课题和实践课题。结合 20 世纪 90 年代至今的马克思主义中国化学术史看,马克思主义中国化研究其实也有隐含的方法论指导。世界观决定方法论,马克思主义是世界观也是方法论,因此辩证唯物主义和历史唯物主义是马克思主

---

① 于延晓:《第二个答案:党对自我革命认识的升华》,《长白学刊》,2023 年第 5 期。

义中国化研究的最重要的方法,是宏观的指导思想。在此基础上还应该有一些基本的方法。马克思主义中国化研究的方法论"是指中国共产党在认识和改造中国的实践过程中,自觉运用马克思主义立场、观点、方法所形成的方法理论体系"①。具体而言,主要包括文本解读的方法、比较研究的方法、专题研究的方法、整体性解读的研究方法等。

马克思主义方法论是马克思主义理论的重要组成部分。恩格斯曾指出:"马克思的整个世界观不是教义,而是方法。它提供的不是现成的教条,而是进一步研究的出发点和供这种研究使用的方法。"习近平多次指出:"改革开放是前无古人的崭新事业,必须坚持正确的方法论,在不断实践探索中前进。"②党的十七大提出推进马克思主义理论研究和建设工程以来,马克思主义中国化研究逐渐成为学术研究的热点,呈现了方兴未艾的发展形势。新时期怎样推进马克思主义中国化研究,认真审视其学科定位和研究方法是重要路径。

一、马克思主义中国化研究的基础及其学科性质

1. 马克思主义中国化研究必须以马克思主义中国化史的研究为基础

马克思主义中国化是一个历史进程,它的实质是马克思主义的基本原理同中国的具体实际和时代发展相结合。③ 这里实际上已经明确提出了马克思主义中国化史在马克思主义中国化研究中的重要基础地位。可以清楚地看出:不仅马克思主义中国化本身构成了客观的历史过程,而且马克思主

---

① 唐立平、田克勤:《中国化马克思主义方法论的基本向度探析》,《思想理论教育导刊》,2015年第7期。

② 《习近平谈治国理政》(第一卷),外文出版社,2018年,第67页。

③ 国务院学位委员会、教育部:《关于调整增设马克思主义理论一级学科及所属二级学科的通知》(学位〔2005〕64号),http://www.jyb.cn/jyzl/jyzc/gdjy/yjsjy/t20060406_14845.htm。

义中国化研究的其他问题也都离不开对马克思主义中国化历史的研究。马克思主义中国化中的"化"就其本意来说就在于强调它是一个历史的过程。有这个过程,才能谈得上对其前提——对马克思主义的传播、选择与创新问题的研究,也才有对"化"的成果——中国化马克思主义的研究。在这里的"中国化"笔者认为应该包括两大方面。一是"中国化",即强调马克思主义基本原理在中国的发展和创造性运用,用来解决中国革命、建设、改革中的重大问题。二是强调"化中国",即用中国化的马克思主义指导中国的实践。二者是理论和实践的关系,也是双向互动的过程。因为中国化马克思主义是马克思主义中国化客观历史运动的理论概括和经验总结,它构成了马克思主义中国化历史阶段划分的标志。而所谓马克思主义中国化的基本经验、基本规律也只有依托马克思主义中国化史的研究才能概括和总结出来。由此可见,在马克思主义中国化的研究中,不管哪个方面的内容都必须以马克思主义中国化史研究为基本依托,否则都是不能想象的。因此,马克思主义中国化研究必须以马克思主义中国化史的研究为基础。

2. 马克思主义中国化学科性质总体上属于政治理论学科,但是又和历史研究密不可分

如何认识马克思主义中国化研究的学科性质? 如前所述,从"史"的视角来看,马克思主义中国化研究也属于历史学科,它首先应具有一般历史学科的基本属性。但是马克思主义中国化史作为马克思主义中国化研究的重要方面和组成部分,有别于马克思主义发展史的研究,也有别于中共党史的研究,和其他一般性历史学科的研究也有明显不同的地方。应特别指出的是,就学科本身而论,与马克思主义中国化研究最为接近的学科当属中共党史研究,在开展马克思主义中国化研究之初,更要以中共党史研究为基础和支撑,吸收和借鉴中共党史研究的方法和积极成果,并在此基础上形成自己的研究方法和研究特色。从很多方面看,比如研究对象的主体、目标、过程

等方面,这两个学科都有相同或相似的地方,但它们也是存在重要差别的,如马克思主义中国化研究更强调以马克思主义中国化为主线、以中国化马克思主义为主题,更强调对现实问题的关注等;而中共党史则更突出中国共产党领导中国人民解放和发展生产力、实现中国社会现代化的主题,突出党的创立、发展的完整历史过程,它不仅要研究有关理论,更主要的是要研究党所领导的各方面的实践问题包括党的建设问题。其次,马克思主义中国化研究同中共党史研究一样,也具有很强的政治性和理论性。就这一点来说,它必须坚持马克思主义基本原理的指导,高度关注当代中国特色社会主义建设的实践问题,突出马克思主义中国化研究的前瞻性和对现实的指导作用。就它具有很强的理论性来说,它必须在研究中体现理论特色,突出反映中国共产党人从新民主主义理论到中国特色社会主义理论一脉相承的理论探索和创新之路,尤其面对全面建成小康社会后的中国式现代化新形势,在研究中要特别突出对习近平新时代中国特色社会主义思想这一马克思主义中国化的最新理论成果的研究,以服务于党中央提出的马克思主义理论研究和理论创新工程,以进一步推动与指导马克思主义中国化事业的发展。

二、唯物史观是推进马克思主义中国化研究的指导思想

1. 以唯物史观指导马克思主义中国化研究是历史的结论

唯物史观是一切历史科学,当然也是马克思主义中国化研究的根本指导原则。中国人接受唯物史观,把唯物史观作为改造中国社会的理论工具运用,是一代中国人自觉的理性选择,并不是某种意识形态的灌输和强制性要求的结果,这种选择既因文化整合机制而起作用,也因社会需求机制而发

生作用。① 就实际情况来看,中国人当时接受马克思主义唯物史观的主旋律是关于阶级和阶级斗争的观点,这是由 20 世纪上半叶中国的特殊国情决定的,主要有:现实斗争形势的需要,中国传统文化因素的影响以及早期马克思主义传播者如李大钊、陈独秀等人的理论兴趣、个人性格、意志和思想方法的综合作用等。后来成为党的主要和长期领导者的毛泽东以阶级、阶级斗争理论为指导,精辟分析中国国内各阶级及其相互关系,并据此制定了中国新民主主义革命的总路线,这些对适应当时的斗争需要、夺取新民主主义革命胜利发挥了关键作用。但新民主主义革命的胜利只是"万里长征的第一步",革命胜利后更重要的经济建设、发展社会生产力的艰巨任务摆在我们党的面前。在此之后,毛泽东及党在理论和实践上逐渐发生了偏差,从1957 年反右扩大化一直到"文化大革命",长时间因对唯物史观的理解摆脱不了起始阶段带来的局限,阶级斗争之弦越绷越紧,从而导致一系列失误,对中国社会发展产生了重大的消极影响,延缓了中国社会现代化的历史进程。这一教训是非常深刻的。党的十一届三中全会以后,党对唯物史观重新认识并不断地发展创新,先是果断抛弃"以阶级斗争为纲"、转向以经济建设为中心,又从以经济建设为中心到党的十五大提出经济、政治、文化三个文明建设的"三位一体",再到党的十七大提出以科学发展观为指导,以人为本,建设经济、政治、文化、社会"四位一体"的社会主义和谐社会。党的十八大以来更是强调中国特色社会主义的"四个自信""五位一体"的总体布局,"四个全面"的战略布局,在实践中创立了习近平新时代中国特色社会主义思想,这是马克思主义中国化的最新成果。唯物史观所蕴含的精神实质得到充分彰显,并在当代中国条件下得到新发展。这些事实充分表明,唯物史观对推进马克思主义中国化的历史进程发挥了巨大的推动作用。因此,自

---

① 李杰:《唯物史观史学方法论的中国化问题》,《史学理论研究》,2006 年第 3 期。

觉地以唯物史观指导马克思主义中国化的研究是马克思主义中国化客观历史进程本身得出的必然结论。从这个意义上说,对唯物史观的研究水平也直接决定着整个马克思主义中国化研究的水平。

2. 在马克思主义中国化研究中使唯物史观的指导具体化

以唯物史观指导马克思主义中国化的研究,必须首先注意突出生产力和经济基础的决定作用,这表现在具体研究中要从经济领域开始马克思主义中国化的历史进程。中国早期马克思主义史学家侯外庐在这方面为我们做出了表率,他较早提出以历史唯物主义为指导的历史科学必须从研究经济开始的观点。他说:"研究历史,首先要知道生产方式,根据生产方式来区别某一社会的经济构成,因为生产方式决定社会性质。反之,如果不应用政治经济学的理论和方法,研究特定历史时代生产力和生产关系的变化,以及由此引起的生产方式的变化,就难以自然史的精确性去判断这一时代的社会性质,揭示历史的规律性,历史研究也就失去了最基本的科学依据。"[①]马克思主义是研究和改造社会的科学理论,马克思主义中国化的实质和核心也是要研究和解决改造中国社会的问题。马克思主义中国化的历史进程一方面是中国共产党人以马克思主义为指导结合中国实际提出改造中国社会的科学理论(中国化马克思主义)的过程;另一方面,这个时期中国社会的发展从总体上说也就是生产方式被不断变革的历史过程。两者是统一的历史过程。

因此,我们在马克思主义中国化的研究中就要从生产方式变革的视角,给予经济问题以高度的关注,特别应当注意党把马克思主义经济理论和中国经济建设实际相结合的理论成果,即党在不同历史时期经济理论、经济政

---

① 中国社会科学院历史研究所中国思想史研究室编:《侯外庐史学论文选集》(上),人民出版社,1987年,第19页。

策的研究。

简单地说,就是在马克思主义中国化史的研究中,马克思主义中国化经济史的研究不仅是不可或缺的重要方面,而且还应占有基础性的重要地位。这是因为说明生产方式变革的原因首先必须从经济领域去寻找,变革后的生产方式是否合理也必须到经济领域去实践才能得出令人信服的结论。这一点无论是在马克思主义中国化早期阶段的具体实践中,还是在相当长历史时期的理论研究中都是重视不够的。

以唯物史观指导马克思主义中国化的研究,另一个必须高度关注的问题就是要在研究中体现中国社会现代化的历史主题,反映党的历届中央领导集体对中国现代化进行探索的理论成果和在这一理论指导下所实现的巨大社会进步。在中共党史研究中张静如先生较早提出在唯物史观指导下从实现中国社会现代化的角度去研究中共党史,这一观点同样适用于马克思主义中国化的研究。实现现代化是近现代中国社会的主题,中国共产党人把马克思主义中国化的过程实际上就是用马克思主义指导推动中国社会不断现代化的过程。按照张静如先生的观点,中国共产党在中国社会现代化的历史进程中的作用主要有两个方面:变被动社会现代化为主动社会现代化,提出了主动现代化的道路。① 应该说这样两个重大贡献分别是由以毛泽东和邓小平为代表的两代中国共产党领导人在不同历史时期实现的。这两大历史时期也正是马克思主义中国化实现两次历史性飞跃的时期。因此,马克思主义中国化与中国社会现代化存在着客观的内在联系。在马克思主义中国化的研究中应注意对这两者关系的研究,特别应当注意研究关于马克思主义中国化与实现中国现代化思想的比较研究,并从中总结出历史的经验。从马克思主义中国化研究来说,应该把马克思主义中国化与中国社

---

① 张静如:《中国共产党与社会现代化》,《北京师范大学学报》(社会科学版),1991年第3期。

会现代化的历史关联作为贯穿始终的一条线索,形成一个独特的视角,使它成为马克思主义中国化研究有机和重要的组成部分。在当代,我们尤其需要重视对中国式现代化的理论体系和话语体系的研究。

三、马克思主义中国化研究的方法论反思

自 2005 年国家增设"马克思主义理论"一级学科以来,作为其二级学科的"马克思主义中国化研究"成为理论研究的热点,出现了大量的研究成果,对一系列理论问题做出了探讨,也存在着一些亟待解决的问题。这一学科仍然缺少比较清晰的学科边界和比较规范系统的学科方法。从学科包含的内容来说,多数学者都认同:一是马克思主义中国化历史进程的研究,二是基本原理的研究,三是重大问题研究。[①] 但是三部分内容如何拟合成一个学科整体,区别于历史学、马克思主义哲学等相关学科,仍然需要进一步讨论。从学科方法来看,目前的研究成果中除部分吸收了历史学的方法外,大部分的研究成果都倾向于一些相对一致的文本阐释解读的研究模式。有学者指出,"似乎谁都可以做,似乎什么都可以研究,似乎怎么研究都可以"的说法,虽然过激,但是也在一定程度上反映了本学科的问题。此外还有学者批评马克思主义中国化研究中的其他问题,如研究的低水平重复,研究深度不够,研究广度不够,研究视野狭隘等,究其原因一个重要方面就是方法论研究存在的不足。

马克思主义中国化的方法论指的是推进马克思主义中国化实践进程或深化马克思主义中国化研究的一般方法的总称。马克思主义中国化既是一

[①] 陈占安:《"马克思主义中国化研究"的学科定位及研究领域》,《东北师大学报》,2006 年第 5 期。

种社会实践,同时也是一门马克思主义理论一级学科所属的二级学科。无论是作为一种实践活动还是作为一门研究学科,马克思主义中国化都离不开科学的方法论指导。但是相对于马克思主义中国化的成果、发展史研究、基本理论研究相比较,这一方面的成果较少。往往被忽视或者在一定程度上弱化。方法论指的是人们认识世界和改造世界的一般方法的总称,所谓马克思主义中国化的方法论则指的是推进马克思主义中国化实践进程或深化马克思主义中国化研究的一般方法的总称,它所要解决的基本问题是"怎么做"的问题。即"任何实践活动的进行都有赖于一定的方法……正确而科学的方法能够保证实践活动顺利地进行……因此,我们有必要对科学而先进的方法论体系,也就是马克思主义的方法论进行研究"①。也就是说,作为马克思主义中国化方法论重要来源的马克思主义方法论研究,是马克思主义中国化实践顺利发展的根本保证。换句话讲,马克思主义中国化实践之所以能够实现,根本的原因在于马克思主义中国化本身所蕴含的科学方法论。即"马克思主义之所以能实现中国化,是因为马克思主义中国化内在蕴含着两个维度的思想方法,即宏观维度的思想方法和微观维度的思想方法"②。我们认为,马克思主义中国化实践与马克思主义中国化方法论研究之间的关系是复杂的,也是互动的。

从总结马克思主义中国化的基本经验和未来推进马克思主义中国化的视野出发,我们可以大致将马克思主义中国化的方法论分为三大层次。即最高层次的宏观层面、中观层面和具体的微观层面。

1. 哲学层面的宏观层次

"哲学方法论是在最抽象的存在层面上进行的思维,也就是说,它撇开

---

① 庄婵:《关于马克思主义中国化的方法论研究》,福建师范大学硕士学位论文,2008年。
② 郭红军:《马克思主义中国化思想方法的二维审视》,《山西师大学报》(社会科学版),2010年第3期。

对象方面的差别,不管是物理学、化学的对象,还是人文社会科学的对象,因此它表现出的是对事物的最抽象层面的思维,也由此成为最高层次的认识方法、思维方法。"①哲学方法论以思维和存在的关系为思考对象。提供的是人与世界关系的普遍性的思维模式。从方法论层面看,哲学层次的最为宏观,也最为重要。笔者大致分为五个方面。

第一,本体论维度。在本体论层面,马克思主义将社会存在作为展示人生存意义的本体,以此消解了传统形而上学哲学方法论的合法性。强调一切从实际出发,理论联系实际,具体而言,就是从中国的国情和历史文化传统出发,将马克思主义基本原理和中国具体实际相结合,和中华优秀传统文化相结合。坚持解放思想实事求是,与时俱进,开拓创新。党的二十大报告指出:"只有植根本国、本民族历史文化沃土,马克思主义真理之树才能根深叶茂。"②因此坚持一切从实际出发,尤其是从中国的国情出发,结合中华优秀传统文化研究马克思主义中国化的"两个结合"是一个重要的方法论原则。

第二,辩证法维度。马克思主义辩证法将研究指向马克思主义中国化的现实生活世界的价值和意义,其方法论必须跳出主体与客体的二元对立的形而上学话语方法论的阈限。众所周知,马克思主义经典理论主要是提供一种科学原则和方法,它揭示的更多的是矛盾的普遍性和共性,没有也不可能对矛盾的特殊性和个性进行全面的研究。也就是说,它没有也不可能对每个国家的发展提供一个具体的方案和现成的模式。因此我们在具体运用马克思主义基本原理的时候,应该坚持唯物辩证法的基本原则和方法,运用辩证、联系、发展的眼光看问题。坚持矛盾规律、质变量变规律、否定之否

① 陈嘉明:《现代西方哲学方法论讲演录》,广西师范大学出版社,2009 年,第 4 页。
② 习近平:《高举中国特色社会主义伟大旗帜 为全面建设社会主义现代化国家而团结奋斗——在中国共产党第二十次全国代表大会上的报告》,人民出版社,2022 年,第 18 页。

定规律分析现实问题。不能僵化教条的理解马克思主义的本本,着眼于马克思主义在中国的运用和发展。

第三,认识论维度。马克思主义认识论之所以超越传统经验主义认识论。就在于其将实践观点引入认识论之中,肯定了实践对于认识的本原意义。马克思主义认识论之所以超越近代形而上学认识论,就在于其将辩证法引入认识论,指出认识是一个辩证发展的过程。主张认识论回归现实生活世界,也反对主体与客体二元对立的形而上学。人类的思维发展过程是一个从实践到认识,从认识到实践,实践—认识—再实践—再认识,多次反复和无限发展的过程。思维的动态性决定了话语体系内在地嵌于历史性之中。话语体系随社会实践的历史发展而处于不断生成的运动过程中。必须把矛盾的普遍性和特殊性结合起来,在矛盾普遍性的指导下研究矛盾的特殊性,从矛盾的特殊性研究中丰富和深化对矛盾普遍性的认识。可见,马克思主义与中国实际相结合的过程是一个全面的再认识过程。由于中国实际的特殊复杂性,使得这一认识更具独创性。因此从方法论角度看,我们需要坚持一切从实际出发,坚持理论联系实际,在实践中检验和发展真理。对待马克思主义基本原理,对待无产阶级革命的模式和道路,对待其他国家的社会主义建设模式,都要从中国的具体实际出发,在实践中检验,在实践中坚持和发展马克思主义。

第四,价值论维度。在党的历史上,马克思主义立场、观点、方法始终是马克思主义理论体系应用研究的基本范畴或基本命题。"我们要把马、恩、列、斯的方法用到中国来,在中国创造出一些新的东西。"①从价值论维度看,马克思主义理论具有鲜明的阶级性和人民性立场。因此坚持以人民为中心,坚持马克思主义理论为人民大众服务,为实现中华民族伟大复兴服务,

① 《毛泽东文集》(第二卷),人民出版社,1993 年,第 408 页。

这是马克思主义价值论的重要方法论原则,也是我们在未来探索马克思主义中国化过程中必须坚持的大方向和大原则。毛泽东深刻指出,在历史与现实中,仍然"有许多人并不懂得马列主义的立场、观点和方法"①。因此我们需要自觉坚持马克思主义的无产阶级和人民大众的立场。这里我们可以以邓小平为例。"事实上,邓小平没有撰写过严格的专门的哲学教科书,但是这并不等于说他就没有自己的哲学思想。"②邓小平理论的精髓就是解放思想、实事求是。他提出的"三个有利于"的标准,实际上体现了马克思主义的立场和价值论,体现了人民至上。我们必须把马克思主义看作一个科学的世界观和方法论,学会用马克思主义立场、观点、方法提出问题、分析问题、解决问题。

第五,唯物史观维度。唯物史观之所以具有如此大的影响力和生命力,就在于其理论的科学性,变革社会的革命性和理论的创新性。毛泽东在1921年1月21日给蔡和森的信中强调指出:"唯物史观是吾党哲学的根据。"③坚持唯物史观,要求在推进马克思主义中国化进程中,坚持从国情出发,反对本本主义。科学辩证地运用阶级斗争的理论。坚持经济基础决定上层建筑,生产力决定生产关系的矛盾运动规律,尊重历史规律和发挥人民群众的主观能动性的辩证统一。以唯物史观视域来审视百年党史,马克思主义中国化理论创新的源泉是人民群众,理论创新的关键是问题导向,理论创新的成果是中国化马克思主义。在中国式现代化推进中华民族伟大复兴的历史进程中,我们需要始终坚持唯物史观,发扬历史主动精神,在生活世界中走向历史,在历史和现实的对话中实现马克思主义中国化话语体系的推陈出新。唯物史观是马克思主义中国化研究的根本方法和重要指南,必

---

① 《毛泽东文集》(第八卷),人民出版社,1999年,第197页。
② 金正一:《论马克思主义立场、观点、方法的中国化价值》,《东疆学刊》,2008年第3期。
③ 《毛泽东书信选集》,人民出版社,1983年,第15页。

须坚持。

2. 中观层次

第一,比较研究。对马克思主义中国化的比较研究首先指不仅要研究马克思主义中国化过程中的成功历史经验,也要注重研究马克思主义中国化过程中曲折与失误的历史教训。对马克思主义中国化的当代发展来说,吸取历史经验固然重要,反思曲折与失误、吸取历史教训、避免重犯历史错误或许具有更加重要的现实意义。比较研究原则还指在马克思主义中国化的研究中不仅要研究中国共产党人的探索与贡献,也应反映国内其他阶级、阶层人士对马克思主义及其中国化问题的研究、介绍甚至是批判。还应将研究视野放眼世界,结合国外马克思主义研究推进马克思主义中国化的研究。国外马克思主义研究从第二国际后期一直延续至今。他们在把马克思主义与时代和本国实际相结合的问题上作出了很多有益的探索,对国外马克思主义的研究、介绍必将推动马克思主义中国化研究的发展。

这一工作可以从以下几个方面展开:一是通过对比分析西方马克思主义与中国马克思主义两种马克思主义传统产生的历史和文化背景以及理论形态的异质性,映现马克思主义中国化之独特的现实发生与理论生成;二是分析西方马克思主义与中国马克思主义未来研究的共同问题域与不同关注点;三是以西方马克思主义思想特别是其合理因素来审视马克思主义中国化;四是从西方马克思主义中提取可以嫁接到马克思主义中国化中的问题式,以此拓展马克思主义中国化的研究域。[①] 这种比较研究还应包括中国化马克思主义与苏联式马克思主义之比较;中国化马克思主义内部之比较,如中国化马克思主义不同历史阶段及其不同时期代表人物历史贡献的比较研

---

① 李佃来:《结合西方马克思主义推进马克思主义中国化研究》,《光明日报》,2007 年 5 月 22 日。

究等。

　　总之，马克思主义中国化研究要坚持从多维视角，即坚持从宏观研究与微观研究、民族立场与世界眼光、历史审视与现实观照的综合审视和比较研究中推进马克思主义中国化的研究。

　　第二，文本解读。中国共产党一经成立即面临自身独有的经史关系，即马克思主义之"经"与中国实践之"史"的关系，核心命题即马克思主义中国化。① 研究马克思主义中国化，必然涉及大量马克思主义经典文献和当代中国特色社会主义理论的文献，因此选择正确的文本解读方法至为重要。"文本解读是联通马克思文本与其思想的重要'桥梁'。"②

　　为了区别于以往的文献学，张一兵教授把自己另辟蹊径的文本阅读方法称之为文本学或认知考古学（依福柯语）。张一兵对其代表作《回到马克思》的写作目标做过如下表述："本书试图在文本学的基础上，通过对马克思经济学研究语境中隐性哲学话语转换的描述，实现一个20世纪90年代中国马克思主义研究中应该揭出的口号，'回到马克思'。"③因此这里笔者注重借用张一兵教授的概念回到马克思，指代我们马克思主义中国化研究需要回归文本，在文本解读时，结合当时特殊的社会历史语境，包括经典作家作者本人的相关前后期不同著作，对某一思想进行文本解读。"张一兵所做的'回归到马克思文本自身'的尝试就是要摆脱对教条体制合法性的预设，消除现成性的强制，通过解读文本，以造就新的上手状态。"④

　　因此，文本解读是继承和发展马克思思想的起点，只有在充分了解马克思思想内核的基础上，把握其观照与改变现存状况的实践力量，发展马克思

---

　　① 张城：《"六经皆史"与马克思主义中国化》，《开放时代》，2020年第2期。
　　② 刘同舫：《马克思文本解读的价值反思与方法论自觉》，《马克思主义与现实》，2021年第3期。
　　③ 张一兵：《回到马克思》，江苏人民出版社，2014年，第674页。
　　④ ［韩］丁声镇、［韩］徐维锡：《"回到马克思"中的哲学与经济学——评张一兵的文本学解读路径》，洪涛译，《东南学术》，2019年第1期。

的思想才具有现实可能。① 我们需要反对西方那种所谓解构主义的解读,实际上渗透西方的意识形态。我们需要坚持马克思主义的指导思想,进行整体性的全面准确的完整解读。不仅我们研究马克思主义经典作家的思想应该遵循,研究马克思主义中国化也需要遵循这一原则,重视对经典著作的解读。

第三,历史研究。历史主义是马克思主义唯物史观的基本原则,它把人类历史看作一个客观存在的、不断发展变化的过程;它要求尊重历史实际,要把历史事件、历史人物以及制度、思想等放在特定的历史条件下进行整体分析,一切以条件、地点和时间为转移;它要求"判断历史的功绩,不是根据历史活动家有没有提供现代所要求的东西,而是根据他们比他们的前辈提供了新的东西"②。历史主义原则对马克思主义中国化研究具有重要的指导意义和方法论价值。

马克思主义中国化是在 20 世纪上半叶的中国开始的,因此我们在进行马克思主义中国化的时候必须首先立足这个大背景来考虑问题,即充分考虑到当时中国的政治制度、经济发展、文化传统、社会心理等因素对马克思主义在中国的传入与传播及对马克思主义中国化的影响和作用。马克思主义在中国的传播及马克思主义中国化在每个阶段的发展都是在当时特定的国际、国内环境和时代条件下发生的,对当时来说都具有历史的必然性,同时也都烙下了时代和民族的烙印甚至可能带有一定的历史局限性。这些都是客观存在的事实,是我们在研究中必须注意的。同时,我们对在马克思主义中国化每个阶段的发展中对于马克思主义中国化的历史进程起过重要推动作用的历史人物的研究和评价,也应该放在当时当地的背景下进行,实事

---

① 刘同舫:《马克思文本解读的价值反思与方法论自觉》,《马克思主义与现实》,2021年第3期。
② 《列宁全集》(第2卷),人民出版社,1984年,第154页。

求是地肯定他(们)超越前人的地方,并客观地分析和看待他们存在的不足,而不能用今天的眼光苛求他们。我们也不能把任何阶段性理论成果绝对化,把它变成不能发展的绝对真理;更不应把任何个人神圣化,这样才既有利于马克思主义本身的进一步发展,也有利于马克思主义中国化的进一步展开和深化。只有这样,才能说是在马克思主义中国化的研究中真正贯彻了历史主义的原则。

第四,整体性研究。整体性原则是马克思主义中国化研究的重要原则。整体性是马克思主义的根本属性,马克思主义的本质、要义和精神实质,通过整体性的马克思主义表现出来,或者说,只有从整体的马克思主义的意义和角度出发,才能真正理解马克思主义的本质和要义。马克思主义发展史表明,理论上马克思主义受到的伤害、马克思主义发展遭受的曲折,原因一般都在马克思主义的整体性遭受了破坏。马克思主义的"整体性问题"历来是整体的马克思主义问题。① 这里所说的整体性虽然总体上是就马克思主义理论一级学科的建设而言的,但它同样适用于马克思主义中国化的研究。因为马克思主义中国化历程中所发生的曲折失误,也或多或少是与马克思主义整体性受到破坏有关的。在马克思主义中国化的研究中,要贯彻整体性原则必须注意以下问题:

一是要注重从整体的角度去研究马克思主义中国化的历史,也就是从整体上去把握马克思主义在中国的传播、运用和发展。要从总体上探讨和分析马克思主义与中国革命和建设实践的关系、与中国本土文化和外来文化的关系等问题,从而获得关于马克思主义中国化历程的总体认识。二是要注重从整体上去把握中国化马克思主义的基本原理,也就是对于不同实

---

① 梁树发:《马克思主义理论学科建设要贯彻整体性原则》,《思想理论教育导刊》,2006 年第7 期。

践主题条件下形成的马克思主义中国化的阶段性理论成果——毛泽东思想、邓小平理论、"三个代表"重要思想和科学发展观、习近平新时代中国特色社会主义思想要从整体上去把握。要看到他们是一脉相承的统一整体，都体现了鲜明的"中国特色"。三是要从整体上去把握马克思主义中国化的历史进程与中国化马克思主义之间的关系。两者是过程和结果的关系，是"史"和"论"的关系，前者是基础，后者是对前者的理论总结和认识升华，后者反过来又指导和推动前者的发展。

此外，贯彻整体性原则还要求我们坚持从中国社会整体变迁的视角或者说社会史的视角开展马克思主义中国化的研究。因为社会是一个由经济、政治、文化等方面构成的有机统一的整体，马克思主义理论特别是马克思主义唯物史观也是从多角度、多层面揭示了社会历史的发展规律的。这就要求我们必须立足整个社会变迁的角度，综合经济、政治、文化、社会、生态文明各个方面的整体发展情况去说明马克思主义中国化的实际成效，以便形成整体印象，而不是仅从一个角度或者孤立的方面看问题。

第五，史论结合。史论结合的原则同样也是马克思主义中国化研究的重要原则和方法。马克思主义中国化首先是一门历史科学。既是史，它就要从总体上反映马克思主义中国化产生、发展的历史过程，厘清贯穿这一过程始终的思想精髓，并从中揭示出马克思主义中国化的历史经验。同时，马克思主义中国化又是一门理论性、政治性很强的历史科学，它不同于其他一般历史科学的显著特点就是它浓厚的理论和政治色彩。因此，在马克思主义中国化史的研究中，还必须体现和突出"论"。这里的"论"首先就是指马克思主义理论本身，即要详细阐明中国共产党领导中国人民通过马克思主义的传播、选择及由表及里、由浅入深的曲折认识过程，所达到的对马克思主义理论的认识水平。这里的"论"还指在马克思主义中国化的进程中，马克思主义理论与中国革命、建设、改革以及新时代的具体实际相结合过程中所形成的阶段性理论成果和经验总结,主要是毛泽东思想、邓小平理论、"三个代表"重要思想、科学发展观、习近平新时代中国特色社会主义思想。而每个阶段性的理论成果也都有其产生、发展和逐步完善的历史过程。此外,这里的"论"还应包括和反映研究者运用历史唯物主义的方法对人物、事件所作的评价。只有很好地做到了这几个方面"史"与"论"的结合,才真正把握了马克思主义中国化研究的要旨。

3. 具体微观层次

第一,理论和实践的关系。中国共产党建党百年来马克思主义中国化时代化的基本经验,集中到一点,就是坚持把马克思主义基本原理与中国的具体实际相结合。马克思主义从创立时期起,所坚持的原则,所走过的路程,就是一个国情化、时代化、大众化路程,从本质上说,也就是一个理论与实际相结合的原则和路程。

马克思在青年时期就确立了理论与实际相结合的根本原则。1842 年,他在《〈科隆日报〉第 179 号的社论》一文中指出,"任何真正的哲学都是自己时代的精神上的精华"[1]。他强调:"正确的理论必须结合具体情况并根据现存条件加以阐明和发挥。"[2]正是基于对理论必须紧密联系实际的思想原则的准确把握,马克思从现实的阶级斗争出发,从眼前的历史运动的真实关系出发,形成了崭新的世界观,形成了科学社会主义思想,为无产阶级锻造了解放的思想武器。马克思、恩格斯反对别人把自己的理论当作教条,应该是指导行动的指南。

1938 年,毛泽东在批评王明的教条主义错误时指出:"马克思列宁主义的伟大力量,就在于它是和各个国家具体的革命实践相联系的。对于中国

---

[1]　《马克思恩格斯全集》(第 1 卷),人民出版社,1995 年,第 220 页。
[2]　《马克思恩格斯全集》(第 27 卷),人民出版社,1972 年,第 433 页。

共产党说来,就是要学会把马克思列宁主义的理论应用于中国的具体的环境。……离开中国特点来谈马克思主义,只是抽象的空洞的马克思主义。"①1982年,邓小平在党的十二大开幕词中指出:"我们的现代化建设,必须从中国的实际出发。无论是革命还是建设,都要注意学习和借鉴外国经验。但是,照抄照搬别国经验、别国模式,从来不能得到成功。这方面我们有过不少教训。把马克思主义的普遍真理同我国的具体实际结合起来,走自己的道路,建设有中国特色的社会主义,这就是我们总结长期历史经验得出的基本结论。"②江泽民、胡锦涛都结合新的实际反复阐述过这个基本经验。新时代,习近平多次强调,没有五千年的中华传统文明,哪有什么中国特色。他多次强调坚持走中国特色社会主义道路。

坚持马克思主义基本原理与中国具体实际相结合,必须既反对教条主义也反对经验主义。"离开革命实践的理论是空洞的理论,而不以革命理论为指南的实践是盲目的实践。"③这个论断从思想上揭露出教条主义和经验主义错误的认识论根源,就在于理论与实践相脱离,因而都是错误的。这两种机会主义的思想都是违背马克思主义的。理论和实践密切地相结合,是共产党区别于其他任何政党的显著标志之一。坚持马克思主义基本原理与中国的具体实际相结合,着眼点在于推进马克思主义大众化,让马克思主义基本原理,中国特色的社会主义基本原理和理论能够为广大人民群众喜闻乐见,入耳入心。1963年5月,毛泽东指出:"为了做好我们的工作,各级党委应当大大提倡学习马克思主义的认识论,使之群众化,为广大干部和人民群众所掌握。"④"群众化"即大众化。坚持马克思主义基本原理与中国具体

---

① 《毛泽东选集》(第二卷),人民出版社,1991年,第534页。
② 《邓小平文选》(第三卷),人民出版社,1993年,第2~3页。
③ 《斯大林选集》(上卷),人民出版社,1979年,第199~200页。
④ 《毛泽东文集》(第八卷),人民出版社,1999年,第323页。

实际相结合,关键是坚持和弘扬以实事求是为核心内容的马克思主义学风。能不能坚持马克思主义学风,把理论和实际很好地结合起来,是党在理论上和政治上是否成熟的一个标志,是关系党的兴衰和事业成败的重大政治问题。新时代我们需要树立正确的学风,坚持学会用中国化的马克思主义立场观点和方法,基本原理分析中国实际问题。着眼于马克思主义理论的运用,着眼于对实际问题的理论思考。坚持马克思主义基本原理与中国的具体实际相结合,基础是坚持群众史观和群众路线。要求我们做到一切为了群众,一切依靠群众,从群众中来,到群众中去。在制定执行党的路线方针政策时候,能够始终坚持人民为中心,满足人民美好生活需要,就是党的执政目标。

第二,党的领导和人民性的关系。毛泽东强调为人民服务是党的根本宗旨。邓小平科学地揭示出"社会主义的本质,是解放生产力,发展生产力,消灭剥削,消除两极分化,最终达到共同富裕"[①]。体现了真理原则和价值原则的完美结合。"三个代表"重要思想,代表中国先进生产力的发展要求,代表中国先进文化的前进方向,代表中国最广大人民的根本利益,是统一的整体。发展先进的生产力,发展先进的文化,归根到底都是为了满足人民日益增长的美好生活需要,不断实现最广大人民的根本利益。科学发展观,第一要义是发展,核心是以人为本,基本要求是全面协调可持续,根本方法是统筹兼顾。习近平新时代中国特色社会主义思想也都体现人民性的思想,强调以人民为中心的执政理念。

在毛泽东看来,"任何真理都是符合于人民利益的"[②]。中国共产党人应该从人民利益出发,敢于坚持真理。习近平强调:"人民立场是中国共产党

---

① 《邓小平文选》(第三卷),人民出版社,1993年,第373页。
② 《毛泽东选集》(第三卷),人民出版社,1991年,第1095页。

的根本政治立场。"①保持党与人民群众密切联系的工作作风形成于党领导
人民的奋斗实践中，是党为人民服务宗旨实现的保障，也成为坚持人民立场
的现实途径。推进马克思主义中国化，就需要坚持党的领导这一根本原则。
中南西北中，党是领导一切的。党性和人民性的统一也是一个重要的原则
和经验。

一方面，我们需要在坚持党的领导这一前提下，不断推进马克思主义中
国化。毫不动摇地坚持党的领导，做到"两个维护"。在党的领导下不断推
进理论创新。另一方面则是坚持正确的价值立场，马克思主义是具有鲜明
党性的学说，是以追求全人类的最终解放、实现共产主义为最高理想的思想
体系。人民，只有人民，才是我们工作价值的终极追求和价值关怀。我们想
事情，做工作，想得对不对，做得好不好，根本的衡量尺度，就是人民拥护不
拥护，人民赞成不赞成，人民高兴不高兴，人民答应不答应。人民是出卷人，
我们是答卷人。要以是否符合最广大人民的利益为最高衡量标准。有的人
试图搞西方的所谓学术研究价值中立的原则，把马克思主义中国化时代化
大众化仅仅看作纯学术活动，是不科学的，也是行不通的。

第三，继承和创新的关系。马克思主义是老祖宗，老祖宗不能丢。马克
思主义同时也需要发展，要敢于讲新话。这是当年邓小平的重要观点，很好
地阐释了马克思主义中国化研究的基本方法，即继承和创新的关系。

一方面，马克思主义是普遍真理，被实践证明是正确的，为人类进步、社
会发展和全人类的解放事业指明了方向，是我们立党立国的根本指导思想，
是全国各族人民团结奋斗的共同理论基础。任何时候都必须坚持马克思主
义，"老祖宗"不能丢。否则我们的事业就可能迷失方向。另一方面，马克思
主义有与时俱进的理论品质，是时代的真理，随着时代的发展不断丰富完善

① 习近平：《论坚持人民当家作主》，中央文献出版社，2021年，第163页。

和发展。要敢于结合新的实际"讲新话",不断发展马克思主义。从建党百年的历程看,坚持"老祖宗"与发展"老祖宗"相结合,以科学的态度对待马克思主义的过程。

以毛泽东、邓小平、江泽民、胡锦涛、习近平同志为主要代表的中国共产党人是坚持和发展马克思主义的典范。毛泽东思想和中国特色社会主义理论体系,创造性地探索和回答了什么是马克思主义、怎样对待马克思主义,什么是社会主义、怎样建设社会主义,建设什么样的党、怎样建设党,实现什么样的发展、怎样发展等重大理论和实际问题。习近平新时代中国特色社会主义思想系统回答了新时代坚持和发展什么样的中国特色社会主义,怎样坚持和发展中国特色社会主义,建设什么样的社会主义现代化强国、怎样建设社会主义现代化强国,建设什么样的长期执政的马克思主义政党、怎样建设长期执政的马克思主义政党等重大问题,强调以中国式现代化推进中华民族的伟大复兴。习近平新时代中国特色社会主义思想有很多原创性的理论贡献,在新时代丰富发展了马克思主义,体现了与时俱进,是坚持与发展的辩证统一体。毛泽东曾经在 1959 年与王任重的谈话中就强调指出过:"不如马克思,不是马克思主义者;等于马克思,也不是马克思主义者;超过马克思,才是真正的马克思主义者。"①党的历届领导人在实践中丰富发展中国化的马克思主义,不断开辟马克思主义中国化新境界。

第四,国内和国际视野的关系。我们既立足中国实际,又坚持世界眼光。用马克思主义的宽广眼光观察世界,科学判断和全面把握世情、国情、党情的新变化,坚持"中国情怀"与"世界视野"相结合,是推进马克思主义中国化的根本要求。

一方面推进马克思主义中国化,首先要立足中国国情,体现"中国情

---

① 王任重:《实事求是的典范——纪念毛主席诞辰 85 周年》,《中国青年》,1978 年第 4 期。

怀"。认清中国的特殊国情,是推进马克思主义中国化的基本依据。从历史看,毛泽东从中国半殖民地半封建社会的国情出发,提出了中国革命分两步走,探索出中国革命新道路。邓小平及其后任的党的领导人,坚持从社会主义初级阶段国情出发,强调以经济建设为中心,实行改革开放,形成中国特色社会主义理论。中国特色社会主义进入新时代,习近平强调中国面临世界百年未有之大变局,中华民族伟大复兴战略全局两个大局的重大论断。提出社会主义初级阶段的基本国情没有变,社会主义主要矛盾的新论断。我国的基本国情不变,但呈现了新的阶段性特征,马克思主义必须准确地把握和捕捉这种变化,做出科学的理论回答。

另一方面,必须坚持世界眼光,体现"世界视野"。中国是世界的中国,中国的发展离不开世界。坚持世界眼光,科学判断国际格局、世界形势的发展变化,全面把握时代脉搏和特征,是马克思主义中国化时代化大众化的内在要求。建党百年来,党始终坚持用马克思主义的宽广眼光观察世界和中国,坚持战略思维、创新思维、辩证思维,不断理论创新。毛泽东"三个世界"理论、邓小平"和平与发展"理论、江泽民"国际秩序"思想与胡锦涛"和谐世界"思想等,就是其集中代表。面对复杂的国际形势,习近平强调中国特色的外交思想,强调实施"一带一路",胸怀天下,构建人类命运共同体。党的十八大正式提出的"人类命运共同体"理念是中国共产党顺应时代潮流、预判世界局势所提出的科学理念,为全球治理提供了中国方案和中国智慧。

第五,传统和现代的关系。中国式现代化开创了人类文明新形态。马克思主义是科学的理论,具有鲜明的开放性特征。马克思主义中国化的成功的一个奥秘,就在于其蕴含的价值观和中华优秀传统文化相契合,能够为中国人民群众所接受。习近平在党的二十大报告中强调"坚持和发展马克思主义,必须同中华优秀传统文化相结合。只有植根本国、本民族历史文化沃土,马克思主义真理之树才能根深叶茂。中华优秀传统文化源远流长、博大精深,是中华文明的智慧结晶,其中蕴含的天下为公、民为邦本、为政以德、革故鼎新、任人唯贤、天人合一、自强不息、厚德载物、讲信修睦、亲仁善邻等,是中国人民在长期生产生活中积累的宇宙观、天下观、社会观、道德观的重要体现,同科学社会主义价值观主张具有高度契合性。……把马克思主义思想精髓同中华优秀传统文化精华贯通起来、同人民群众日用而不觉的共同价值观念融通起来,不断赋予科学理论鲜明的中国特色,不断夯实马克思主义中国化时代化的历史基础和群众基础,让马克思主义在中国牢牢扎根"[1]。

在马克思主义中国化进程中,需要正确处理马克思主义与中国传统文化、西方文化的关系,这是一个永恒主题和历史任务。我们党的基本原则、立场和做法是:既坚持古为今用,又坚持洋为中用,在批判借鉴中推进马克思主义中国化。

所谓"古为今用",就是要批判地借鉴中国传统文化中的合理成分。毛泽东指出:"中国的长期封建社会中,创造了灿烂的古代文化。清理古代文化的发展过程,剔除其封建性的糟粕,吸收其民主性的精华,是发展民族新文化提高民族自信心的必要条件;但是决不能无批判地兼收并蓄。……我们必须尊重自己的历史,决不能割断历史。但是这种尊重,是给历史以一定的科学的地位,是尊重历史的辩证法的发展,而不是颂古非今,不是赞扬任何封建的毒素。"[2]所谓"洋为中用",就是要批判地借鉴西方文化中的合理成分。毛泽东指出:"中国应该大量吸收外国的进步文化,作为自己文化食粮的原料,这种工作过去还做得很不够。这不但是当前的社会主义文化和新民主主义文化,还有外国的古代文化,例如各资本主义国家启蒙时代的文

---

① 习近平:《高举中国特色社会主义伟大旗帜 为全面建设社会主义现代化国家而团结奋斗——在中国共产党第二十次全国代表大会上的报告》,人民出版社,2022 年,第 18 页。

② 《毛泽东选集》(第二卷),人民出版社,1991 年,第 707～708 页。

化,凡属我们今天用得着的东西,都应该吸收。……所谓'全盘西化'的主张,乃是一种错误的观点。"①我们需要取其精华去其糟粕。

中国共产党成立百年来,始终坚持这一正确的原则,在实践中不断批判历史虚无主义思潮和全盘西化的错误思潮,创造出有中国风格和气派的新思想、新话语,坚持了以马克思主义为指导社会主义意识形态的主流地位。中国特色社会主义进入新时代,习近平强调马克思主义中国化的"两个结合",强大马克思主义基本原理需要和中华优秀传统文化相结合,实现中华优秀传统文化的创造性转化和创新性发展。正是这一方法的成功运用。

第六,多学科交叉研究。马克思主义中国化研究中多学科交叉渗透原则是一个重要的方法论,必须坚持。马克思的文本不仅数量庞大,还涉及多个学科,正如美国社会学家赖特·米尔斯曾说:"马克思不受任何学科或专业界限的束缚。在他的著作中,现在叫做政治学、社会心理学、经济学、社会学和人类学的那些东西都被用上了。"②马克思的文本所涉及的多种学科门类决定了打破学科边界,在分门别类研究的基础上进行整体性把握的必要性和重要性。马克思主义中国化是一门新兴的学科,它涉及历史学、政治学、哲学、经济学、社会学等诸多学科领域。用过去任何一门传统科学的研究方法都不足以构建科学的马克思主义中国化研究的方法论体系,必须综合运用多学科交叉渗透的方法才能较清晰地反映马克思主义中国化的历史进程。学科融合包括:历史学方法、文化学方法、社会学方法、政治学方法、经济学方法。作为一门历史科学,它要借鉴、运用中外史学的最新研究方法,并结合本学科的特点突出马克思主义中国化的主题和研究主体。同时,马克思主义中国化的过程涉及经济、政治、文化、社会、生态文明等诸多领

---

① 《毛泽东选集》(第二卷),人民出版社,1991 年,第 706～707 页。
② [美]米尔斯:《马克思主义者》,商务印书馆编辑部译,商务印书馆,1965 年,第 33 页。

域,必须综合运用并从各个不同的视角审视马克思主义中国化的历史进程,
从中总结出共性的规律及延伸出它的现实意义。如从社会心理变迁的视角
来研究马克思主义中国化的历史进程就是一个值得重视的研究视角。此
外,马克思主义中国化研究还应注意借鉴当代西方史学和国外马克思主义
的研究方法,比如美国中国学中的"刺激—回应""传统—现代"的研究方法,
西方哲学中的后现代主义等方法。再如,20 世纪以来在西方兴起的新制度
经济学,它关于制度越来越为经济发展的重要决定因素的观点,为我们分
析近现代中国社会制度变迁的合理性提供了新的工具,它无疑也为马克思
主义中国化研究提供了一个新的视角。

结　语

当前我们迎来马克思主义中国化研究的春天。以习近平同志为核心的
党中央高度重视马克思主义学科建设。我们应把握住马克思主义在当代中
国发展的大好机遇,从中央关于实施马克思主义理论研究和建设工程的战
略高度,着力建设好马克思主义中国化这个二级学科。

其一,树立学科意识。恩格斯曾经说:"社会主义自从成为科学以来,就
要求人们把它当作科学看待,就是说,要求人们去研究它。"①树立学科意识,
就需要努力打造马克思主义中国化的研究话语体系、研究方法、研究范式、
研究体系、研究概念等。

其二,把"马克思主义中国化"的研究同中国的传统文化、各种社会思潮
的研究结合起来。自觉运用马克思主义基本原理批判错误社会思潮,捍卫
马克思主义在意识形态的指导地位。在马克思主义中国化"两个结合"上作

---

① 《马克思恩格斯选集》(第二卷),人民出版社,1995 年,第 636 页。

文章,一方面吸收中华优秀传统文化的养分,另一方面抓住马克思主义基本原理的精髓,在以中国式现代化全面推进中华民族伟大复兴进程中不断开辟马克思主义中国化研究新境界。

其三,将马克思主义中国化的历史、特征、基本规律和基本经验和马克思主义中国化的理论成果结合起来研究,重视深化对毛泽东思想、邓小平理论、"三个代表"重要思想、科学发展观的研究,尤其是结合党的二十大精神和习近平总书记系列重要讲话精神,深化对习近平新时代中国特色社会主义思想的整体性和若干的专题研究。

其四,重视加强马克思主义中国化的方法论研究。任何一门学科的复兴和成熟乃至发展,都离不开方法论的反思和不断创新。"理论之所以能够指导实践、转化为巨大的实践力量,就在于它能够掌握群众、能够说服人,而理论说服人的奥秘就在于其能够不断把握时代的脉动而特有的前瞻性,因而创新决定了一个理论及以之武装的党的命运。"①马克思主义中国化研究,尤其是方法论研究中需要学习中国哲学社会科学及其他学科的基本理论和方法。马克思主义中国化方法论的创新发展也需要借鉴和学习其他相关学科的理论及其方法论。社会科学理论及其方法论是一个整体,各种学科理论及其方法论并非完全孤立,也不是完全水火不容的,而是具有一定的融合性、交叉性。

因此我们在马克思主义中国化研究中,需要借鉴历史学、政治学、社会学、经济学、新闻传播学、统计学等多学科知识和方法。总之,马克思主义中国化的方法论研究理论上有所创新发展,就需要做到中华优秀传统文化和马克思主义基本原理的深度融合,中国国情和国际视野的双重关注,哲学学

---

① 李崇富、尹世洪主编:《历史唯物主义与马克思主义中国化》,中国社会科学出版社,2008年,第15页。

科和其他哲学社会科学学科理论和方法的交叉互动,这是未来马克思主义中国化理论及其方法论研究深化发展的内在要求,也是我们马克思主义理论研究者的一份使命,我们需要不懈努力!

参考文献

一、经典文献

[1]《马克思恩格斯选集》(第一——四卷),人民出版社,2012 年。

[2]《列宁选集》(第一——四卷),人民出版社,1995 年。

[3]《毛泽东选集》(第一——四卷),人民出版社,1991 年。

[4]《邓小平文选》(第一——三卷),人民出版社,1994 年、1993 年。

[5]《江泽民文选》(第一——三卷),人民出版社,2006 年。

[6]《胡锦涛文选》(第一——三卷),人民出版社,2016 年。

[7]胡锦涛:《科学发展观重要论述摘编》,中央文献出版社,2008 年。

[8]《习近平谈治国理政》(第一——四卷),外文出版社,2018 年、2017 年、2020 年、2022 年。

[9]中共中央宣传部:《习近平新时代中国特色社会主义思想学习纲要》,人民出版社,2019 年。

[10]《习近平新时代中国特色社会主义思想三十讲》,学习出版社,

2018 年。

[11]《习近平总书记系列讲话重要讲话读本》(2016 年版),学习出版社、人民出版社,2016 年。

[12]《十四大以来重要文献选编》(上),人民出版社,1996 年。

[13]《十四大以来重要文献选编》(中),人民出版社,1997 年。

[14]《十四大以来重要文献选编》(下),人民出版社,1999 年。

[15]《十五大以来重要文献选编》(上),人民出版社,2000 年。

[16]《十五大以来重要文献选编》(中),人民出版社,2001 年。

[17]《十五大以来重要文献选编》(下),人民出版社,2001 年。

[18]《十六大以来重要文献选编》(上),人民出版社,2005 年。

[19]《十六大以来重要文献选编》(中),人民出版社,2006 年。

[20]《十六大以来重要文献选编》(下),中央文献出版社,2008 年。

[21]《十七大以来重要文献选编》(上),中央文献出版社,2009 年。

[22]《十七大以来重要文献选编》(中),人民出版社,2011 年。

[23]《十七大以来重要文献选编》(下),人民出版社,2013 年。

[24]《十八大以来重要文献选编》(上),中央文献出版社,2014 年。

[25]《十八大以来重要文献选编》(中),中央文献出版社,2016 年。

[26]《十八大以来重要文献选编》(下),中央文献出版社,2018 年。

[27]中共中央文献研究室:《论群众路线——重要论述摘编》,中共中央文献出版社、党建读物出版社,2013 年。

二、学术著作(中文)

[1]白雪秋、宇文利等:《中国特色社会主义道路历史、现实和未来》,北京大学出版社,2013 年。

[2]包心鉴:《马克思主义中国化的基本规律与当代走向》,人民出版社,2011年。

[3]本书编写组:《马克思主义基本原理概论》,高等教育出版社,2008年。

[4]陈金龙:《马克思主义中国化概论》,人民出版社,2005年。

[5]陈金龙:《马克思主义中国化概论》,人民出版社,2005年。

[6]陈锡喜:《平易近人:习近平的语言力量》,上海交通大学出版社,2014年。

[7]陈先达:《马克思主义和中国传统文化》,人民出版社,2015年。

[8]陈学明等:《中国为什么还需要马克思主义——答关于马克思主义的十大疑问》,天津人民出版社,2013年。

[9]陈占安:《党的十六大以来马克思主义中国化的新进展》,北京大学出版社,2008年。

[10]陈占安:《邓小平理论与中国现代化》,北京大学出版社,2004年。

[11]成龙:《海外马克思主义中国化理论研究》,广东人民出版社,2009年。

[12]邓纯东:《人类命运共同体思想研究》,人民日报出版社,2018年。

[13]邓剑秋:《马克思主义中国化思想》,人民出版社,2009年。

[14]邓正来主编:《国家与市民社会》,中央编译出版社,2002年。

[15]丁俊萍:《马克思主义中国化史》(第1卷),中国人民大学出版社,2018年。

[16]丁俊萍、宋俭:《中国共产党与马克思主义中国化》,中央文献出版社,2012年。

[17]方松华:《马克思主义中国化理论前沿》,上海社会科学院出版社,2016年。

[18]冯绍武:《马克思主义中国化论纲》,吉林人民出版社,2004 年。

[19]高放主编:《科学社会主义的理论与实践》,中国人民大学出版社,1994 年。

[20]高文武:《中国特色的马克思主义哲学:毛泽东邓小平江泽民哲学思想研究》,人民出版社,2003 年。

[21]高正礼、孙前梅、李文婷:《新民主主义革命时期马克思主义大众化研究》,安徽师范大学出版社,2016 年。

[22]高中华:《毛泽东与新中国政治制度的建立》,中国社会科学出版社,2015 年。

[23]顾海良:《马克思主义发展史》,中国人民大学出版社,2009 年。

[24]郭建宁:《马克思主义哲学中国化的当代视野》,人民出版社,2009 年。

[25]韩庆祥、陈远章:《论马克思主义中国化时代化大众化》,天津人民出版社,2020 年。

[26]郝立新:《马克思主义哲学研究述评》,中国人民大学出版社,2002 年。

[27]何俊志:《从苏维埃到人民代表大会制度——中国共产党关于现代代议制的构想与实践》,复旦大学出版社,2011 年。

[28]何萍、李维武:《马克思主义中国化谈论》,人民出版社,2002 年。

[29]何沁:《中华人民共和国史》,高等教育出版社,1999 年。

[30]何一成:《马克思主义思想政治教育理论中国化的历程和经验》,社会科学文献出版社,2004 年。

[31]何一成:《马克思主义中国化历程研究》,湖南师范大学出版社,2007 年。

[32]侯惠勤:《马克思主义中国化理论创新 30 年》,中国社会科学出版

社,2008 年。

[33]侯树栋、辛国安:《马克思主义中国化的基本经验》,人民出版社,2009 年。

[34]胡鞍钢:《中国道路与中国梦想》,浙江人民出版社,2013 年。

[35]胡国胜:《革命与象征——中国共产党政治符号研究 1921—1949》,中国社会科学出版社,2014 年。

[36]胡绳:《中国共产党的七十年》,中共党史出版社,1991 年。

[37]黄楠森等:《马克思主义哲学史》(8 卷本),北京出版社,1991—1996 年。

[38]黄楠森:《邓小平理论的哲学基础研究》,中国人民大学出版社,2004 年。

[39]黄楠森、王东主编:《邓小平理论与当代中国哲学》,北京大学出版社、黑龙江教育出版社,2005 年。

[40]黄修荣、黄黎:《共产国际与中国共产党关系探源(上)》,人民出版社,2016 年。

[41]金民卿:《马克思主义中国化的思想逻辑》,社会科学文献出版社,2018 年。

[42]金民卿:《马克思主义中国化思想史论》,社会科学文献出版社,2018 年。

[43]金民卿:《马克思主义中国化研究》(第一期),社会科学文献出版社,2018 年。

[44]李安增主编:《马克思主义中国化研究》,中央编译出版社,2009 年。

[45]李崇富、尹世洪:《历史唯物主义与马克思主义中国化》,中国社会科学出版社,2008 年。

[46]李方祥:《中国共产党的传统文化观研究》,中共党史出版社,
2008 年。

[47]李捷:《毛泽东与新中国》,湖南人民出版社,2013 年。

[48]李庆霞:《社会转型中的文化冲突》,黑龙江人民出版社,2004 年。

[49]李泽厚:《中国现代政治思想史论》,天津社会科学院出版社,
2004 年。

[50]李忠杰:《领航:从一大到十九大》,人民出版社,2017 年。

[51]梁怡:《国外马克思主义中国化研究评析》,学习出版社,2014 年。

[52]梁柱:《内在的统一与发展——马克思主义中国化的两大理论成
果》,北京大学出版社,2004 年。

[53]林志友:《马克思主义中国化的进程及其规律研究》,中国社会科学
出版社,2010 年。

[54]刘林元、姚润皋总主编:《中国马克思主义哲学史》(上、下卷),江
苏人民出版社,2007 年。

[55]卢黎歌:《新时代推进构建人类命运共同体研究》,人民出版社,
2019 年。

[56]陆晓文:《社会建设:世界经验与中国道路》,上海人民出版社,
2007 年。

[57]路克利:《海外马克思主义中国化研究》,人民出版社,2016 年。

[58]罗本琦:《传统文化与马克思主义中国化》,安徽师范大学出版社,
2018 年。

[59]罗本琦、汪青松:《马克思主义中国化机制论》,中国社会科学出版
社,2007 年。

[60]罗国杰主编:《马克思主义思想政治教育理论基础》,高等教育出版
社,2002 年。

[61]罗荣渠:《现代化新论——世界与中国的现代化进程》(增订本),商务印书馆,2009年。

[62]马俊峰、马乔恩:《构建人类命运共同体历史性研究》,人民出版社,2019年。

[63]马拥军:《马克思主义与中国梦》,天津人民出版社,2015年。

[64]马兆明:《邓小平理论研究史论》,山东人民出版社,2004年。

[65]梅荣政:《马克思主义中国化史》,中国社会科学出版社,2010年。

[66]梅荣政、熊启珍:《马克思主义中国化的第二座丰碑》,郑州大学出版社,2003年。

[67][美]莫里斯·迈斯纳:《马克思主义、毛泽东主义与乌托邦主义》,张宁等译,中国人民大学出版社,2005年。

[68]庞元正:《科学发展观基本问题研究》,人民出版社,2012年。

[69]皮家胜:《马克思主义中国化方法论研究》,社会科学文献出版社,2012年。

[70]钱乘旦:《世界现代化历程》(总论卷),江苏人民出版社,2012年。

[71]秦刚:《中国特色社会主义理论体系》,中共中央党校出版社,2013年。

[72]任剑涛:《政治哲学讲演录》,广西师范大学出版社,2008年。

[73]尚庆飞:《国外毛泽东学研究》,江苏人民出版社,2008年。

[74]尚庆飞:《马克思主义中国化的历史与逻辑》,吉林人民出版社,2002年。

[75]《十八大报告辅导读本》,人民出版社,2012年。

[76]《十九大报告辅导读本》编写组:《党的十九大报告辅导读本》,人民出版社,2017年。

[77]石仲泉:《中国共产党与马克思主义中国化》,中国人民大学出版

社,2005 年。

[78]石仲泉:《中国共产党与马克思主义中国化》,中国人民大学出版社,2011 年。

[79]《世界社会主义五百年》,当代中国出版社,2014 年。

[80]宋镜明:《党的重要历史人物与早期马克思主义中国化》,中国社会科学出版社,2012 年。

[81]宋连胜、杜君:《马克思主义中国化研究》,吉林大学出版社,2007 年。

[82]唐世平:《制度变迁的广义理论》,北京大学出版社,2016 年。

[83]陶德麟、何萍:《马克思主义哲学中国化的理论与历史研究》,北京师范大学出版社,2011 年。

[84]陶德麟、何萍主编:《马克思主义哲学中国化:历史与反思》,北京师范大学出版社,2007 年。

[85]田克勤等:《中国共产党与 20 世纪中国社会的变革》,中共党史出版社,2004 年。

[86]田克勤:《邓小平理论体系研究》,东北师范大学出版社,1997 年。

[87]《田克勤文集》(1—3 卷),中国社会科学出版社,2015 年。

[88]田克勤、李彩华、孙堂厚:《中国化马克思主义通论》,人民出版社,2013 年。

[89]田克勤、李婧:《马克思主义中国化研究学科基本理论与方法》,中国人民大学出版社,2017 年。

[90]田克勤:《马克思主义中国化的理论轨迹》,中共党史出版社,2006 年。

[91]田克勤:《中国化马克思主义概论》,中国人民大学出版社,2016 年。

[92]汪青松:《科学发展观科学体系的三维建构》,人民出版社,2012 年。

[93]汪青松:《马克思主义中国化与中国化的马克思主义》,中国社会科学出版社,2004 年。

[94]汪青松:《马克思主义中国化与中国化的马克思主义》,中国社会科学出版社,2004 年。

[95]汪青松、左雪松:《马克思主义中国化的研究维度与内在逻辑》,合肥工业大学出版社,2019 年。

[96]王刚:《马克思主义中国化的起源语境研究——20 世纪 30 年代前马克思主义在中国的传播及中国化》,人民出版社出版,2011 年。

[97]王公龙:《构建人类命运共同体理念研究》,人民出版社,2019 年。

[98]王海军:《马克思主义中国化进程中经典著作编译与传播研究(1919—1949)》,中国人民大学出版社,2019 年。

[99]王继亭:《马克思主义中国化:早期进程与启示》,上海社会科学院出版社,2009 年。

[100]王明生、尚庆飞:《思想的力量:马克思主义中国化的历史进程》,江苏人民出版社,2007 年。

[101]王树荫:《马克思主义中国化史》(第 2 卷),中国人民大学出版社,2018 年。

[102]王彤:《世界与中国:构建人类命运共同体》,中共中央党校出版社,2019 年。

[103]王伟光:《马克思主义中国化的最新成果——习近平治国理政思想研究》,中国社会科学出版社,2016 年。

[104]王伟凯:《构建和谐社会的若干哲学问题研究》,天津社会科学院出版社,2008 年。

［105］王新颖主编:《奇迹的建构:海外学者论中国模式》,中央编译出版社,2011 年。

［106］王鑫:《邓小平发展观与当代中国实践》,人民出版社,2002 年。

［107］王永贵:《马克思主义意识形态理论与当代中国实践研究》,人民出版社,2013 年。

［108］王永贵:《意识形态领域新变化与坚持马克思主义指导地位研究》,人民出版社,2015 年。

［109］韦日平:《马克思主义中国化新进程研究》,广西人民出版社,2015 年。

［110］魏福明:《中国化马克思主义论纲》,东南大学出版社,2007 年。

［111］吴江:《社会主义前途与马克思主义历史命运》,中国社会科学出版社,2001 年。

［112］吴晓明、邹诗鹏主编:《全球化背景下的现代性问题》,重庆出版集团,2009 年。

［113］吴新文:《再造文明 马克思主义与中国》,上海人民出版社,2017 年。

［114］吴忠民:《中国现代化论》,商务印书馆,2019 年。

［115］文晓明、杨建新:《国外马克思主义中国化研究概述》,中央文献出版社,2010 年。

［116］肖贵清:《马克思主义中国化史》(第 3 卷),中国人民大学出版社,2018 年。

［117］肖浩辉:《马克思主义中国化研究》,湖南人民出版社,2008 年。

［118］肖巍:《中国马克思主义概论》,复旦大学出版社,2005 年。

［119］谢春涛主编:《历史的轨迹:中国共产党为什么能》,新世界出版社,2012 年。

[120]谢庆奎:《当代中国政府与政治》,高等教育出版社,2003年。

[121]邢贲思主编:《中国共产党执政规律研究》,湖北人民出版,2009年。

[122]徐大同:《西方政治思想史》,天津人民出版社,1985年。

[123]徐稳:《中国共产党引领先进文化能力研究》,中国社会科学出版社,2013年。

[124]许庆朴:《马克思恩格斯学说与中国现实》,人民出版社,2007年。

[125]许全兴:《毛泽东晚年的理论与实践》,中国大百科全书出版社,1997年。

[126]薛广洲:《毛泽东与中西哲学融合》,人民出版社,2004年。

[127]薛学共:《中国传统文化与马克思主义中国化》,湖南师范大学出版社,2010年。

[128]《严书翰自选集》(2010—2015年),中共中央党校出版社,2015年。

[129]燕继荣:《政治学十五讲》,北京大学出版社,2004年。

[130]杨春贵等:《中国特色社会主义理论体系原著十讲》,中共中央党校出版社,2013年。

[131]杨凤城:《中国共产党就是这样成功的》,中国人民大学出版社,2012年。

[132]杨奎松:《马克思主义中国化的历史进程》,河南人民出版社,1994年。

[133]杨立英、曾盛聪:《全球化、网络化境遇与社会主义意识形态建设研究》,人民出版社,2006年。

[134]叶险明:《世界历史理论的当代构建》,中国社会科学出版社,2014年。

[135]于幼军:《社会主义五百年》(第1—3卷),广东教育出版社,2011年。

[136]俞可平:《治理与善治》,社会科学文献出版社,2000年。

[137]俞可平:《中国公民社会的兴起与治理的变迁》,社会科学文献出版社,2002年。

[138]张静:《现代化新路:马克思主义中国化与中国特色社会主义现代化》,南开大学出版社,2009年。

[139]张奎良:《马克思主义哲学中国化的基石与灵魂》,社会科学文献出版社,2010年。

[140]张雷声、袁银传:《马克思主义中国化史》(第4卷),中国人民大学出版社,2018年。

[141]张立文:《中国传统文化与人类命运共同体》,中国人民大学出版社,2018年。

[142]张瑞敏:《中国共产党反贫困实践研究》,人民出版社,2019年。

[143]张一兵:《当代国外马克思主义研究》,北京师范大学出版社,2017年。

[144]张一兵:《回到马克思》,江苏人民出版社,1999年。

[145]张允熠:《中国文化与马克思主义》,山西教育出版社,1999年。

[146]赵麟斌:《马克思主义中国化解读》,同济大学出版社,2008年。

[147]赵启正、[美]约翰·奈斯比特、[奥]爱丽丝·奈斯比特:《对话:中国模式》,新世界出版社,2010年。

[148]郑功成:《科学发展与共享和谐——民生视角下的和谐社会》,人民出版社,2006年。

[149]郑谦:《延伸与准备——新中国成立后马克思主义中国化的曲折历程(1949—1978)》,中共党史出版社,2009年。

[150]郑永年:《中国模式:经验与困局》,浙江人民出版社,2010 年。

[151]郑永廷、杨菲蓉:《中国化马克思主义理论》,广东高等教育出版社,2005 年。

[152]中共中央党史研究室:《中国共产党历史 1921—1949》(第 1 卷 上下册),中共党史出版社,2002 年。

[153]钟家栋:《重铸中国魂——20 世纪马克思主义中国化的历程》,复旦大学出版社,2001 年。

[154]周连顺:《探索、出路与启示——毛泽东与马克思主义中国化》,人民出版社,2009 年。

[155]庄福龄:《简明马克思主义史》,人民出版社,2004 年。

[156]庄福龄:《为什么马克思在中国能成功》,新星出版社,2012 年。

[157]左用章、谢世诚:《毛泽东思想与中国的昨天、今天和明天》,人民出版社,2004 年。

[158]左用章:《中国社会主义建设与时代发展》,黑龙江人民出版社,2005 年。

三、学术著作(中文译著)

[1][英]安东尼·吉登斯:《现代性的后果》,田禾译,译林出版社,2000 年。

[2][美]杜赞奇:《文化、权力与国家》,王福明译,江苏人民出版社,1996 年。

[3][美]费正清:《剑桥中华民国史 1912—1949》,杨品泉等译,中国社会科学出版社,2007 年。

[4][美]费正清:《伟大的中国革命》,刘尊棋译,世界知识出版社,

2003 年。

[5][法]古斯塔夫·勒庞:《乌合之众——大众心理研究》,冯克利译,中央编译出版社,2011 年。

[6][美]哈罗德·D. 拉斯韦尔:《政治学》,杨昌裕译,商务印书馆,1992 年。

[7][美]亨利·基辛格:《论中国》,胡平利、林华、杨韵琴、朱敬文译,中信出版社,2015 年。

[8][美]亨廷顿:《文明的冲突与世界秩序的重建》,周琪译,新华出版社,2010 年。

[9][法]卡尔·曼海姆:《意识形态与乌托邦》,黎鸣、李书崇译,商务印书馆,2000 年。

[10][美]施拉姆:《毛泽东的思想》,田松年等译,中国人民大学出版社,2013 年。

[11][美]特里尔:《毛泽东传》,何宇光译,中国人民大学出版社,2010 年。

[12][英]特里·伊格尔顿:《马克思为什么是对的》,李扬、任文科、郑义译,新星出版社,2011 年。

后 记

在开学以来紧张的教学科研中，本书的写作即将完成。深夜回想，不禁感慨万千。人到中年，总感觉知识不够用。因此人生就是不断学习的过程。这是我写作的第6本书。伴随端午佳节浓郁的粽叶香味，我的这部书稿写作也进入尾声。

2022年是我在南京的第25年！回想1997年9月，伴随仲夏的炎热，我到宁海路南师大随园入学报到。岁月匆匆，一晃不觉已经人到中年。所谓三十而立，四十不惑。没想到自己会在南京学习、念书、毕业、工作、娶妻生子。岁月匆匆不等闲，我不知不觉已经从教20年，从懵懂少年到白发多生。因此在本书结尾，我尝试对自己的学术生涯进行一个简要回顾。

我自幼家贫，因为家庭贫寒，便想报考师范专业。后机缘考入南师大思想政治教育专业。从本科到硕士，我对马克思主义中国化和科学社会主义、马克思主义哲学原理用功很多，写了几大本笔记，这些笔记我一直保存至今。毕业之后岁月蹉跎，先后在3所学校待过。尝尽人间冷暖，也备感学术生涯的板凳要坐10年冷的寂寞。其间，我先后攻读南师大科学社会主义与国际共产主义运动专业的博士，在南京大学宪法和法理学从事博士后研究工作,又赴新加坡国立大学访学 1 年。因为不同学校的专业需要,导师的专业方向变动,我大致的研究方法和学科亦是跨界的,主要是在马克思主义中国化与中国政治发展、科学社会主义、党史党建、中俄比较政治领域。

书稿的完成我要感谢很多人。首先,感谢导师的指导,从上大学至今,有幸得到很多导师的指点,他们的人品、学识,都是我学习的榜样,因此我自己对于学生的指导也是不遗余力。其次,感谢文中引用到的所有作者。马克思主义中国化研究是一个重大的课题。我自不量力,选择新的视角,困难可想而知。其间查找了大量的资料和文献,对于文章中引用的文献基本都注明出处,难免有遗漏,对于涉及的文献作者深表感谢! 本书也是对自己 20 多年来马克思主义中国化学术研究的一次总结,其间一些文章已经在不同刊物上发表。再次,感谢我的家人一直以来默默的陪伴和支持,感谢南京医科大学马克思主义学院和社科处领导的支持,本书才得以资助出版。最后感谢在天堂的父亲,儿子永远怀念您!

2022 年下半年迎来了党的二十大的召开。如何在这一大背景下,推进马克思主义中国化的研究是我今后要继续研究的课题。本书仅是一个阶段性的小成果,是我前一阶段 20 多年学习研究的总结。因为时间仓促,教学和科研任务紧张,我深深知道书稿有很多不完善的地方,我将虚心接受专家和同行的批评建议,也将不断努力!

陶林　于东篱居

2022 年 6 月 4 日第 2 稿

2023 年 11 月 16 日定稿